U0094066

樂透的真相

—— 水牆 編著 ——

驚爆**大公開**！原來樂透真的**有公式**

THE TRUTH
OF LOTTERY

The Truth Of Lottery

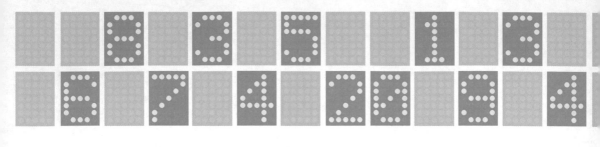

③ 香港六合彩篇

④ 新加坡、澳洲、韓國6/45樂透彩集錦

The Truth Of Lottery

樂透彩的凹痕

記得五十年前，一個正在上學途中的小男生被陌生的中年男子攔了下來，他拿出一本約二十頁且每頁印著相同或不同圖案的簿子並在小男生面前隨意向上翻了三次，每次都能翻到相同的圖案，然後他對著小男生說：「如果你也能像我一樣任意翻三次且圖案都相同，我就輸給你 10 元；如果不行，那你就輸給我 1 元。」小男生心裡想：「看你翻的這麼輕鬆，一定沒有什麼困難啦！我一定也行，賺到了！」

這位小男生就是我，那天我輸到早餐、午飯都沒錢買，幸好我是寄宿台北，晚餐還有辦法解決。經過了這一次的體驗，我對外在的利誘便有了警惕，也更加了解「十賭九騙」的道理。常常看到他在同一個時間、地點施展相同的招數，我便在一旁觀望，想要找出原因。果然在每一頁的底邊會有一個不起眼的「凹痕」，不同的圖案，凹痕的位置就不同，嚴格說起來，我們怎麼可能會注意到這些小細節。

誰都想以小錢換大錢，尤其當中獎金額累積越來越高，更能夠吸引民眾砸錢下去，台灣發行的電腦彩券更透過獎金無上限來吸引民眾掏錢，讓人覺得各個有機會，而寰宇世界各地也幾乎每日都有開獎訊息，不但種類多元，也使用大量吸睛廣告，透過網際網路向全球人民施展迷魂大法，吸引更多彩迷網路投注。近年來台灣買彩券的風氣盛行，每當金額甚高時，人人更加趨之若鶩。想當年我也懷有億萬富翁的夢，大排長龍的投注站中總會看到我的身影，但錢財往往都是肉包子打狗，有去無回啊！過程中許多獎號常常發生一些光怪陸離的現象，或許因為天性使然及工作的歷練，讓我想要揭開樂透彩獎號的神祕面紗。

就我所知，全球共有超過 110 個國家有發行彩券，其中包括傳統型彩券、樂透型彩券或運動型彩券。而近年來由於網際網路的發達，國內

外各類樂透彩相關的資訊能夠快速且大量地取得，因此有利於我做長期的分析、比較與歸納。最初筆者使用不同形狀的自創 42 格棋盤，試圖找出每期每個獎號之間的關係位置來解惑，經過幾番的沙盤推演與修正得到了初步推論。之後台灣陸續變換或增加彩券類型且與外界同步更新，在樣本數量不斷增加及比對辨識功力日漸細膩的加持下，使這些推論隨時間琢磨而日漸明朗，除了逐步理解台灣各類樂透彩券長期開獎派彩的奇異現象，也對全球樂透彩獎號產生的光怪陸離有所透析。

我利用網路蒐集多年來各國樂透彩券的開獎資訊，主要包含香港六合彩、台灣威力彩、日本 Loto6 樂透彩及新加坡、澳洲、韓國的 6/45 樂透彩。這些開獎資訊，經過整理、歸納與分析後，得到一些論述與規律，再經過多次的交叉比對與驗證，已經發現一套可用於選號及投注等不為人知的機密規範，而這套規範，不但適用於上述六個地區不同的樂透彩，也適用於全球多國同類型的樂透彩券。換言之，這套規範不但走向「國際化」，更可用在總選號數不同的樂透彩，非常有趣且值得深思玩味，真心向讀者分享。我曾多次嘗試與好友分工合作或分享經驗，但多數因理解方向不同或無法長期投入而無成效。但在家人的無限期支持下，經過十多年的探索，上述推斷已可論述並具體成文。幾經思考後，我決定出版相關資料，藉此分享給社會大眾參考與判讀。

樂透與我

　　由於我長年過著領固定薪水的日子，對加薪及年終獎金自然是萬分重視，若有正當的外快機會當然是躍躍欲試，因此對樂透彩券也會偶一為之，夢想能成為一個「快樂的有錢人」。

　　公益彩券第 22 期於民國 91 年 4 月 5 開出 7、27、37、10、17、14 及特別號 28 後，頭獎有 11 注，我的六注電腦選號居然連一個號碼都沒中。就隨機抽獎選號而言，每個樂透彩球都屬獨立個體，雖然各有不同號碼，也只是方便區分、取放，進而賦予每個球一個序號。事實上彩球之間沒有任何數值、大小或連號關係，更沒有任何同尾數關係。但看到該期的中獎號碼，不但出現 4 個含 7 的尾數，且特別號 28 = 4×7，若將其視為 47，即同期出現 7、17、27、37 及 47 這種不可思議的現象。那時候我並沒有聽到評論或質疑此事的聲音，但這個謎團若不解開，每次下注就只能肉包子打狗，有去無回了，因此我對樂透彩獎號的真偽產生了興趣與關注，真相永遠只有一個，值得我們一探究竟。

　　初始之際，各大報都會刊登開獎及派彩，我也會按照日期來分門別類記錄下來，由於資料不夠充分，所以只能針對號碼做數值的分析，比方說 33 是否可以想成 6 或 9？33 是否可以視為 23？依此類推，有許多狀態可以進行討論及分析。雖然後來找出 42 格棋盤來沙盤推演，但也只是自娛成分居高，畢竟沒有任何實質的比對效果。然而公益彩券第 27 期又開出 1、2、4、7、8、18 及特別號 9，7 個號碼中，居然有 6 個號碼小於 10，隔天同事們談論到這詭異的可能性，有人說上期已經開出 5、6，若本期包牌 1、2、3、4、7、8、9，那一定會中二獎啦！這代表著此兩期 12 個頭獎號碼中，小於 10 的 9 個號碼就出現了 7 個：即 1、2、4、5、6、7、8。

　　下班回到家後，陸續把每期的獎號放在棋盤同號的格子內，一一做比對及分析，如此一段時日後，感覺到某些規律似乎存在，而最讓我願意繼續探索的關鍵是：為什麼用 42 格棋盤可以顯現那些規律？自那一天起，開始了我和公益彩券的馬拉松比賽。但因小樂透每週只開獎兩次，資料量少，所以是斷斷續續的進行，時而有進展，時而遇瓶頸，但我已開始將收集的資料及分析的結果存入寶貴的硬碟了。

　　近年來由於網際網路的發達，國內外各類樂透彩相關的資訊能夠快速且大量地取得，因此有利於我做長期的分析、比較與歸納。因為資料越多，取樣也越容易，比對也會越廣泛，相似性自然就會一一浮現，再用邏輯推理找到關鍵，不該存在的規律性赫然在目。筆者在這本書，就以自己的認知及記憶來告訴讀者看到了哪些關鍵，找到了哪些規律性。

　　大家可能都看過或玩過一個小遊戲，在三個反蓋的紙杯之一，玩家當眾「放入」一個小球，再迅速用手變換三個杯子的位置，然後請旁觀者猜猜球會在哪個杯子裡，等到大家猜過以後，絕大多數的玩家，在第一時間內，不會直接翻開有球的那個杯子，而是先翻開沒有球的那兩個杯子，請回憶一下，在那個時候，你的腦袋是否已經自動認為：球一定會在未打開的杯子裡。關鍵點：反向思考。

　　「陰陽」是我們思考判斷時最原始的邏輯觀念，樂透彩運用此邏輯觀念進行變化數值，本書圖解稱其為「陰陽互換」。空與實必須有對比的畫面才能表示，而有畫面的想法就產生了是否有「棋盤」的疑問。2002年年初開始發行的小樂透是 42 選 6，因 42 ＝ 7×6 或 6×7，很容易畫出適合的棋盤，無論哪一種格式較為正確，這使當時能將每期號碼放在棋盤上做比對的容易度大幅提升，研究興趣自然有增無減。若是 33 選 6、43 選 6 或 53 選 6，則會因為棋盤格式過於繁多，做出正確比對和驗證的困難度勢必增高，最終只能走上放棄一途，或許今日就沒有這本書了。關鍵點：42。

當時 42 格棋盤若是橫七格縱六格（7×6）排列，左右橫向相鄰的 2 個號碼相加後的數值為奇數，上下縱向相鄰的 2 個號碼相加後的數值也是奇數，則超過 40 的偶數值無法用相鄰的 2 個號碼做陰陽互換；若改成橫六格縱七格（6×7）的棋盤，則上下縱向相鄰的 2 個號碼相加後的數值可為偶數，偶數數值也可達到 66（即 30 ＋ 36），此方法較為可行，因此決定先試用橫六格縱七格的棋盤來做圖解。關鍵點：奇偶都適用。

1	2	3	4	5	6	7
8	9	10	11	12	13	14
15	16	17	18	19	20	21
22	23	24	25	26	27	28
29	30	31	32	33	34	35
36	37	38	39	40	41	42

橫七格縱六格

1	2	3	4	5	6
7	8	9	10	11	12
13	14	15	16	17	18
19	20	21	22	23	24
25	26	27	28	29	30
31	32	33	34	35	36
37	38	39	40	41	42

橫六格縱七格

後來發現日本 Loto6 是採用橫六格縱七格的棋盤，而台灣 38 選 6 樂透彩及威力彩，是採用橫七格縱六格的棋盤。在有了 42 格棋盤後，讓連續數期的中獎號碼對號入座，發現中獎號碼幾乎不落在同行或同列，即使落在同行或同列，卻也是連號或上下相鄰，中間沒有其他空格號碼，不能如預期的做「陰陽互換」，反倒是常常看見兩個獎號，雖不同行也不同列，卻以斜向方式相鄰，於是交叉方式的陰陽互換概念就此建立，本書選號規範稱之為「陰陽交叉」。

有些較大的數值仍然無法用陰陽互換或陰陽交叉來表示，該怎麼辦呢？三個相鄰號碼之和或許夠大，但有時也需要 3 個號碼才能進行陰陽互換，全部陰陽互換後的號碼會超過 7 個，如此則不易處理。那有沒有其他方法能簡單且合理來完成呢？進一步觀察橫六格縱七格棋盤，最上面三行全都是較小的號碼，若與棋盤下半部功能相同，只進行陰陽互換，

則意義不大。若換另一個角度，該三行卻是兩個相連的 3×3 方形格子，各含 9 個號碼，且 9 個號碼之和分別可達 72 及 99。幾經測試及比較後，發現若由此種安排，每個方格內只需顯示一或兩個號碼，甚至不需顯示任何號碼，就能透過「陰陽互換」表示較大數值。雖然仍有盲點，但感覺此種安排較為合理，可行性也較高，經過多期的驗證，決定了今日棋盤上的「陰陽變」，更進一步再將棋盤區分成 A、B 及 C 區。關鍵點：橫六格，而不是橫七格。

	1	2	3	4	5	6
72=1+2+3+7+8+9+13+14+15	7	8	9	10	11	12
	13	14	15	16	17	18
	19	20	21	22	23	24
	25	26	27	28	29	30
99=4+5+6+10+11+12+16+17+18	31	32	33	34	35	36
	37	38	39	40	41	42

（右側棋盤標示 A、B、C 區）

雖然有了陰陽互換、棋盤、陰陽變及 ABC 區，但仍然常有單一獎號或二連號落在棋盤下方 C 區是無法用陰陽互換來解釋的，且無任何陰陽互換的蹤跡可尋，在當時的概念下，能容許兩個獎號相連只會發生在上面三行的 A 或 B 區內。多次推理後，感覺從棋盤上面翻轉下來的可能性很大，再經比對及驗證，確認此種步驟可能存在，此步驟即為選號規範的「對稱翻轉」。

有些案例仍然會碰到狀況，可能會在 A 或 B 及 C 區各出現一對水平或垂直相鄰的獎號，若推斷 C 區的兩個相鄰號碼是從上方 A 或 B 區向下翻轉而來即可成立，則 A 或 B 區的兩個相鄰獎號也會是自 C 區向上翻轉而來；但在翻轉之前，C 區為了要符合陰陽互換，不可能有水平或垂直相鄰的兩個獎號，所以 A 或 B 區的相鄰號碼不是經由翻轉而來，那又是如何得來的？後來驗證有些相連號碼的其中之一，是從別的位置遷移過來

的，此即為本書棋盤上的「移位」。如今知道，選 6 個的樂透彩最後是換兩個號碼，選 5 個的今彩 539 只換一個，只是號碼限制在同一條直線或斜線上做移位。

本段之前提到的相關步驟，皆是說明最後 7 個中獎號碼可能的轉換過程，也就是本書圖解中由「中繼號碼」轉換到「准投注號碼」的五或六個步驟。而「中繼號碼」是由「先發號碼」轉換產生的，但是「先發號碼」如何而來？來自大爆炸？來自亞當、夏娃？還是來自財神爺？

電影製作都會有領銜主演的男女主角，大多數的電影男女演員可能有好幾位，雖然各有分量，但屬於配角的成分居高，而男女主角各只有一位，情節往往跟著主角起伏。樂透彩頭獎的 6 個號碼，每一個都扮演著重要的角色，缺一不可，但若六個都是主角身分，又不按大小順序出場，這劇情準亂了，不好寫也不好演。而特別號是最後才登場，所以也不會是主角，但為什麼最後一定要選出一個特別號？原來特別號雖然不是主角，但卻是貨真價實的「編劇」，樂透彩就像編連續劇，希望有劇情才能讓下一期好演。關鍵點：下回分解。

既然是下回分解，就試著把每期的 6 個獎號與上一期特別號的數值拉拉關係，但大多數的案例找不出任何關聯，所以特別號真沒有特別之處？記得我們年輕時交男女朋友，當時民風樸實，若直接表態，被打槍的機會很高，所以往往要先討好目標對象身邊的好友，成功率自然就升高了，因此要試一試特別號旁邊的號碼。

剛開始時採用的方式是參考特別號（例如：22）與同一直線或 45 度斜線上另一個中獎號碼（例如：下頁圖的 12、19 或 40）中間所夾空格的所有號碼，而特別號及另一個中獎號碼稱為「選號座標」，其中被夾的所有號碼數值和稱為「投注密碼」，該「投注密碼」經轉換後會等於棋盤上的某一個號碼。當時依照此方法，大部分的圖解可以順利進行。

1	2	3	4	5	6
7	8	9	10	11	12
13	14	15	16	17	18
19	20	21	22	23	24
25	26	27	28	29	30
31	32	33	34	35	36
37	38	39	40	41	42

1	2	3	4	5	6
7	8	9	10	11	12
13	14	15	16	17	18
19	20	21	22	23	24
25	26	27	28	29	30
31	32	33	34	35	36
37	38	39	40	41	42

1	2	3	4	5	6
7	8	9	10	11	12
13	14	15	16	17	18
19	20	21	22	23	24
25	26	27	28	29	30
31	32	33	34	35	36
37	38	39	40	41	42

　　不過仍然遇到了兩個瓶頸，第一個瓶頸：若沒有任何一個獎號與特別號是在同一直線或 45 度斜線上，該怎麼辦？或是在同一直線上，但兩個號碼卻是相連的，中間沒有其他號碼，面對此種現象，當時處理的方法是直接以該特別號（例如 34 或 9）作為「投注密碼」。

2002/2/8
同一條直線或
斜線上沒有其
他的中獎號碼

1	2	3	4	5	6
7	8	9	10	11	12
13	14	15	16	17	18
19	20	21	22	23	24
25	26	27	28	29	30
31	32	33	34	35	36
37	38	39	40	41	42

1	2	3	4	5	6
7	8	9	10	11	12
13	14	15	16	17	18
19	20	21	22	23	24
25	26	27	28	29	30
31	32	33	34	35	36
37	38	39	40	41	42

2002/4/26
雖在同一條直線
上但二個號碼是
相連的

　　第二個瓶頸：有時候將 7 個獎號分成三組進行比對時無法圖解，但分成四組時卻很容易，該怎麼辦？按照前述的方式，「投注密碼」可經由數值轉換而變成棋盤上的一個號碼，例如下頁圖的「投注密碼」＝所夾的 20 & 21 ＝ 20 ＋ 21 ＝ 41，在棋盤上可找到號碼 41，而號碼 41 再經「陰陽互換」就可在棋盤上找到三個相鄰的號碼，稱為「先發號碼」，即每組的「先發號碼」都會有三個號碼，所以若要將「先發號碼」分成三組，當然不會有問題，但若要分成四組，問題就大了。

選號座標＝ 19 & 22
投注密碼＝ 20 ＋ 21 ＝ 41
先發號碼＝ 35，36，42 可分成三組

　　約莫探索了一年多之久，這個問題尚未找出解答的同時，台北富邦又在 2004 年 1 月開始發行大樂透，一波還未平息，一波又來侵襲，問題越積越多，而且兩種樂透彩每週分別各開獎兩次，大樂透是一、四開，小樂透是二、五開。星期四的大樂透是否只須參考星期一大樂透的特別號，還是改為參考星期二小樂透的特別號？同樣的情形，小樂透是否也改為參考前一日大樂透的特別號？諸多問題點尚待釐清。

　　山窮水盡疑無路，雖然瓶頸變多，但參考點也相對增加，能將兩種樂透彩獎號在相關的棋盤上反覆比對，也試著以特別號為對稱點的左右、上下、斜角的相鄰號碼做參考，經多期的分析及驗證後，終於柳暗花明又一村，確認棋盤上以特別號為對稱點的左右、上下、斜角的相鄰號碼，應該是最為恰當的「選號座標」，而每一個特別號在棋盤上的「選號座標」皆會有 4 對。

　　若選號座標只參考特別號，久了可產生的變化將受限，導致某幾個獎號會常同時出現，甚至在不同國度出現相同組合，定會引起懷疑。與特別號相鄰的號碼常常也是中獎號碼，特別號常出現在棋盤邊緣，不但可以選取特別號及其相連獎號經直線延伸後的兩端為選號座標，而且棋盤四周是可以向外延伸，如此可使選號座標的選取更多樣，而減低出現相同獎號的機率。

例如：
特別號＝ 22
選號座標有 4 對：
21 & 23
16 & 28
15 & 29
17 & 27

例如：
特別號＝ 33
選號座標有 4 對：
32 & 34
27 & 39
26 & 40
28 & 38

　　從「選號座標」的兩個號碼組合成「投注密碼」，是一個數值與圖形配對的題目，也就是說「投注密碼」在棋盤上的圖形並非任意而是特定的，必須易於做陰陽互換，互換後得到在對稱圖形上的所有號碼即為「先發號碼」，而「先發號碼」也必須能明確的分成四組以便做轉換。因此「投注密碼」有了 3×3 格式的規範，而「先發號碼」有了分成四組的方式。

投注密碼
＝ 29 & 15 ＝ 18 & 6
＝ 18 & 9 ＝ 189

先發號碼可分成三組：
（8，9，10）&
（17，23，29）&11

189 的 3×3 格式
＝ 14 ＋ 15 ＋ 16 ＋ 20
　＋ 21 ＋ 22 ＋ 26 ＋ 27 ＋ 28

先發號碼
＝ 8，9，10，11，17，23，29

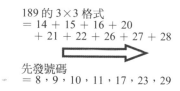

先發號碼可分成四組：
（8，29）&（9，10）&
（17，23）& 11

　　雖然上述的圖形及分法現在已不適用，但卻是相當重要的環節，正因為突破了這個環節，才能找到正確的「先發號碼」圖形，也確認必須分成四組做轉換，讓我在探索樂透彩的過程中，有如撥雲見日，茅塞頓開，智慧之窗就此開啟，得到了更多的引導與啟發。

　　當正確的「選號座標」選取方式被認定時，又冒出了一個有趣的問題：第一期究竟是以什麼號碼作為參考點？後來發現很多國家或地方的樂透彩在十幾年前發行第一期時，因沒有前一期的特別號做參考，大家卻好像是一家人一樣默契十足，心有靈犀一點通，發行的年代各不相同，卻都是以號碼 1 為特別號，包括台灣的小樂透及威力彩、日本的 Loto6 和台灣的大樂透。雖然當時都是以 1 為特別號，但因為使用的棋盤不同，因此得到的「選號座標」也並不相同，而 2005 年 1 月 25 日的台北富邦雖然是第一次發行 38 選 6 樂透彩，但期數是 94007 期，簡單說就是直接延續小樂透的期數，所以該期樂透彩是參考 94006 期小樂透的特別號。我特別在本書各個樂透彩的篇尾用圖解說明前三期的獎號，歡迎讀者參考與比較。

	37					
㊷	1	②	3	4	5	6
	7	8	9	10	11	12
	13	14	15	16	17	18
	19	20	21	22	23	24
	25	26	27	28	29	30
	31	32	33	34	35	36
	37	38	39	40	41	42

台灣小樂透棋盤

	38					
㊸	1	②	3	4	5	6
	7	8	9	10	11	12
	13	14	15	16	17	18
	19	20	21	22	23	24
	25	26	27	28	29	30
	31	32	33	34	35	36
	37	38	39	40	41	42
	43					

日本 Loto6 樂透彩棋盤

	43					
㊾	1	②	3	4	5	6	7
	8	9	10	11	12	13	14
	15	16	17	18	19	20	21
	22	23	24	25	26	27	28
	29	30	31	32	33	34	35
	36	37	38	39	40	41	42
	43	44	45	46	47	48	49

香港六合彩棋盤

　　樂透彩前後相關的轉換步驟，總共提到的有「棋盤」、「選號座標」、「先發號碼」、「陰陽互換」、「對稱翻轉」、「移位」等步驟。按彩券類型的不同，將所有圖解步驟分類成下列三種：

1.圖解步驟分成九步，例如：香港六合彩。

　　投注密碼→先發號碼→分成四組轉換→翻轉→移位二次

2. 圖解步驟分成八步，例如：台灣威力彩。

　投注密碼→先發號碼→分成三組轉換→翻轉→移位二次

3. 圖解步驟分成七步，例如：台灣今彩 539。

　投注密碼→先發號碼→分成三組轉換→翻轉→移位一次

　　上述各個步驟看似輕鬆，但絕非彈指之間的事，當然還有許多過程因為詞彙有限或記憶模糊，在這邊無法娓娓道來。簡單的說，為了確認樂透彩是否每期都有相似及固定的轉換步驟，多年來所做的比對及驗證，就好比從高山的兩頭向中間挖隧道，必須不斷的探測、修正，甚至有可能放棄，但最後順利完成後自然雀躍萬分，欣喜若狂。當您在看本書時，希望您的感覺如同開車通過雪山隧道，既輕鬆又愉快。

　　近年來台灣公益彩券又陸續發行大樂透，隨後小樂透彩改成 38 選 6 樂透彩，再改成今日的威力彩。當然其間也發行四星彩、三星彩及今彩 539。台彩聲稱經營彩券不是要賺錢，不論盈虧都要照顧更多弱勢族群。台彩董事長也積極推動「買彩券，做公益，積功德」的理念，看來他們都是手摸著良心做善事，而常識告訴我們，任何東西被手摸久了都會變黑。如今彩券種類日益增加，但是開獎派彩的異像仍舊層出不窮，中獎的疑問也依然存在，可嘆的是仍然鮮有人認為樂透彩會做假，就如同最早鮮有人認為地球是圓的。在此請讀者同心協力，呼籲政府當局立即揪出藏鏡人，儘速還民真正樂透。

Chapter

1

台灣威力彩篇

投注台灣威力彩選號規範與步驟

壹、開獎＆棋盤

一、開獎

台灣威力彩：每週星期一、四開獎，各期先從第一區的 38 個號碼中選出 6 個號碼為一區中獎號碼，再從第二區的 8 個號碼中選出 1 個號碼為二區中獎號碼。

二、棋盤

1. 可使用 38 ＋ 8 格基本棋盤（圖 1）及向外延伸的棋盤（圖 2）來進行破解。
2. 一區號碼的排列如圖 1，而二區號碼是以循環方式來排列，即由二區的 8 個號碼向下、向左或向右延伸出去，這樣二區任一中獎號碼均能找出相鄰的號碼，且相鄰號碼會因選取差異而產生多種不同的選號座標。

1	2	3	4	5	6	7
8	9	10	11	12	13	14
15	16	17	18	19	20	21
22	23	24	25	26	27	28
29	30	31	32	33	34	35
36	37	38	**1**	**2**	**3**	**4**
5	**6**	**7**	**8**			

圖 1：棋盤基本排列

2 在 1 & 3 中間
2 也在 33 & 9 中間

1	2	3	4	5	6	7
8	9	10	11	12	13	14
15	16	17	18	19	20	21
22	23	24	25	26	27	28
29	30	31	32	33	34	35
36	37	38	**1**	**2**	**3**	**4**
5	**6**	**7**	**8**	9	10	

5 在 4 & 6 中間
5 也在 11 & 37 中間

	1	2	3	4	5	6	7
	8	9	10	11	12	13	14
	15	16	17	18	19	20	21
	22	23	24	25	26	27	28
	29	30	31	32	33	34	35
	36	37	38	**1**	**2**	**3**	**4**
4	**5**	**6**	**7**	**8**	9		
11	12						

圖 2：延伸後的棋盤

貳、數值演變＆陰陽變化規範

一、數值演變

號碼數值是活的，可經運算、複數、倒轉、倒看四種方式演變成另一個新數值（四種可同時採用，但每種只能採用一次）。

1. 運算：以數學的加法、乘法為運算基礎（未採用減法及除法）。

   (1)加法：

     ① $34 = 3 + 4 = 7$

     ② $27 = 2 + 7 = 9$

     注：二位數號碼的個位與十位相加的和必須≤9，但選號座標不
        受此限，譬如 38 可為 $3 + 8 = 11$。

   (2)乘法：

     ① $34 = 3×4 = 12$

     ② $27 = 2×7 = 14$ 或 $27 = 3×9 = 39$

     ③ $42 = 6×7 = 67$ 或 $42 = 4×2 = 8$

2. 複數：二位數的號碼其中一個是 2，即 $2X = 2$ 個 $X = XX$。

   (1)$21 = 2$ 個 $1 = 11$；$23 = 2$ 個 $3 = 33$；$27 = 2$ 個 $7 = 77$。

   (2)$88 = 2$ 個 $8 = 28$ 或 82；$11 = 2$ 個 $1 = 12$ 或 21。

   (3)雙胞胎數字：$2 = 1 + 1 = 11$；$4 = 2 + 2 = 22$；$12 = 6 + 6$
     $= 66$；$18 = 9 + 9 = 99$。

3. 倒轉：將二位數數值的十位數與個位數順序對調。

   (1)03 倒轉 $= 30$

   (2)12 倒轉 $= 21$

   (3)53 倒轉 $= 35$

4. 倒看：僅適於 **6 & 9**，且只限於選號座標的兩個號碼做數值轉換時
   可採用。

   (1)6 倒看 $= 9$

   (2)16 倒看 $= 91$

   (3)64 倒看 $= 49$

   (4)66 倒看 $= 99$

二、陰陽變化

棋盤上某特定區域內，若要表示某一個或數個號碼，可在該區域內直接顯示其相關號碼，但本選號規範卻採用陰陽相對的方式，不顯示原先的號碼，反而顯示該特定區域內的其他號碼來取代，此取代方式有三種，本書稱為：1.陰陽互換；2.陰陽交叉；3.陰陽變。

1. 陰陽互換：實心圈圈與相鄰的空心圈圈相互襯托，即空心圈圈號碼可取代實心圈圈號碼。

   (1)第一種「基本棋盤最外圍一圈號碼之陰陽互換」：

   在棋盤上先找出棋盤最外圍一圈的 1～4 個號碼（下圖實心圈圈），其數值和等於投注密碼，再以陰陽互換轉換成最外圍一圈所有的剩餘號碼（下圖空心圈圈）。

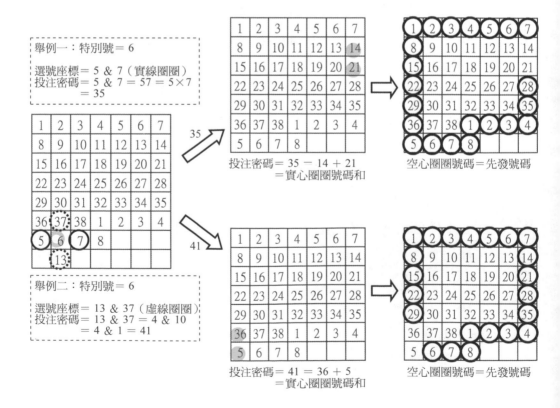

⑵第二種「1～3 個號碼之陰陽互換」：

實心圈圈夾在空心圈圈之間，其號碼數值和是某一組先發號碼
的數值和，且其數值必須≤99，而透過陰陽互換的觀念，即空心
圈圈號碼可取代所夾的實心圈圈號碼。

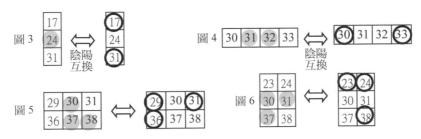

2. 陰陽交叉：實心圈圈與空心圈圈相互交叉，實心圈圈號碼數值和
是某一組先發號碼的數值和，且其數值必須≤99，而透過陰陽互換
的觀念，即出空心圈圈號碼可取代互相交叉之實心圈圈號碼。

3. 陰陽變：將棋盤上第一區的 38 格劃分為 A、B 及 C 區，且有三種
分法。

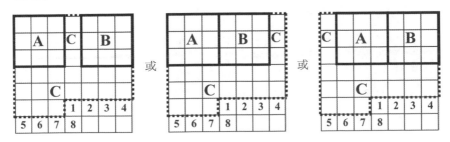

(1)A＆B區位於棋盤上最上面的三行，並以 3×3 方形框表示，而陰陽變是針對先發號碼數值和，以陰陽互換的觀念轉換到 A 或 B 區，變成中繼號碼的取代方式。A＆B 區的功用是在該區用中繼號碼取代欲轉換的數值時，其中繼號碼的位置在方框內可任意選取且不受限制，甚至不需要任何中繼號碼也可取代特定的數值；但在 C 區內，至少需 2～3 個中繼號碼，且其相對位置必須符合陰陽互換或陰陽交叉排列才能轉換。

(2)方形框若採用位置不同，則同樣的數值和會轉換成不同的中繼號碼。

　　例如：先發號碼數值和＝ 63，方形框的位置不同會使取代的中繼號碼不同。

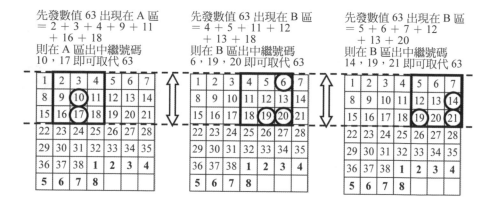

先發數值 63 出現在 A 區
＝ 2＋3＋4＋9＋11
　＋16＋18
則在 A 區出中繼號碼
10，17 即可取代 63

先發數值 63 出現在 B 區
＝ 4＋5＋11＋12
　＋13＋18
則在 B 區出中繼號碼
6，19，20 即可取代 63

先發數值 63 出現在 B 區
＝ 5＋6＋7＋12
　＋13＋20
則在 B 區出中繼號碼
14，19，21 即可取代 63

(3)被取代的先發數值和（方框內隱性號碼和），在 A 區無法大於該區 9 個號碼的數值和（即 81 或 90）；在 B 區無法大於 99；在 C 區也無法大於 99，則無論是 A、B 或 C 區，每一區最多只能出 3 個中繼號碼來取代轉入該區的先發數值和，A、B、C 三區總共應出 7 個中繼號碼。

參、投注號碼選取步驟簡述

一、選號座標

1. 先確認前一期二區中獎號碼在 38 ＋ 8 棋盤上的位置，再找出以其為對稱點的上下、左右或 45 度斜對角的 2 個相鄰號碼，而相鄰號碼也包括在一區或向二區下方延伸的號碼，此 2 個相鄰號碼本書稱為選號座標。

   例如：圖 10 的二區中獎號碼為 3，而 3 的左右相鄰號碼是 2 & 4，則 2 & 4 可選為選號座標；3 的右下左上相鄰號碼是 11（二區的 11）& 33，則 11 & 33 也可選為選號座標；同理，35 & 9 也可選為選號座標。

1	2	3	4	5	6	7
8	9	10	11	12	13	14
15	16	17	18	19	20	21
22	23	24	25	26	27	28
29	30	31	32	33	34	35
36	37	38	1	2	3	4
5	6	7	8			

圖 10

1	2	3	4	5	6	7
8	9	10	11	12	13	14
15	16	17	18	19	20	21
22	23	24	25	26	27	28
29	30	31	32	33	34	35
36	37	38	1	2	3	4
5	6	7	8	11		

1	2	3	4	5	6	7
8	9	10	11	12	13	14
15	16	17	18	19	20	21
22	23	24	25	26	27	28
29	30	31	32	33	34	35
36	37	38	1	2	3	4
5	6	7	8	9		

圖 11

2. 若二區中獎號碼正上方相鄰的一區號碼是上期中獎號碼，則可連接該二個中獎號碼，再經直線延伸後的兩端號碼為選號座標。

3. 同理二區中獎號碼 45 度斜對角的一區相鄰號碼若也是中獎號碼（如圖 11 的 1 & 31），可經對角直線延伸後取兩端的號碼為選號座標，如圖 11 的 9 & 23 也可選為選號座標。

4. 從以上的組別中只取一組為最終的選號座標，再繼續做後續的演變。

二、投注密碼

1. 將最終選號座標的 2 個號碼，經過自行相加或相乘後，再用合併方式組合會得到一個數值，此數值本書稱為投注密碼。

   例如：

   二區中獎號碼＝3

   (1)選號座標＝2 & 4，則投注密碼＝2 & 4 ＝24 或 4 & 2 ＝42。

   (2)選號座標＝ 11 & 33，則投注密碼＝ 11 & 33 ＝（1＋1）&（3×3）＝29 或投注密碼＝ 11 & 33 ＝（1＋1）&（3＋3）＝ 2 & 6 ＝26 ＝2 個 6 ＝66。

2. 投注密碼的數值須等於威力彩棋盤最外圍一圈某個區段的 1～4 個相鄰號碼相加之和，否則該投注密碼與選號座標皆不能採用，如圖 10 的選號座標。其中一組是 10 & 34，從 10 & 34 轉換合併的可能數值，無法在最外圍一圈上找到同數值的 1～4 個號碼，故未曾採用過 10 & 34 為選號座標。

3. 威力彩棋盤最外圍的一圈共有 24 個號碼，其相連方式及循環順序如下圖。

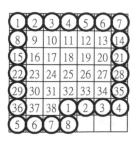

三、先發號碼

1. 該 1～4 個相鄰號碼，以陰陽互換的觀念，用棋盤最外圍一圈剩餘的號碼取代，這些剩餘的號碼即為先發號碼。

   上期特別號＝7，選號座標＝13 & 1，投注密碼＝13 & 1 = 4 & 1 = 41 = 36 + 5。

41 ＝投注密碼
＝實心圈圈號碼和

空心圈圈號碼－先發號碼

2. 將所有先發號碼在不受等量限制但須相鄰方式分成三組，每組最少要有一個號碼，且每組所有號碼數值和必須≤99。

3. 先發號碼分成三組後，各組號碼的數值和可先演變成新數值後，再進行陰陽互換轉換成中繼號碼，其選擇的方式有下列五種：

   (1)該組數值和保持不變，即以原數值轉換。

   (2)將該組數值和的個位數與十位數對調後再進行轉換（如 94 變成 49）。

   (3)2 的倍數與雙胞胎數值互換（例如：77 變成 27 或 72、29 變成 99）。

   (4)雙胞胎數值自行相加（例如：77 = 7 + 7 = 14 或 16 = 8 + 8 = 88）。

   (5)不含 0 與 1 的雙位數，其個位數與十位數自行相乘（例如：59 = 5×9 = 45 或 54 = 6×9 = 69 此類轉換成立），而 20 = 2×0 = 0 或 31 = 3×1 = 3 此類轉換不成立。

4. 四組可任意採用上述五款之一而不受限制，但最多只能有一組可採用第(4)款或第(5)款，即雙胞胎自行相加與自行相乘只能選用其中一種。

四、中繼號碼

1. 將三組先發號碼利用陰陽互換，分別轉換到棋盤上的 A、B 或 C 區內，每區各有一組轉入，轉入後在棋盤上的新號碼即中繼號碼。

2. 三組共轉換成 7 個中繼號碼，7 個應該都在一區，而非在二區。

3. 最後出現在二區的號碼，是一區的某一個中繼號碼經過對稱翻轉步驟之後才落入二區的。

4. 因 C 區最多只能有 3 個中繼號碼轉入，故：

(1) A 區及 B 區合計轉入的中繼號碼，總共不會少於 4 個。

(2) A 區或 B 區各自轉入的中繼號碼，各區不會少於 1 個。

五、對稱翻轉

1. 在棋盤上先選取一個轉軸，再將上述 7 個中繼號碼以轉軸為中心做對稱翻轉，得出新的 7 個號碼即為決勝號碼，而轉軸有水平、垂直或 45 度角多種方式。

2. 翻轉後所得的 7 個決勝號碼，必須全部在採用的 38 ＋ 8 格棋盤基本範圍內，即決勝號碼也可在二區，但不得在該 38 ＋ 8 格棋盤基本範圍外，否則此種翻轉方式不能採用。

六、直線移位

1. 從 7 個決勝號碼中先後任選 2 個號碼（兩個恰恰好），各自經直線或 45 度斜線隨意位移至另一個位置，得到最終的 7 個號碼，而此二個位移路線不可相交，也不能越過另一個中獎號碼，最後更須確認二區一定會有且僅有一個中獎號碼。

2. 最終的 7 個號碼（6 個在一區，1 個在二區），即可選為當期威力彩的准投注號碼。

肆、台灣威力彩「樂透圖解八步」順序說明

一、簡圖

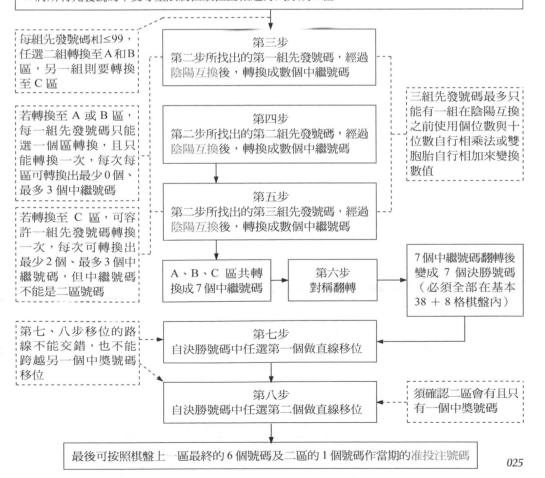

第一步：將選號座標轉換成投注密碼

投注當期威力彩可用 38 + 8 格棋盤，並參考前一期二區中獎號碼

1. 二區中獎號碼在棋盤上的上下、左右或 45 度斜對角相鄰且對稱的 2 個號碼皆可作為選號座標。
2. 若二區中獎號碼的上面、左上角或右上角在一區內的相鄰號碼也是中獎號碼，則可連接該相鄰二個中獎號碼，經延伸後取兩端的號碼為選號座標。
3. 由上述選號座標中取其一，經轉換後找出投注密碼。

第二步：將投注密碼轉換成先發號碼

1. 投注密碼其數值大小等於棋盤外圍一圈上相連的 1～4 個號碼和。
2. 再經過陰陽互換轉換成棋盤外圍一圈上剩餘的其他相連號碼，即先發號碼，而威力彩棋盤外圍一圈總共有 24 個號碼。
3. 將所有先發號碼不受等量限制但須位置相連方式分成三組。

每組先發號碼和≤99，任選二組轉換至 A 和 B 區，另一組則要轉換至 C 區

第三步
第二步所找出的第一組先發號碼，經過陰陽互換後，轉換成數個中繼號碼

三組先發號碼最多只能有一組在陰陽互換之前使用個位數與十位數自行相乘法或雙胞胎自行相加來變換數值

若轉換至 A 或 B 區，每一組先發號碼只能選一個區轉換，且只能轉換一次，每次每區可轉換出最少 0 個、最多 3 個中繼號碼

第四步
第二步所找出的第二組先發號碼，經過陰陽互換後，轉換成數個中繼號碼

第五步
第二步所找出的第三組先發號碼，經過陰陽互換後，轉換成數個中繼號碼

若轉換至 C 區，可容許一組先發號碼轉換一次，每次可轉換出最少 2 個、最多 3 個中繼號碼，但中繼號碼不能是二區號碼

A、B、C 區共轉換成 7 個中繼號碼

第六步
對稱翻轉

7 個中繼號碼翻轉後變成 7 個決勝號碼（必須全部在基本 38 + 8 格棋盤內）

第七、八步移位的路線不能交錯，也不能跨越另一個中獎號碼移位

第七步
自決勝號碼中任選第一個做直線移位

第八步
自決勝號碼中任選第二個做直線移位

須確認二區會有且只有一個中獎號碼

最後可按照棋盤上一區最終的 6 個號碼及二區的 1 個號碼作當期的准投注號碼

二、第一步至第五步圖示

1.舉例一：二區中獎號碼＝5

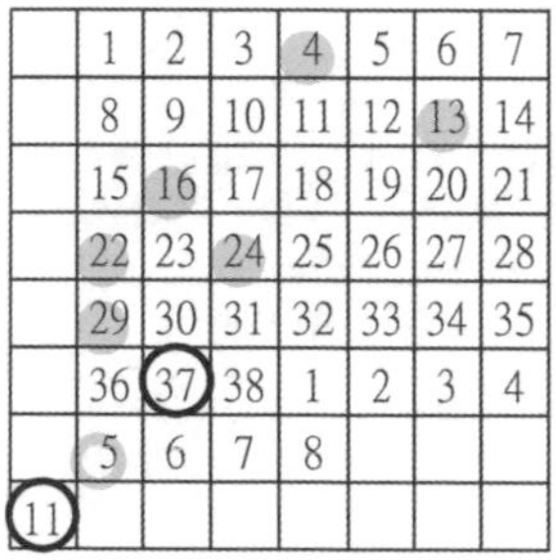

1	2	3	4	5	6	7
8	9	10	11	12	13	14
15	16	17	18	19	20	21
22	23	24	25	26	27	28
29	30	31	32	33	34	35
36	37	38	1	2	3	4
5	6	7	8			

二區獎號＝5
5 在 11 & 37 中間
選號座標：11 & 37

(1)11 ＝ 1 ＋ 1 ＝ 2
(2)37 ＝ 3 ＋ 7 ＝ 10
倒轉＝ 01 ＝ 1
則 11 & 37 ＝ 2 & 10 ＝ 2 & 1 ＝ 21
投注密碼：21

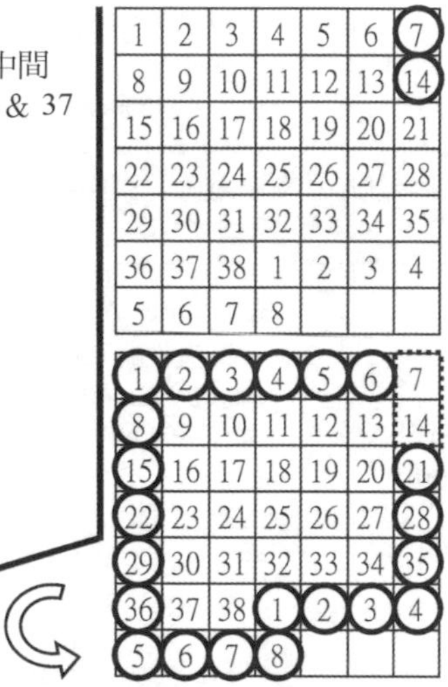

第一步：
(1)投注密碼數值＝棋盤最外圍一圈1～4個號碼和
(2)找出 21 ＝ 7 ＋ 14

第二步：
陰陽互換，找出先發號碼取代 21 並分成 3 組

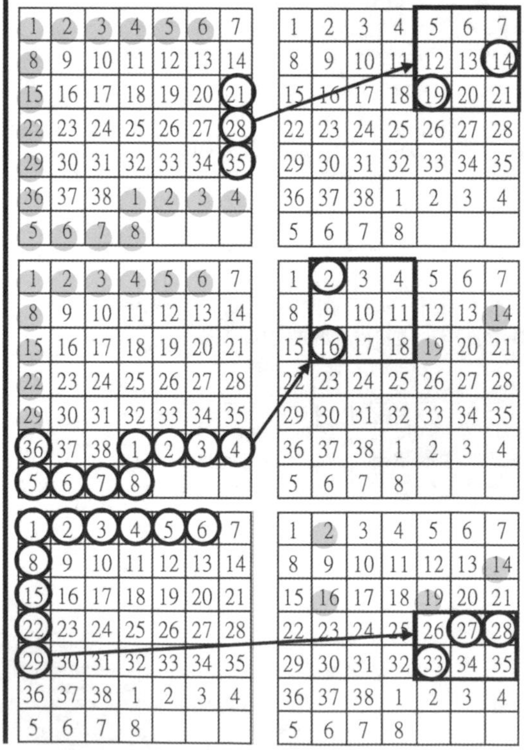

第三步：
第一組 21，28，35 可轉換至任何一區，此次轉換至 B 區

(1)21 ＋ 28 ＋ 35 ＝ 84
(2)84 ＝ 5 ＋ 6 ＋ 7 ＋ 12 ＋ 13 ＋ 20 ＋ 21
陰陽變，出 14、19 取代 84

中繼號碼：14，19

第四步：
第二組 4，3，2，1，8，7，6，5，36 可轉換至任何一區，此次轉換至 A 區

(1)4 ＋ 3 ＋ 2 ＋ 1 ＋ 8 ＋ 7 ＋ 6 ＋ 5 ＋ 36 ＝ 72
(2)72 ＝ 3 ＋ 4 ＋ 9 ＋ 10 ＋ 11 ＋ 17 ＋ 18
陰陽變，出 2、16 取代 72

中繼號碼：2，16

第五步：
第三組 29，22，15，8，1，2，3，4，5，6 可轉換至任何一區，此次轉換至 C 區

(1)29 ＋ 22 ＋ 15 ＋ 8 ＋ 1 ＋ 2 ＋ 3 ＋ 4 ＋ 5 ＋ 6 ＝ 95
(2)95 ＝ 26 ＋ 34 ＋ 35
陰陽交叉，出 27、28、33 取代 26、34、35

中繼號碼：27，28，33

第五步完成時可得出 7 個中繼號碼：2，14，16，19，27，28，33

2. 舉例二：二區中獎號碼＝5

二區獎號＝5
5 在 12 & 36 中間
選號座標：12 & 36

三組先發號碼最多只能有一組使用個位數與十位數自行相乘法來變換數值

(1)12 ＝ 1 + 2 ＝ 3
(2)36 ＝ 3 + 6 ＝ 9
則 12 & 36 ＝ 3 & 9 ＝ 39
投注密碼：39

第一步：
投注密碼數值＝棋盤最外圍一圈 1～4 個號碼和
找出 39 ＝ 35 + 4

第二步：
陰陽互換，找出先發號碼取代 39 並分成 3 組

第三步：
第一組 28，21，14，7，6，5，4，3，2，1，8 可轉換至任何一區，此次轉換至 B 區

(1)28 + 21 + 14 + 7 + 6 + 5 + 4 + 3 + 2 + 1 + 8 ＝ 99
(2)99 ＝ 12 + 13 + 14 + 19 + 20 + 21
陰陽變，出 5、6、7 取代 99

中繼號碼：5，6，7

第四步：
第二組 15，22，29 可轉換至任何一區，此次轉換至 A 區

自行相乘變換數值

(1)15 + 22 + 29 ＝ 66 ＝ 6×6 ＝ 36 倒轉 ＝ 63
(2)63 ＝ 2 + 3 + 4 + 10 + 11 + 16 + 17
陰陽變，出 9、18 取代 63

中繼號碼：9，18

第五步：
第三組 36，5，6，7，8，1，2，3 可轉換至任何一區，此次轉換至 C 區

(1)36 + 5 + 6 + 7 + 8 + 1 + 2 + 3 ＝ 68
(2)68 ＝ 31 + 37
陰陽交叉，出 30、38 取代 31、37

中繼號碼：30，38

到第五步完成時可得出 7 個中繼號碼：5，6，7，9，18，30，38

三、第六步圖示

圖形翻轉：將 7 個中繼號碼藉由對稱翻轉而變成 7 個新的號碼，即決勝號碼，而翻轉的轉軸有多種，但只選取一種且翻轉後的 7 個決勝號碼必須仍然能落在基本 38 ＋ 8 格棋盤範圍內（包括一區及二區）。

舉例：

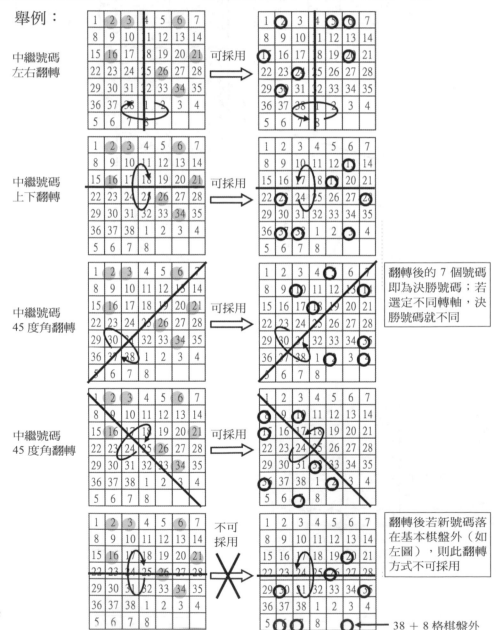

翻轉後的 7 個號碼即為決勝號碼；若選定不同轉軸，決勝號碼就不同

翻轉後若新號碼落在基本棋盤外（如左圖），則此翻轉方式不可採用

38 ＋ 8 格棋盤外

四、第七、八步圖示

直線位移：中繼號碼翻轉變成決勝號碼後，再從 7 個決勝號碼中，任選 2 個分別做水平、垂直或 45 度斜線隨意但須直線位移後，得到的最終 7 個號碼，即可選為准投注號碼。

1. 翻轉到二區的號碼可移位至另一個二區號碼。

2. 若無任何號碼翻轉到二區，則須自一區選擇一個號碼移入二區。

3. 翻轉後若二區出現二個號碼，則須選擇其中一個號碼移入一區。

4. 翻轉後若二區出現三個號碼，則前面的對稱翻轉方式不能採用。

5. 直線移位：

1	2	3	4	5	6	7
8	9	10	11	12	13	14
15	16	17	18	19	20	21
22	23	24	25	26	27	28
29	30	31	32	33	34	35
36	37	38	1	2	3	4
5	6	7	8			

(1)可選 23 移至 26　(2)可選 23 移至 6　(3)可選 23 移至 9

6. 45 度斜線移位：

1	2	3	4	5	6	7
8	9	10	11	12	13	14
15	16	17	18	19	20	21
22	23	24	25	26	27	28
29	30	31	32	33	34	35
36	37	38	1	2	3	4
5	6	7	8			

(1)可選 23 移至 5　(2)可選 23 移至 1　(3) 23 不能移至 14

7. 移位限制：

(1)移位時，不能跨越另一個中獎號碼移位。

(2)此二個移位路線，無論直線或斜線，均不能交錯。

(3)上述情形，若其中有一個最後是二區唯一的中獎號碼，則不受此限。

移位路線，不能跨越另一個中獎號碼，例如 27 或 25，即此種跨越移位不可採用

二個移位路線，不能相互交錯，即此二個交叉移位，至少有一個不可採用

圖解台灣威力彩 2013 年 4，5，6 月中獎號碼

期數	開獎日期	星期	台灣威力彩中獎號碼						二區獎號
031	4 月 18 日	四	3	15	22	23	25	30	5
032	4 月 22 口	一	13	16	22	24	29	36	5
033	4 月 25 日	四	7	9	18	21	24	37	6
034	4 月 29 日	一	14	16	20	23	27	30	8
035	5 月 02 日	四	4	10	21	26	29	37	3
036	5 月 05 日	一	5	7	11	12	24	28	8
037	5 月 09 日	四	3	6	9	15	21	30	5
038	5 月 13 日	一	5	6	12	27	29	33	1
039	5 月 16 日	四	7	8	14	24	31	34	8
040	5 月 20 日	一	8	12	16	27	33	36	3
041	5 月 23 日	四	10	21	27	31	33	35	7
042	5 月 27 日	一	4	7	17	32	33	37	7
043	5 月 30 日	四	7	13	22	23	31	33	1
044	6 月 03 日	一	6	26	34	35	36	37	3
045	6 月 06 日	四	8	9	17	22	34	37	8
046	6 月 10 日	一	3	9	16	30	32	37	5
047	6 月 13 日	四	14	21	32	34	37	38	3
048	6 月 17 日	一	19	22	23	25	29	38	1
049	6 月 20 日	四	1	2	7	11	13	24	3
050	6 月 24 日	一	12	15	22	24	33	37	6
051	6 月 27 日	四	4	7	8	14	35	36	3

圖解 2013/4/18 台灣威力彩 102031 期

獎號：3，15，22，23，25，30　二區：5

上期二區獎號 = 6
6 在 5 & 7 中間
選號座標：5 & 7

(1)5 & 7 = 57
(2)57 = 5×7 = 35
投注密碼：35

第一步：
在 38 棋盤外圍一圈上
找出 35

第二步：
找出 23 個先發號碼
取代 35 並分成 3 組

第三步：
第一組 28，21，
14，7，6，5，4，
3，2，1，8 轉換至
C 區

(1)8 + 1 + 2 + 3 + 4 + 5
+ 6 + 7 + 14 + 21 +
28 = 99 = 2 個 9 = 92
(2)92 = 24 + 30 + 38
陰陽交叉，出 23、31、37
取代 24、30、38

中繼號碼：23，31，37

第四步：
第二組 15，22，29
轉換至 A 區

(1)15 + 22 + 29 = 66
= 2 個 6 = 62
(2)62 = 1 + 2 + 3 + 8 +
15 + 16 + 17
陰陽變，出 9、10
取代 62

中繼號碼：9，10

第五步：
第三組 36，5，6，
7，8，1，2，3，4
轉換至 B 區

(1)36 + 5 + 6 + 7 + 8 +
1 + 2 + 3 + 4 = 72 =
2 個 7 = 77
(2)77 = 4 + 5 + 6 + 11
+ 12 + 19 + 20
陰陽變，出 13、18
取代 77

中繼號碼：13，18

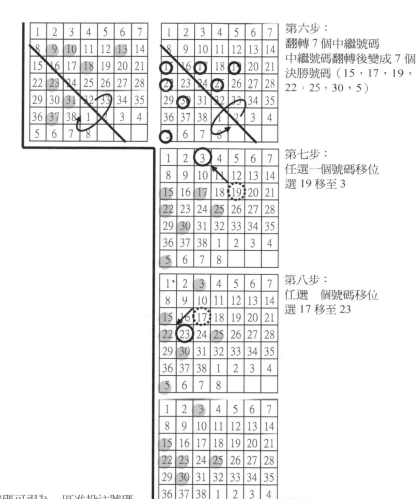

第六步：
翻轉 7 個中繼號碼
中繼號碼翻轉後變成 7 個
決勝號碼（15，17，19，
22，25，30，5）

第七步：
任選一個號碼移位
選 19 移至 3

第八步：
仼選　個號碼移位
選 17 移至 23

右圖棋盤上：
(1) 6 個實心圈圈號碼可視為一區准投注號碼
(2) 1 個空心圈圈號碼可視為二區准投注號碼

准投注號碼＝開獎號碼

38 威力彩 102031 期累計連二十五槓龜

頭獎注數：0（NT ＄ 1158M）

二獎注數：2

三獎注數：83

四合注數：7

五合注數：0

圖解 2013/4/22 台灣威力彩 102032 期

獎號：13，16，22，24，29，36　二區：5

上期二區獎號 = 5
5 在 12 & 36 中間
選號座標：12 & 36

(1)12 = 1 + 2 = 3
(2)36 = 3 + 6 = 9
則 12 & 36 = 3 & 9 = 39
投注密碼：39

第一步：
在 38 棋盤外圍一圈上
找出 39
39 = 35 + 4

第二步：
找出 22 個先發號碼
取代 39 並分成 3 組

第三步：
第一組 28，21，
14，7，6，5，4，
3，2，1，8轉換至
B 區

(1)28 + 21 + 14 + 7 + 6 +
　5 + 4 + 3 + 2 + 1 + 8
　= 99
(2)99 = 12 + 13 + 14 + 19
　+ 20 + 21
陰陽變，出 5、6、7 取代 99

中繼號碼：5，6，7

第四步：
第二組 15，22，29
轉換至 C 區

(1)15 + 22 + 29 = 66
(2)66 = 15 + 22 + 29
陰陽互換，出 8、36
取代 15、22、29

中繼號碼：8，36

第五步：
第三組 36，5，6，
7，8，1，2，3轉換
至 A 區

(1)36 + 5 + 6 + 7 + 8 +
　1 + 2 + 3 = 68
(2)68 = 2 + 3 + 9 + 10
　+ 11 + 16 + 17
陰陽變，出 4、18 取代 68

中繼號碼：4，18

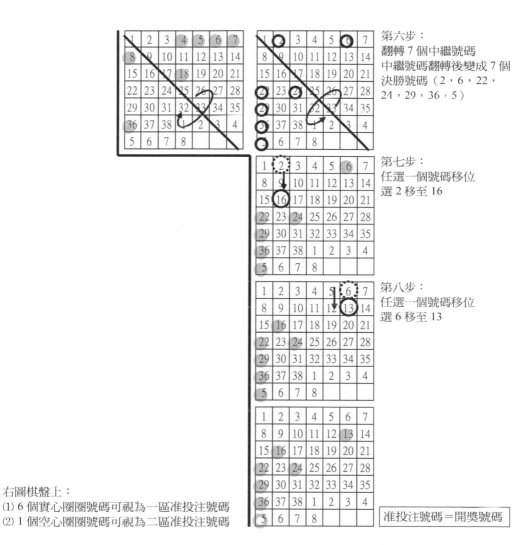

第六步：
翻轉 7 個中繼號碼
中繼號碼翻轉後變成 7 個
決勝號碼（2，6，22，
24，29，36，5）

第七步：
任選一個號碼移位
選 2 移至 16

第八步：
任選一個號碼移位
選 6 移至 13

右圖棋盤上：
(1) 6 個實心圈圈號碼可視為一區准投注號碼
(2) 1 個空心圈圈號碼可視為二區准投注號碼

准投注號碼＝開獎號碼

恭喜彰化縣社頭鄉社頭村精成鐘錶行售出頭獎獨得 15 億元

頭獎注數：1（NT ＄ 1501M）

二獎注數：1

三獎注數：69

四合注數：11

五合注數：1

圖解 2013/4/25 台灣威力彩 102033 期

獎號：7，9，18，21，24，37　二區：6

上期二區獎號＝5
5 在 11 & 37 中間
選號座標：11 & 37

第一步：
在 38 棋盤外圍一圈上
找出 21
21 ＝ 7 ＋ 14

(1)11 ＝ 1 ＋ 1 ＝ 2
(2)37 ＝ 3 ＋ 7 ＝ 10 倒轉＝ 01 ＝ 1
則 11 & 37 ＝ 2 & 10 ＝ 2 & 1 ＝ 21
投注密碼：21

第二步：
找出 22 個先發號碼
取代 21 並分成 3 組

第三步：
第一組 21，28，35
轉換至 B 區

(1)21 ＋ 28 ＋ 35 ＝ 84
(2)84 ＝ 5 ＋ 6 ＋ 7 ＋ 12
　　＋ 13 ＋ 20 ＋ 21
陰陽變，出 14、19
取代 84

中繼號碼：14，19

第四步：
第二組 4，3，2，
1，8，7，6，5，36
轉換至 A 區

(1)4 ＋ 3 ＋ 2 ＋ 1 ＋ 8 ＋
　　7 ＋ 6 ＋ 5 ＋ 36 ＝ 72
(2)72 ＝ 3 ＋ 4 ＋ 9 ＋ 10
　　＋ 11 ＋ 17 ＋ 18
陰陽變，出 2、16 取代 72

中繼號碼：2，16

第五步：
第三組 29，22，15，
8，1，2，3，4，5，
6 轉換至 C 區

(1)29 ＋ 22 ＋ 15 ＋ 8 ＋ 1
　　＋ 2 ＋ 3 ＋ 4 ＋ 5 ＋ 6
　　＝ 95
(2)95 ＝ 26 ＋ 34 ＋ 35
陰陽交叉，出 27、28、33
取代 26、34、35

中繼號碼：27，28，33

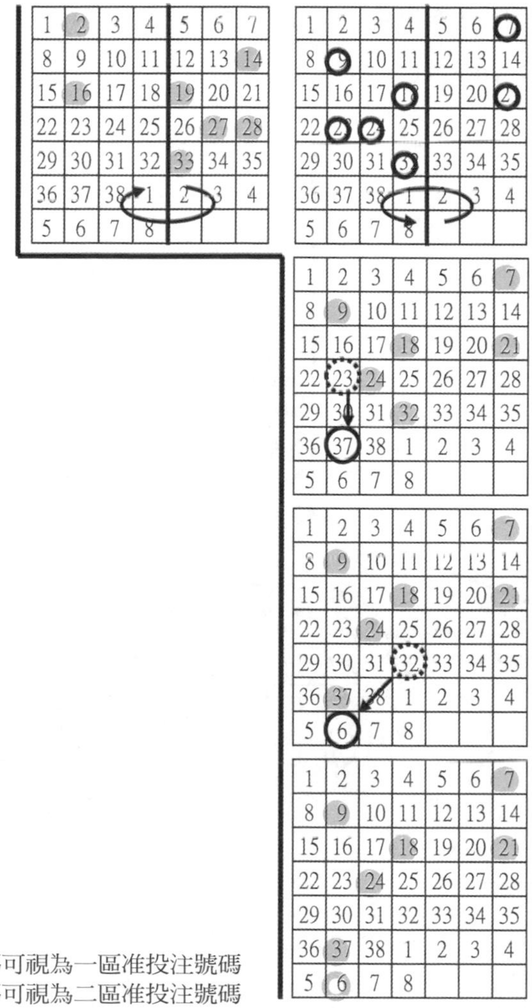

第六步：
翻轉 7 個中繼號碼
中繼號碼翻轉後變成 7 個
決勝號碼（7，9，18，
21，23，24，32）

第七步：
任選一個號碼移位
選 23 移至 37

第八步：
任選一個號碼移位
選 32 移至 6

准投注號碼＝開獎號碼

右圖棋盤上：
(1) 6 個實心圈圈號碼可視為一區准投注號碼
(2) 1 個空心圈圈號碼可視為二區准投注號碼

頭獎注數：0

二獎注數：0

三獎注數：5

四合注數：4

五合注數：0

圖解 2013/4/29 台灣威力彩 102034 期

獎號：14，16，20，23，27，30　二區：8

上期二區獎號＝6
6 在 5 & 7 中間
選號座標：5 & 7

(1)5 & 7 ＝ 57
(2)57 ＝ 5×7 ＝ 35
投注密碼：35

第一步：
在 38 棋盤外圍一圈上
找出 35

第二步：
找出 23 個先發號碼取代
35，將先發號碼分成 3 組

第三步：
第一組 28，21，14，
7，6，5，4，3，2，
1，8 轉換至 B 區

(1)28 ＋ 21 ＋ 14 ＋ 7 ＋ 6
　＋ 5 ＋ 4 ＋ 3 ＋ 2 ＋ 1
　＋ 8 ＝ 99 ＝ 2 個 9 ＝ 92
(2)92 ＝ 6 ＋ 7 ＋ 12 ＋ 13
　＋ 14 ＋ 19 ＋ 21
陰陽變，出 5、20 取代 92

中繼號碼：5，20

第四步：
第二組 15，22，29
轉換至 C 區

(1)15 ＋ 22 ＋ 29 ＝ 66
　＝ 2 個 6 ＝ 62
(2)62 ＝ 28 ＋ 34
陰陽交叉，出 27、35
取代 28、34

中繼號碼：27，35

第五步：
第三組 36，5，6，
7，8，1，2，3，4
轉換至 A 區

(1)36 ＋ 5 ＋ 6 ＋ 7 ＋ 8 ＋
　1 ＋ 2 ＋ 3 ＋ 4 ＝ 72 ＝
　7×2 ＝ 14 倒轉 ＝ 41
(2)41 ＝ 1 ＋ 2 ＋ 3 ＋ 8 ＋
　10 ＋ 17
陰陽變，出 9、15、16
取代 41

中繼號碼：9，15，16

自行相乘變換數值

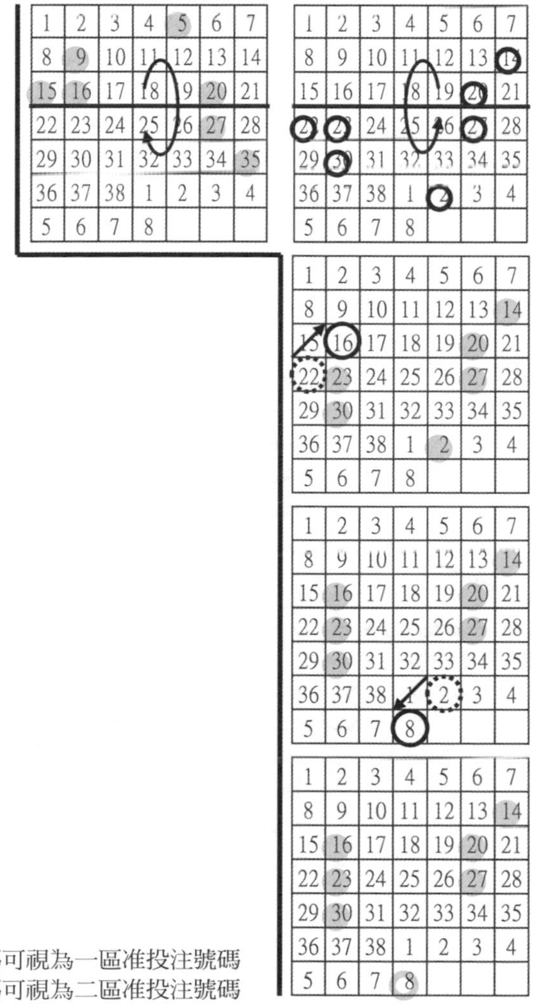

1	2	3	4	5	6	7
8	9	10	11	12	13	14
15	16	17	18	19	20	21
22	23	24	25	26	27	28
29	30	31	32	33	34	35
36	37	38	1	2	3	4
5	6	7	8			

1	2	3	4	5	6	7
8	9	10	11	12	13	14
15	16	17	18	19	20	21
22	23	24	25	26	27	28
29	30	31	32	33	34	35
36	37	38	1	2	3	4
5	6	7	8			

第六步：
翻轉 7 個中繼號碼
中繼號碼翻轉後變成 7 個
決勝號碼（14，20，22，
23，27，30，2）

1	2	3	4	5	6	7
8	9	10	11	12	13	14
15	16	17	18	19	20	21
22	23	24	25	26	27	28
29	30	31	32	33	34	35
36	37	38	1	2	3	4
5	6	7	8			

第七步：
任選一個號碼移位
選 22 移至 16

1	2	3	4	5	6	7
8	9	10	11	12	13	14
15	16	17	18	19	20	21
22	23	24	25	26	27	28
29	30	31	32	33	34	35
36	37	38	1	2	3	4
5	6	7	8			

第八步：
任選 個號碼移位
選 2 移至 8

1	2	3	4	5	6	7
8	9	10	11	12	13	14
15	16	17	18	19	20	21
22	23	24	25	26	27	28
29	30	31	32	33	34	35
36	37	38	1	2	3	4
5	6	7	8			

右圖棋盤上：
(1) 6 個實心圈圈號碼可視為一區准投注號碼
(2) 1 個空心圈圈號碼可視為二區准投注號碼

准投注號碼＝開獎號碼

38 威力彩 102034 期累計 連二槓龜

頭獎注數：0

二獎注數：1

三獎注數：6

四合注數：10

五合注數：0

圖解 2013/5/2 台灣威力彩 102035 期

獎號：4，10，21，26，29，37　二區：3

上期二區獎號 = 8
8 在 1 & 15 中間
選號座標：1 & 15

第一步：
在 38 棋盤外圍一圈上
找出 28

(1) 1 保持不變
(2) 15 = 1 + 5 = 6
則 1 & 15 = 1 & 6 = 16 = 2×8 = 28
投注密碼：28

第二步：
找出 23 個先發號碼
取代 28 並分成 3 組

第三步：
第一組 21，14，7，6，5，4，3，2，1，8，15 轉換至 C 區

(1) 21 + 14 + 7 + 6 + 5 + 4 + 3 + 2 + 1 + 8 + 15 = 86，倒轉 = 68
(2) 68 = 30 + 38
陰陽交叉，出 31、37
取代 30、38

中繼號碼：31，37

第四步：
第二組 22，29，36 轉換至 B 區

(1) 22 + 29 + 36 = 87 倒轉 = 78
(2) 78 = 5 + 7 + 12 + 13 + 20 + 21
陰陽變，出 6、14、19
取代 78

中繼號碼：6，14，19

第五步：
第三組 5，6，7，8，1，2，3，4，35 轉換至 A 區

(1) 5 + 6 + 7 + 8 + 1 + 2 + 3 + 4 + 35 = 71
(2) 71 = 1 + 3 + 9 + 10 + 15 + 16 + 17
陰陽變，出 2、8 取代 71

中繼號碼：2，8

第六步：
翻轉 7 個中繼號碼
中繼號碼翻轉後變成 7 個
決勝號碼（2，10，26，
29，35，37，3）

1	2	3	4	5	6	7
8	9	10	11	12	13	14
15	16	17	18	19	20	21
22	23	24	25	26	27	28
29	30	31	32	33	34	35
36	37	38	1	2	3	4
5	6	7	8			

1	2	3	4	5	6	7
8	9	10	11	12	13	14
15	16	17	18	19	20	21
22	23	24	25	26	27	28
29	30	31	32	33	34	35
36	37	38	1	2	3	4
5	6	7	8			

第七步：
任選一個號碼移位
選 2 移至 4

1	2	3	4	5	6	7
8	9	10	11	12	13	14
15	16	17	18	19	20	21
22	23	24	25	26	27	28
29	30	31	32	33	34	35
36	37	38	1	2	3	4
5	6	7	8			

第八步：
任選一個號碼移位
選 35 移至 21

1	2	3	4	5	6	7
8	9	10	11	12	13	14
15	16	17	18	19	20	21
22	23	24	25	26	27	28
29	30	31	32	33	34	35
36	37	38	1	2	3	4
5	6	7	8			

右圖棋盤上：
(1) 6 個實心圈圈號碼可視為一區准投注號碼
(2) 1 個空心圈圈號碼可視為二區准投注號碼

1	2	3	4	5	6	7
8	9	10	11	12	13	14
15	16	17	18	19	20	21
22	23	24	25	26	27	28
29	30	31	32	33	34	35
36	37	38	1	2	3	4
5	6	7	8			

准投注號碼＝開獎號碼

38 威力彩 102035 期累計連三槓龜

頭獎注數：0

二獎注數：0

三獎注數：7

四合注數：3

五合注數：0

圖解 2013/5/6 台灣威力彩 102036 期

獎號：5，7，11，12，24，28　二區：8

上期二區獎號 = 3
3 在 11 & 33 中間
選號座標：11 & 33

(1)11 = 1 + 1 = 2
(2)33 = 3×3 = 9
則 11 & 33 = 2 & 9 = 29
投注密碼：29

第一步：
在 38 棋盤外圍一圈上
找出 29

第二步：
找出 23 個先發號碼
取代 29 並分成 3 組

第三步：
第一組 22，15，8，
1，2，3，4，5，
6，7，14 轉換至 A
區

(1)22 + 15 + 8 + 1 + 2
+ 3 + 4 + 5 + 6 + 7
+ 14 = 87 倒轉 = 78
(2)78 = 3 + 4 + 9 + 11
+ 16 + 17 + 18
陰陽變，出 2、10 取代 78

中繼號碼：2，10

第四步：
第二組 21，28，35
轉換至 B 區

(1)21 + 28 + 35 = 84
(2)84 = 5 + 6 + 7 + 12
+ 13 + 20 + 21
陰陽變，出 14、19
取代 84

中繼號碼：14，19

第五步：
第三組 4，3，2，
1，8，7，6，5，36
轉換至 C 區

(1)4 + 3 + 2 + 1 + 8 +
7 + 6 + 5 + 36 = 72
= 8×9 = 89
(2)89 = 27 + 28 + 34
陰陽互換，出 26、33、35
取代 27、28、34

中繼號碼：26，33，35

自行相乘變換數值

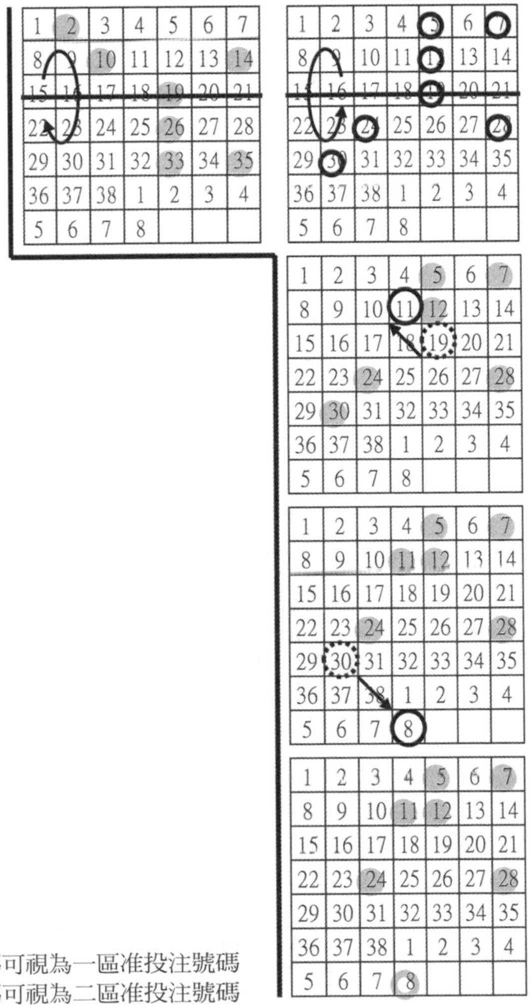

第六步：
翻轉 7 個中繼號碼
中繼號碼翻轉後變成 7 個
決勝號碼（5，7，12，
19，24，28，30）

第七步：
任選一個號碼移位
選 19 移至 11

第八步：
任選一個號碼移位
選 30 移至 8

右圖棋盤上：
(1) 6 個實心圈圈號碼可視為一區准投注號碼
(2) 1 個空心圈圈號碼可視為二區准投注號碼

准投注號碼＝開獎號碼

38 威力彩 102036 期累計連四槓龜

頭獎注數：0

二獎注數：0

三獎注數：11

四合注數：10

五合注數：1

圖解 2013/5/9 台灣威力彩 102037 期

獎號：3，6，9，15，21，30　二區：5

上期二區獎號＝8
8 在 9 & 7 中間
選號座標：9 & 7

(1)9 倒看＝6
(2)7 保持不變
則 9 & 7 ＝ 6 & 7 ＝ 67
投注密碼：67

第一步：
在 38 棋盤外圍一圈上
找出 67
67 ＝ 28 ＋ 35 ＋ 4

第二步：
找出 21 個先發號碼
取代 67 並分成 3 組

第三步：
第一組 21，14，7，
6，5，4，3，2，1
轉換至 A 區

(1)21 ＋ 14 ＋ 7 ＋ 6 ＋ 5
＋ 4 ＋ 3 ＋ 2 ＋ 1 ＝ 63
(2)63 ＝ 3 ＋ 8 ＋ 9 ＋ 10
＋ 16 ＋ 17
陰陽變，出 1、2、15
取代 63

中繼號碼：1，2，15

第四步：
第二組 8，15，22
轉換至 B 區

(1)8 ＋ 15 ＋ 22 ＝ 45 倒轉
＝ 54 ＝ 9×6 ＝ 96
(2)96 ＝ 5 ＋ 6 ＋ 7 ＋ 12
＋ 13 ＋ 14 ＋ 19 ＋ 20
陰陽變，出 21 取代 96

中繼號碼：21

自行相乘變換數值

第五步：
第三組 29，36，5，
6，7，8，1，2，3
轉換至 C 區

(1)29 ＋ 36 ＋ 5 ＋ 6 ＋ 7
＋ 8 ＋ 1 ＋ 2 ＋ 3 ＝ 97
倒轉＝ 79
(2)79 ＝ 24 ＋ 25 ＋ 30
陰陽交叉，出 23、31、32
取代 24、25、30

中繼號碼：23，31，32

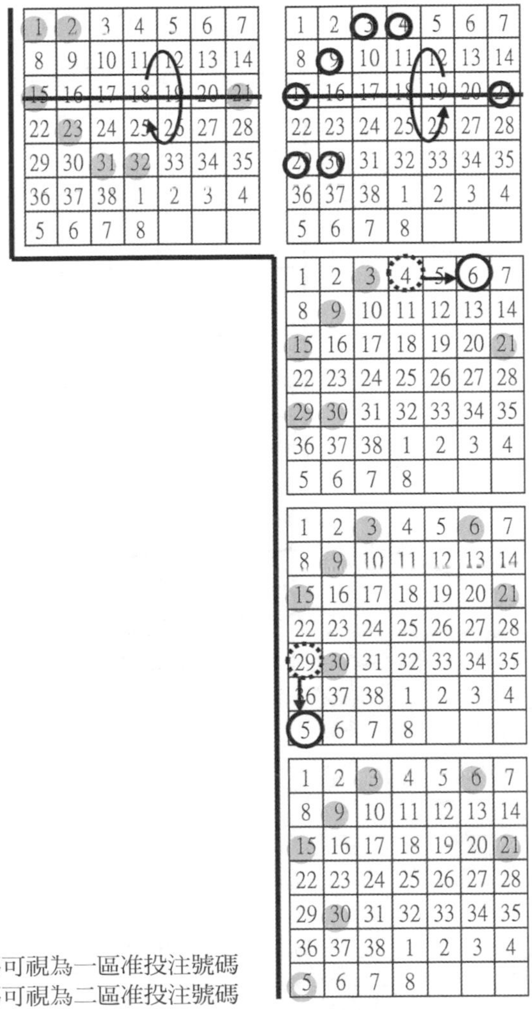

第六步：
翻轉 7 個中繼號碼
中繼號碼翻轉後變成 7
個決勝號碼（3，4，
9，15，21，29，30）

第七步：
任選一個號碼移位
選 4 移至 6

第八步：
任選一個號碼移位
選 29 至 5

准投注號碼＝開獎號碼

右圖棋盤上：
(1) 6 個實心圈圈號碼可視為一區准投注號碼
(2) 1 個空心圈圈號碼可視為二區准投注號碼

38 威力彩 102037 期累計連五摃龜

頭獎注數：0

二獎注數：0

三獎注數：8

四合注數：23

五合注數：1

圖解 2013/5/13 台灣威力彩 102038 期

獎號：5，6，12，27，29，33　二區：1

上期二區獎號＝5
5 在 12 & 36 中間
選號座標：12 & 36

(1)12 ＝ 1 ＋ 2 ＝ 3
(2)36 ＝ 3 ＋ 6 ＝ 9
則 12 & 36 ＝ 3 & 9 ＝ 39
投注密碼：39

第一步：
在 38 棋盤外圍一圈上
找出 39
39 ＝ 35 ＋ 4

第二步：
找出 22 個先發號碼
取代 39 並分成 3 組

第三步：
第一組 28，21，14，
7，6，5，4，3，2，
1，8 轉換至 B 區

(1)28 ＋ 21 ＋ 14 ＋ 7 ＋ 6
＋ 5 ＋ 4 ＋ 3 ＋ 2 ＋ 1
＋ 8 ＝ 99
(2)99 ＝ 5 ＋ 7 ＋ 13 ＋ 14
＋ 19 ＋ 20 ＋ 21
陰陽變，出 6、12 取代 99

中繼號碼：6，12

第四步：
第二組 15，22，29
轉換至 A 區

(1)15 ＋ 22 ＋ 29 ＝ 66
＝ 2 個 6 ＝ 62
(2)62 ＝ 2 ＋ 8 ＋ 9 ＋ 10
＋ 16 ＋ 17
陰陽變，出 1、3、15
取代 62

中繼號碼：1，3，15

第五步：
第三組 36，5，6，
7，8，1，2，3 轉換
至 C 區

(1)36 ＋ 5 ＋ 6 ＋ 7 ＋ 8 ＋
1 ＋ 2 ＋ 3 ＝ 68
(2)68 ＝ 30 ＋ 38
陰陽交叉，出 31、37
取代 30、38

中繼號碼：31，37

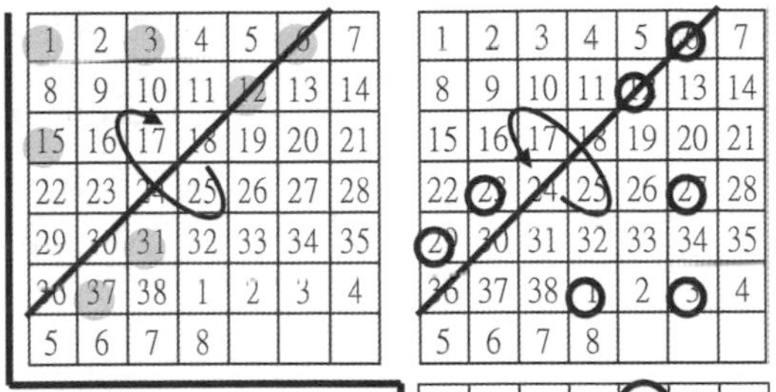

第六步：
翻轉 7 個中繼號碼
中繼號碼翻轉後變成 7 個
決勝號碼（6，12，23，
27，29，1，3）

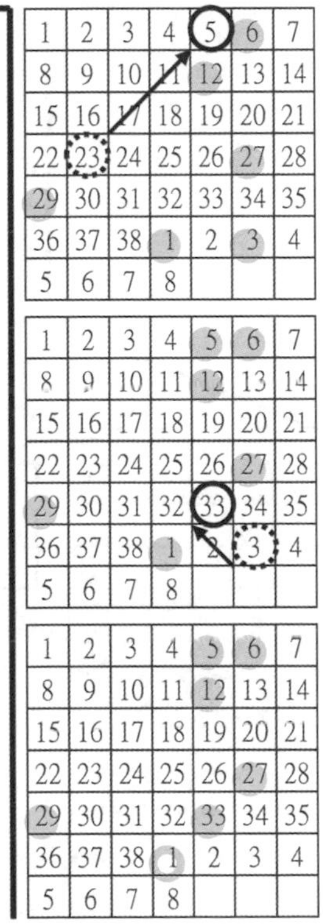

第七步：
任選一個號碼移位
選 23 移至 5

第八步：
任選一個號碼移位
選 3 至 33

右圖棋盤上：
(1) 6 個實心圈圈號碼可視為一區准投注號碼
(2) 1 個空心圈圈號碼可視為二區准投注號碼

准投注號碼＝開獎號碼

38 威力彩 102038 期累計連六槓龜

頭獎注數：0

二獎注數：0

三獎注數：2

四合注數：14

五合注數：1

圖解 2013/5/16 台灣威力彩 102039 期

獎號：7，8，14，24，31，34　二區：8

上期二區獎號 = 1
1 在 31 & 9 中間
選號座標：31 & 9

(1)31 = 3 + 1 = 4
(2)9 保持不變
則 31 & 9 = 4 & 9 = 49 = 4×9 = 36
投注密碼：36

第一步：
在 38 棋盤外圍一圈上
找出 36

第二步：
找出 23 個先發號碼
取代 36 並分成 3 組

第三步：
第一組 5，6，7，
8，1，2，3，4，
35 轉換至 A 區

(1)5 + 6 + 7 + 8 + 1 +
2 + 3 + 4 + 35 = 71
(2)71 = 1 + 2 + 3 + 8 +
9 + 15 + 16 + 17
陰陽變，出 10 取代 71

中繼號碼：10

第四步：
第二組 28，21，14，
7，6，5，4，3，2，
1 轉換至 B 區

(1)28 + 21 + 14 + 7 + 6 +
5 + 4 + 3 + 2 + 1 = 91
(2)91 = 5 + 12 + 14 + 19
+ 20 + 21
陰陽變，出 6、7、13
取代 91

中繼號碼：6，7，13

第五步：
第三組 8，15，22，
29 轉換至 C 區

(1)8 + 15 + 22 + 29 =
74 = 7×4 = 28 倒轉
= 82
(2)82 = 23 + 29 + 30
陰陽互換，出 22、24、31
取代 23、29、30

自行相乘變換數值

中繼號碼：22，24，31

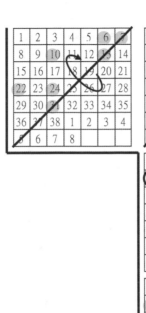

第六步：
翻轉 7 個中繼號碼
中繼號碼翻轉後變成 7 個
決勝號碼（7，13，14，
31，32，34，8）

第七步：
任選一個號碼移位
選 13 移至 8

第八步：
任選一個號碼移位
選 32 至 24

右圖棋盤上：
(1) 6 個實心圈圈號碼可視為一區准投注號碼
(2) 1 個空心圈圈號碼可視為二區准投注號碼

准投注號碼＝開獎號碼

38 威力彩 102039 期累計連七槓龜

頭獎注數：0

二獎注數：0

三獎注數：5

四合注數：6

五合注數：0

圖解 2013/5/20 台灣威力彩 102040 期

獎號：8，12，16，27，33，36　二區：3

上期二區獎號＝ 8
8 在 9 & 7 中間
選號座標：9 & 7

(1)9 倒看＝ 6
(2)7 保持不變
則 9 & 7 ＝ 6 & 7 ＝ 67
投注密碼：67

第一步：
在 38 棋盤外圍一圈上
找出 67
67 ＝ 28 ＋ 35 ＋ 4

第二步：
找出 21 個先發號碼
取代 67 並分成 3 組

第三步：
第一組 21，14，7，
6，5，4，3，2，
1，8 轉換至 A 區

(1)21 ＋ 14 ＋ 7 ＋ 6 ＋ 5
＋ 4 ＋ 3 ＋ 2 ＋ 1 ＋ 8
＝ 71
(2)71 ＝ 2 ＋ 3 ＋ 4 ＋ 11
＋ 16 ＋ 17 ＋ 18
陰陽變，出 9、10 取代 71

中繼號碼：9，10

第四步：
第二組 15，22，29
轉換至 B 區

(1)15 ＋ 22 ＋ 29 ＝ 66
＝ 2 個 6 ＝ 62
(2)62 ＝ 5 ＋ 6 ＋ 7 ＋ 12
＋ 13 ＋ 19
陰陽變，出 14、20、21
取代 62

中繼號碼：14，20，21

第五步：
第三組 36，5，6，
7，8，1，2，3 轉換
至 C 區

(1)36 ＋ 5 ＋ 6 ＋ 7 ＋ 8 ＋
1 ＋ 2 ＋ 3 ＝ 68
(2)68 ＝ 30 ＋ 38
陰陽交叉，出 31、37
取代 30、38

中繼號碼：31，37

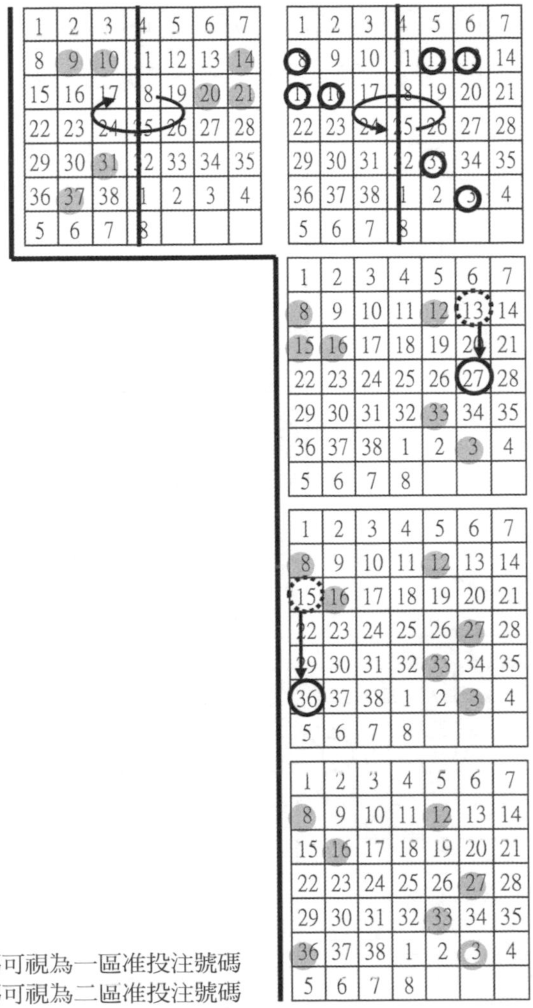

第六步：
翻轉 7 個中繼號碼
中繼號碼翻轉後變成 7 個
決勝號碼（8，12，13，
15，16，33，3）

第七步：
任選一個號碼移位
選 13 移至 27

第八步：
任選一個號碼移位
選 15 至 36

右圖棋盤上：
(1) 6 個實心圈圈號碼可視為一區准投注號碼
(2) 1 個空心圈圈號碼可視為二區准投注號碼

准投注號碼＝開獎號碼

38 威力彩 102040 期累計連八槓龜

頭獎注數：0（NT＄132M）

二獎注數：0

三獎注數：11

四合注數：5

五合注數：0

圖解 2013/5/23 台灣威力彩 102041 期

獎號：10，21，27，31，33，35　二區：7

上期二區獎號 = 3
3 在 4 & 2 中間
選號座標：4 & 2

4 & 2 = 42
投注密碼：42

第一步：
在 38 棋盤外圍一圈上
找出 42
42 = 7 + 14 + 21

第二步：
找出 21 個先發號碼
取代 42 並分成 3 組

第三步：
第一組 28，35 轉換
至 A 區

(1)28 + 35 = 63
(2)63 = 2 + 3 + 4 + 9 +
11 + 16 + 18
陰陽變，出 10、17
取代 63

中繼號碼：10，17

第四步：
第二組 4，3，2，1，
8，7，6，5，36 轉換
至 B 區

(1)4 + 3 + 2 + 1 + 8 + 7
+ 6 + 5 + 36 = 72
= 2 個 7 = 77
(2)77 = 5 + 6 + 7 + 12
+ 13 + 14 + 20
陰陽變，出 19、21 取代 77

中繼號碼：19，21

第五步：
第三組 29，22，15，
8，1，2，3，4，5，
6 轉換至 C 區

(1)29 + 22 + 15 + 8 + 1
+ 2 + 3 + 4 + 5 + 6
= 95
(2)95 = 28 + 33 + 34
陰陽交叉，出 26、27、35
取代 28、33、34

中繼號碼：26、27，35

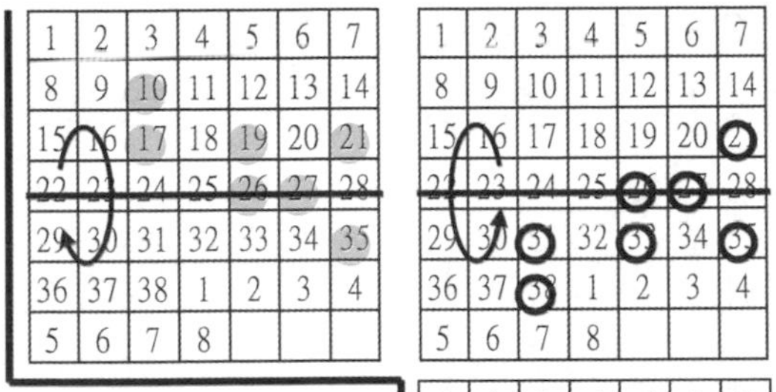

第六步：
翻轉 7 個中繼號碼
中繼號碼翻轉後變成 7 個
決勝號碼（21，26，27，
31，33，35，38）

第七步：
任選一個號碼移位
選 26 移至 10

第八步：
任選一個號碼移位
選 38 至 7

右圖棋盤上：
(1) 6 個實心圈圈號碼可視為一區准投注號碼
(2) 1 個空心圈圈號碼可視為二區准投注號碼

准投注號碼＝開獎號碼

38 威力彩 102041 期累計連九槓龜

頭獎注數：0（NT ＄ 151M）

二獎注數：0

三獎注數：3

四合注數：1

五合注數：0

圖解 2013/5/27 台灣威力彩 102042 期

獎號：4，7，17，32，33，37　二區：7

上期二區獎號 = 7
7 在 6 & 8 中間
選號座標：6 & 8

(1)6 & 8 = 68
(2)68 = 6×8 = 48 倒轉 = 84
投注密碼：84

第一步：
在 38 棋盤外圍一圈上
找出 84
84 = 35 + 28 + 21

第二步：
找出 21 個先發號碼
取代 84 並分成 3 組

第三步：
第一組 14，7，
6，5，4，3，
2，1，8，15，
22 轉換至 B 區

(1)14 + 7 + 6 + 5 + 4 +
3 + 2 + 1 + 8 + 15 +
22 = 87 倒轉 = 78
(2)78 = 5 + 6 + 13 + 14
+ 19 + 21
陰陽變，出 7、12、20
取代 78

中繼號碼：7，12，20

第四步：
第二組 29，36 轉換
至 C 區

29 + 36 = 65 = 6×5 =
30
陰陽互換，出 23、37
取代 30

自行相乘變換數值

中繼號碼：23，37

第五步：
第三組 5，6，7，
8，1，2，3，4 轉
換至 A 區

(1)5 + 6 + 7 + 8 + 1 +
2 + 3 + 4 = 36 倒轉
= 63
(2)63 = 2 + 3 + 4 + 9 +
10 + 17 + 18
陰陽變，出 11、16
取代 63

中繼號碼：11，16

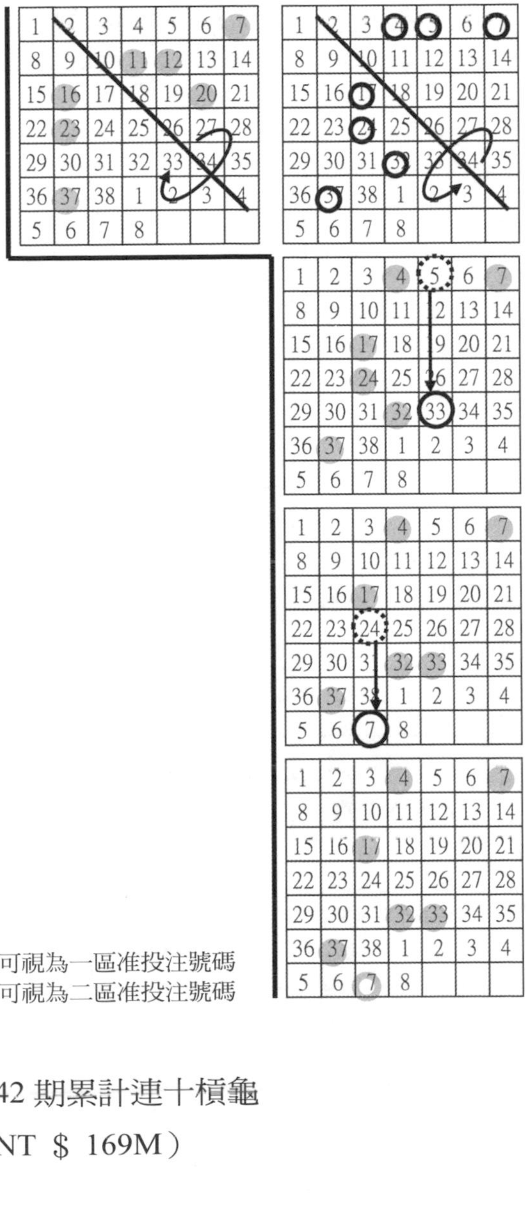

第六步：
翻轉 7 個中繼號碼
中繼號碼翻轉後變成 7
個決勝號碼（4，5，7，
17，24，32，37）

第七步：
任選一個號碼移位
選 5 移至 33

第八步：
任選一個號碼移位
選 24 至 7

右圖棋盤上：
(1) 6 個實心圈圈號碼可視為一區准投注號碼
(2) 1 個空心圈圈號碼可視為二區准投注號碼

准投注號碼＝開獎號碼

38 威力彩 102042 期累計連十槓龜

頭獎注數：0（NT ＄ 169M）

二獎注數：0

三獎注數：1

四合注數：5

五合注數：0

圖解 2013/5/30 台灣威力彩 102043 期

獎號：7，13，22，23，31，33　二區：1

上期二區獎號＝7
7 在 13 & 1 中間
選號座標：13 & 1

(1)13 ＝ 1 ＋ 3 ＝ 4
(2)1 保持不變
則 13 & 1 ＝ 4 & 1 ＝ 41
投注密碼：41

第一步：
在 38 棋盤外圍一圈上
找出 41
41 ＝ 36 ＋ 5

第二步：
找出 22 個先發號碼
取代 41 並分成 3 組

第三步：
第一組 6，7，8，1，
2，3，4，35 轉換至
C 區

(1)6 ＋ 7 ＋ 8 ＋ 1 ＋ 2 ＋
　3 ＋ 4 ＋ 35 ＝ 66
　＝ 2 個 6 ＝ 62
(2)62 ＝ 28 ＋ 34
陰陽交叉，出 27、35
取代 28、34

中繼號碼：27，35

第四步：
第二組 28，21，14，
7，6，5，4，3，2，
1，8 轉換至 B 區

(1)28 ＋ 21 ＋ 14 ＋ 7 ＋ 6
　＋ 5 ＋ 4 ＋ 3 ＋ 2 ＋ 1
　＋ 8 ＝ 99 ＝ 2 個 9 ＝ 92
(2)92 ＝ 4 ＋ 6 ＋ 12 ＋ 13
　＋ 18 ＋ 19 ＋ 20
陰陽變，出 5、11 取代 92

中繼號碼：5，11

第五步：
第三組 15，22，29
轉換至 A 區

(1)15 ＋ 22 ＋ 29 ＝ 66
　＝ 2 個 6 ＝ 62
(2)62 ＝ 1 ＋ 3 ＋ 10 ＋ 15
　＋ 16 ＋ 17
陰陽變，出 2、8、9
取代 62

中繼號碼：2、8、9

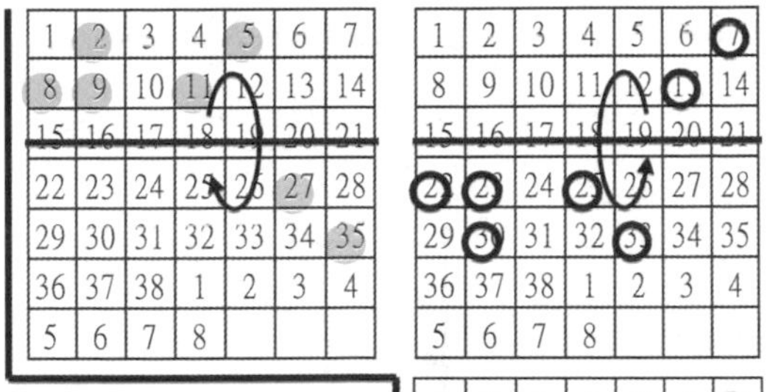

第六步：
翻轉 7 個中繼號碼
中繼號碼翻轉後變成 7 個
決勝號碼（7，13，22，
23，25，30，33）

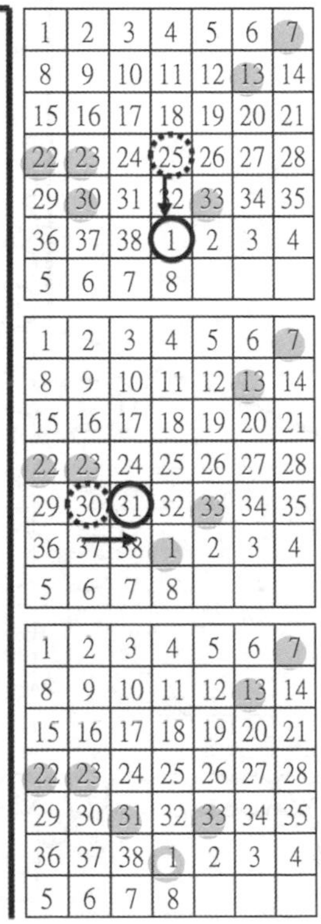

第七步：
任選一個號碼移位
選 25 移至 1

第八步：
任選一個號碼移位
選 30 至 31

准投注號碼＝開獎號碼

右圖棋盤上：
(1) 6 個實心圈圈號碼可視為一區准投注號碼
(2) 1 個空心圈圈號碼可視為二區准投注號碼

38 威力彩 102043 期累計連十一槓龜

頭獎注數：0（NT ＄ 187M）

二獎注數：0

三獎注數：5

四合注數：2

五合注數：0

圖解 2013/6/3 台灣威力彩 102044 期

獎號：6，26，34，35，36，37　二區：3

上期二區獎號 ＝ 1
1 與 33 相連且在
27 & 7 中間
選號座標：27 & 7

(1)27 ＝ 2 + 7 ＝ 9 倒看 ＝ 6
(2)7 保持不變
則 27 & 7 ＝ 9 & 7 ＝ 6 & 7 ＝ 67
投注密碼：67

第一步：
在 38 棋盤外圍一圈上
找出 67
67 ＝ 28 + 35 + 4

第二步：
找出 21 個先發號碼
取代 67 並分成 3 組

第三步：
第一組 21 轉換至
C 區

自行相乘變換數值

(1)21 倒轉 ＝ 12 ＝ 6×2
　＝ 62
(2)62 ＝ 27 + 35
陰陽交叉，出 28、34
取代 27、35

中繼號碼：28，34

第四步：
第二組 14，7，6，
5，4，3，2，1，
8，15，22 轉換至 A
區

(1)14 + 7 + 6 + 5 + 4 +
　3 + 2 + 1 + 8 + 15 +
　22 ＝ 87 倒轉 ＝ 78
(2)78 ＝ 3 + 8 + 9 + 10
　+ 15 + 16 + 17
陰陽變，出 1、2 取代 78

中繼號碼：1，2

第五步：
第三組 29，36，5，
6，7，8，1，2，3
轉換至 B 區

(1)29 + 36 + 5 + 6 + 7
　+ 8 + 1 + 2 + 3
　＝ 97 倒轉 ＝ 79
(2)79 ＝ 5 + 7 + 12 + 14
　+ 20 + 21
陰陽變，出 6、13、19
取代 79

中繼號碼：6，13，19

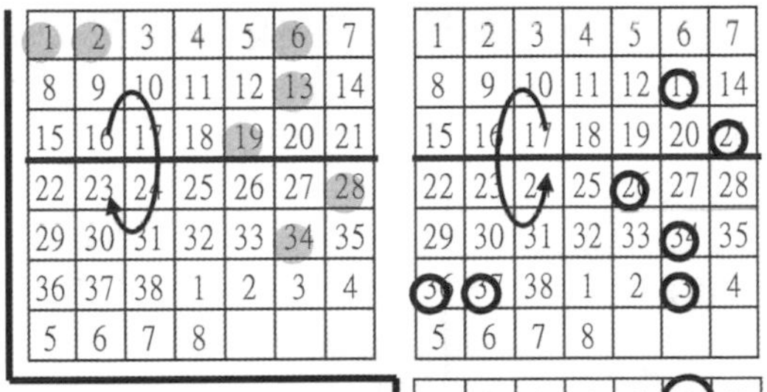

第六步：
翻轉 7 個中繼號碼
中繼號碼翻轉後變成 7 個
決勝號碼（13，21，26，
34，36，37，3）

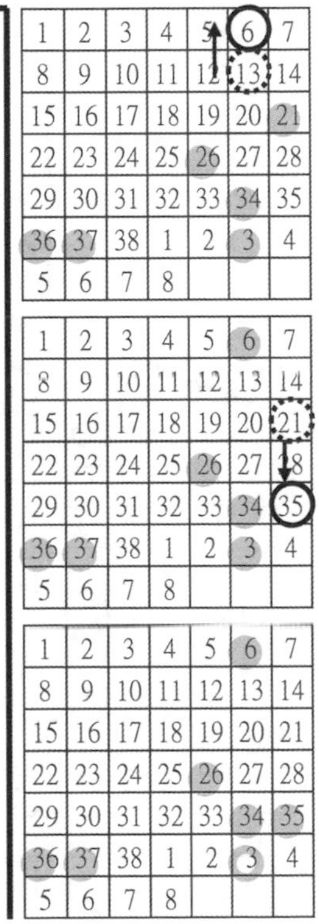

第七步：
任選一個號碼移位
選 13 移至 6

第八步：
任選一個號碼移位
選 21 至 35

右圖棋盤上：
(1) 6 個實心圈圈號碼可視為一區准投注號碼
(2) 1 個空心圈圈號碼可視為二區准投注號碼

准投注號碼＝開獎號碼

38 威力彩 102044 期累計連十二槓龜

頭獎注數：0（NT ＄ 204M）

二獎注數：0

三獎注數：2

四合注數：24

五合注數：0

圖解 2013/6/6 台灣威力彩 102045 期

獎號：8，9，17，22，34，37　二區：8

上期二區獎號 = 3
3 在 4 & 2 中間
選號座標：4 & 2

4 & 2 = 42
投注密碼：42

第一步：
在 38 棋盤外圍一圈上
找出 42
42 = 7 + 14 + 21

第二步：
找出 21 個先發號碼
取代 42 並分成 3 組

第三步：
第一組 28，35，4
轉換至 B 區

(1) 28 + 35 + 4 = 67 倒
轉 = 76
(2) 76 = 4 + 5 + 6 + 11
+ 13 + 18 + 19
陰陽交叉，出 12、20
取代 76

中繼號碼：12，20

第四步：
第二組 3，2，1，
8，7，6，5，36，
29 轉換至 C 區

(1) 3 + 2 + 1 + 8 + 7 +
6 + 5 + 36 + 29 = 97
(2) 97 = 29 + 30 + 38
陰陽交叉，出 31、36、37
取代 29、30、38

中繼號碼：31，36，37

第五步：
第三組 22，15，8，
1，2，3，4，5，6
轉換至 A 區

(1) 22 + 15 + 8 + 1 + 2
+ 3 + 4 + 5 + 6 = 66
= 2 個 6 = 62
(2) 62 = 1 + 2 + 3 + 8 +
15 + 16 + 17
陰陽變，出 9、10 取代 62

中繼號碼：9，10

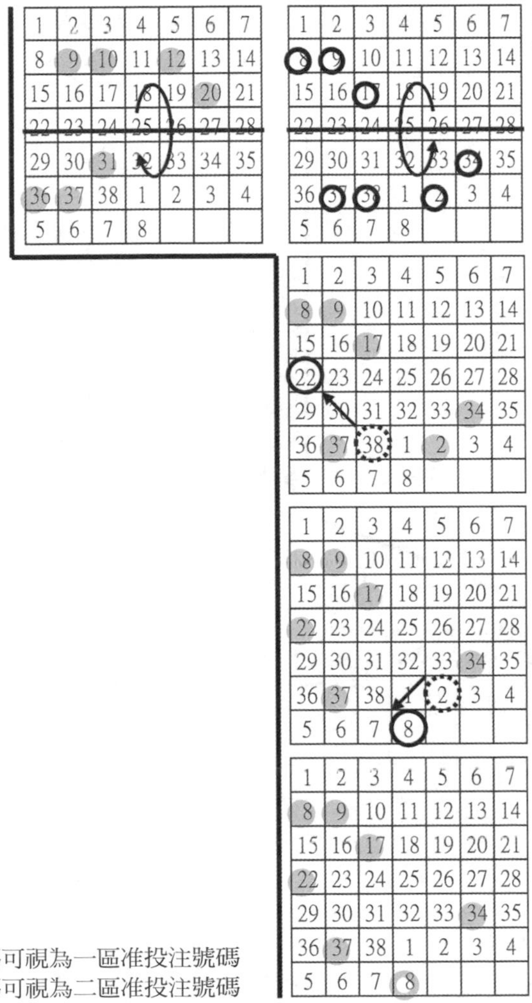

第六步：
翻轉 7 個中繼號碼
中繼號碼翻轉後變成 7 個
決勝號碼（8，9，17，
34，37，38，2）

第七步：
任選一個號碼移位
選 38 移至 22

第八步：
任選一個號碼移位
選 2 移至 8

右圖棋盤上：
(1) 6 個實心圈圈號碼可視為一區准投注號碼
(2) 1 個空心圈圈號碼可視為二區准投注號碼

准投注號碼＝開獎號碼

38 威力彩 102045 期累計連十三槓龜

頭獎注數：0（NT ＄ 225M）

二獎注數：0

三獎注數：3

四合注數：2

五合注數：0

圖解 2013/6/10 台灣威力彩 102046 期

獎號：3，9，16，30，32，37　二區：5

上期二區獎號＝8
8 在 9 & 7 中間
選號座標：9 & 7

第一步：
在 38 棋盤外圍一圈上
找出 67
67 ＝ 28 ＋ 35 ＋ 4

(1)9 倒看＝6
(2)7 保持不變
則 9 & 7 ＝ 6 & 7 ＝ 67
投注密碼：67

第二步：
找出 21 個先發號碼
取代 67 並分成 3 組

第三步：
第一組 21，14，7，
6，5，4，3，2，1，
8，15 轉換至 A 區

(1)21 ＋ 14 ＋ 7 ＋ 6 ＋ 5
　＋ 4 ＋ 3 ＋ 2 ＋ 1 ＋ 8
　＋ 15 ＝ 86 倒轉＝ 68
(2)68 ＝ 2 ＋ 4 ＋ 11 ＋ 16
　＋ 17 ＋ 18
陰陽變，出 3、9、10
取代 68

中繼號碼：3，9，10

第四步：
第二組 22，29，36，
5 轉換至 B 區

(1)22 ＋ 29 ＋ 36 ＋ 5 ＝ 92
(2)92 ＝ 5 ＋ 6 ＋ 7 ＋ 14
　＋ 19 ＋ 20 ＋ 21
陰陽變，出 12、13
取代 92

中繼號碼：12，13

第五步：
第三組 6，7，8，1，
2，3 轉換至 C 區

(1)6 ＋ 7 ＋ 8 ＋ 1 ＋ 2 ＋
　3 ＝ 27 倒轉＝ 72
(2)72 ＝ 23 ＋ 24 ＋ 25
陰陽互換，出 22、26
取代 23、24、25

中繼號碼：22，26

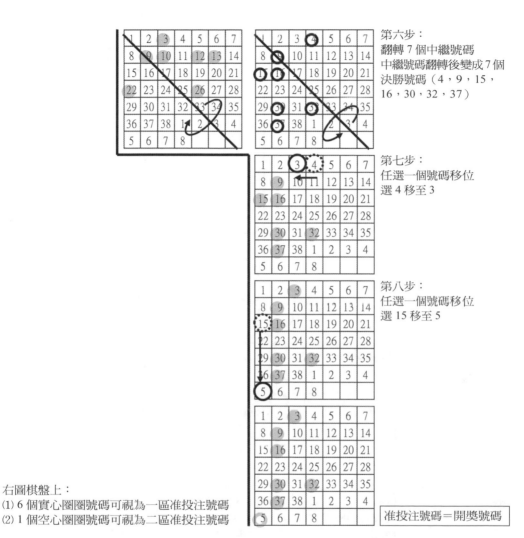

第六步：
翻轉 7 個中繼號碼
中繼號碼翻轉後變成7個
決勝號碼（4，9，15，
16，30，32，37）

第七步：
任選一個號碼移位
選 4 移至 3

第八步：
任選一個號碼移位
選 15 移至 5

右圖棋盤上：
(1) 6 個實心圈圈號碼可視為一區准投注號碼
(2) 1 個空心圈圈號碼可視為二區准投注號碼

准投注號碼＝開獎號碼

38 威力彩 102046 期累計連十四槓龜

頭獎注數：0（NT ＄ 261M ＋端午節加碼 200M）

二獎注數：1

三獎注數：0

四合注數：5

五合注數：0

圖解 2013/6/13 台灣威力彩 102047 期

獎號：14，21，32，34，37，38　二區：3

上期二區獎號＝5
5 在 12 & 36 中間
選號座標：12 & 36

(1)12 ＝ 1 ＋ 2 ＝ 3
(2)36 ＝ 3 ＋ 6 ＝ 9
則 12 & 36 ＝ 3 & 9 ＝ 39
投注密碼：39

第一步：
在 38 棋盤外圍一圈上
找出 39
39 ＝ 35 ＋ 4

第二步：
找出 22 個先發號碼
取代 39 並分成 3 組

第三步：
第一組 28，21，14，
7，6，5，4，3，2，
1，8 轉換至 C 區

(1)28 ＋ 21 ＋ 14 ＋ 7 ＋ 6
＋ 5 ＋ 4 ＋ 3 ＋ 2 ＋ 1
＋ 8 ＝ 99 ＝ 2 個 9 ＝ 92
(2)92 ＝ 23 ＋ 31 ＋ 38
陰陽交叉，出 24、30、37
取代 23、31、38

中繼號碼：24，30，37

第四步：
第二組 15，22，29
轉換至 A 區

(1)15 ＋ 22 ＋ 29 ＝ 66 ＝
2 個 6 ＝ 62
(2)62 ＝ 1 ＋ 2 ＋ 3 ＋ 8 ＋
15 ＋ 16 ＋ 17
陰陽變，出 9、10 取代 62

中繼號碼：9，10

第五步：
第三組 36，5，6，
7，8，1，2，3 轉換
至 B 區

(1)36 ＋ 5 ＋ 6 ＋ 7 ＋ 8 ＋
1 ＋ 2 ＋ 3 ＝ 68 倒轉
＝ 86
(2)86 ＝ 5 ＋ 6 ＋ 11 ＋ 12
＋ 13 ＋ 19 ＋ 20
陰陽變，出 4、18 取代 86

中繼號碼：4，18

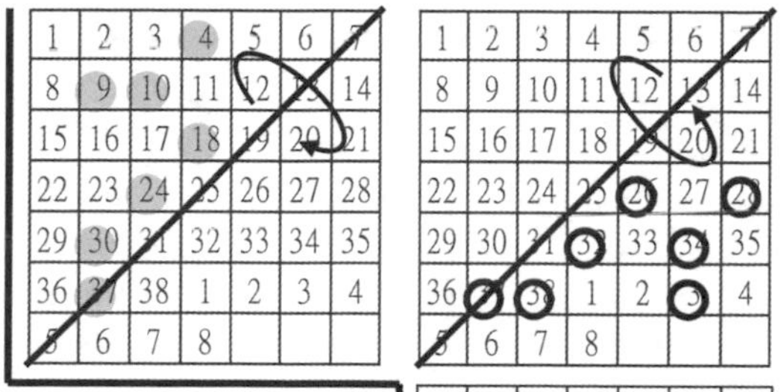

第六步：
翻轉 7 個中繼號碼
中繼號碼翻轉後變成 7 個
決勝號碼（26，28，32，
34，37，38，3）

第七步：
任選一個號碼移位
選 26 移至 14

第八步：
任選一個號碼移位
選 28 移至 21

右圖棋盤上：
(1) 6 個實心圈圈號碼可視為一區准投注號碼
(2) 1 個空心圈圈號碼可視為二區准投注號碼

准投注號碼＝開獎號碼

38 威力彩 102047 期累計連十五槓龜

頭獎注數：0（NT＄511M）

二獎注數：0

三獎注數：12

四合注數：15

五合注數：0

圖解 2013/6/17 台灣威力彩 102048 期

獎號：19，22，23，25，29，38　二區：1

上期二區獎號＝3
3 在 4 & 2 中間
選號座標：4 & 2

4 & 2 = 42
投注密碼：42

第一步：
在 38 棋盤外圍一圈上
找出 42
42 = 7 + 14 + 21

第二步：
找出 21 個先發號碼
取代 42 並分成 3 組

第三步：
第一組 28，35，4，
3，2，1，8，7，6，
5 轉換至 B 區

(1)28 + 35 + 4 + 3 + 2
　+ 1 + 8 + 7 + 6 + 5
　= 99

(2)99 = 6 + 7 + 12 + 14
　+ 19 + 20 + 21

陰陽變，出 5、13 取代 99

中繼號碼：5，13

第四步：
第二組 36，29 轉換
至 A 區

(1)36 + 29 = 65

(2)65 = 2 + 3 + 9 + 16
　+ 17 + 18

陰陽變，出 4、10、11
取代 65

中繼號碼：4，10，11

第五步：
第三組 22，15，8，
1，2，3，4，5，6
轉換至 C 區

22 + 15 + 8 + 1 + 2 +
3 + 4 + 5 + 6 = 66
= 2 個 6 = 26

陰陽互換，出 25、27
取代 26

中繼號碼：25，27

第六步：
翻轉 7 個中繼號碼
中繼號碼翻轉後變成 7 個
決勝號碼（16，22，23，
25，29，37，1）

第七步：
任選一個號碼移位
選 16 移至 19

第八步：
任選一個號碼移位
選 37 移至 38

准投注號碼＝開獎號碼

右圖棋盤上：
(1) 6 個實心圈圈號碼可視為一區准投注號碼
(2) 1 個空心圈圈號碼可視為二區准投注號碼

38 威力彩 102048 期累計連十六槓龜

頭獎注數：0（NT ＄ 572M）

二獎注數：1

三獎注數：11

四合注數：7

五合注數：0

圖解 2013/6/20 台灣威力彩 102049 期

獎號：1，2，7，11，13，24　二區：3

上期二區獎號＝1
1 在 31 & 9 中間
選號座標：31 & 9

(1)31 ＝ 3 ＋ 1 ＝ 4
(2)9 保持不變
則 31 & 9 ＝ 4 & 9 ＝ 49
投注密碼：49

第一步：
在 38 棋盤外圍一圈上
找出 49
49 ＝ 21 ＋ 28

第二步：
找出 22 個先發號碼
取代 49 並分成 3 組

第三步：
第一組 35，4，3，
2，1，8，7，6，5
轉換至 A 區

(1)35 ＋ 4 ＋ 3 ＋ 2 ＋ 1 ＋
8 ＋ 7 ＋ 6 ＋ 5 ＝ 71
(2)71 ＝ 2 ＋ 3 ＋ 8 ＋ 10
＋ 15 ＋ 16 ＋ 17
陰陽變，出 1、9 取代 71

中繼號碼：1，9

第四步：
第二組 36，29 轉換
至 C 區

36 ＋ 29 ＝ 65 ＝ 6×5 ＝
30
陰陽互換，出 23、37
取代 30

中繼號碼：23，37

自行相乘變換數值

第五步：
第三組 22，15，8，
1，2，3，4，5，
6，7，14 轉換至
B 區

(1)22 ＋ 15 ＋ 8 ＋ 1 ＋ 2
＋ 3 ＋ 4 ＋ 5 ＋ 6 ＋ 7
＋ 14 ＝ 87 倒轉 ＝ 78
(2)78 ＝ 4 ＋ 5 ＋ 12 ＋ 18
＋ 19 ＋ 20
陰陽變，出 6、11、13
取代 78

中繼號碼：6，11，13

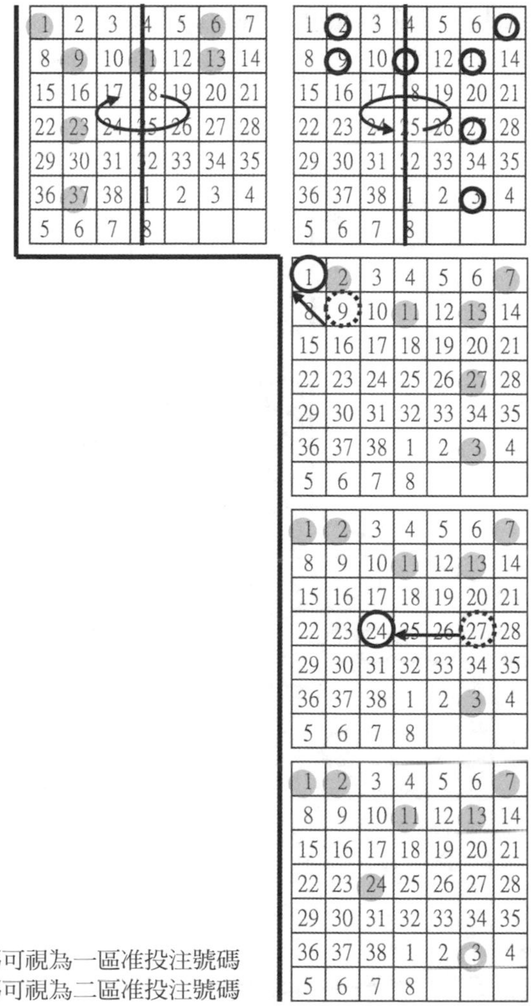

第六步：
翻轉 7 個中繼號碼
中繼號碼翻轉後變成 7
個決勝號碼（2，7，9，
11，13，27，3）

第七步：
任選一個號碼移位
選 9 移至 1

第八步：
任選一個號碼移位
選 27 移至 24

右圖棋盤上：
(1) 6 個實心圈圈號碼可視為一區准投注號碼
(2) 1 個空心圈圈號碼可視為二區准投注號碼

准投注號碼＝開獎號碼

38 威力彩 102049 期累計連十七槓龜

頭獎注數：0（NT ＄ 628M）

二獎注數：0

三獎注數：25

四合注數：21

五合注數：1

圖解 2013/6/24 台灣威力彩 102050 期

獎號：12，15，22，24，33，37　二區：6

上期二區獎號＝3
3 在 4 & 2 中間
選號座標：4 & 2

4 & 2 = 42
投注密碼：42

第一步：
在 38 棋盤外圍一圈上
找出 42
42 = 35 + 4 + 3

第二步：
找出 21 個先發號碼
取代 42 並分成 3 組

第三步：
第一組 28，21，14，7，6，5，4，3，2 轉換至 B 區

(1)28 + 21 + 14 + 7 + 6 + 5 + 4 + 3 + 2 = 90
(2)90 = 5 + 6 + 7 + 12 + 19 + 20 + 21
陰陽變，出 13、14
取代 90

中繼號碼：13，14

第四步：
第二組 1，8，15，22，29 轉換至 C 區

(1)1 + 8 + 15 + 22 + 29 = 75
(2)75 = 24 + 25 + 26
陰陽互換，出 23、27
取代 24、25、26

中繼號碼：23，27

第五步：
第三組 36，5，6，7，8，1，2 轉換至 A 區

(1)36 + 5 + 6 + 7 + 8 + 1 + 2 = 65
(2)65 = 2 + 9 + 10 + 11 + 16 + 17
陰陽變，出 3、4、18
取代 65

中繼號碼：3，4，18

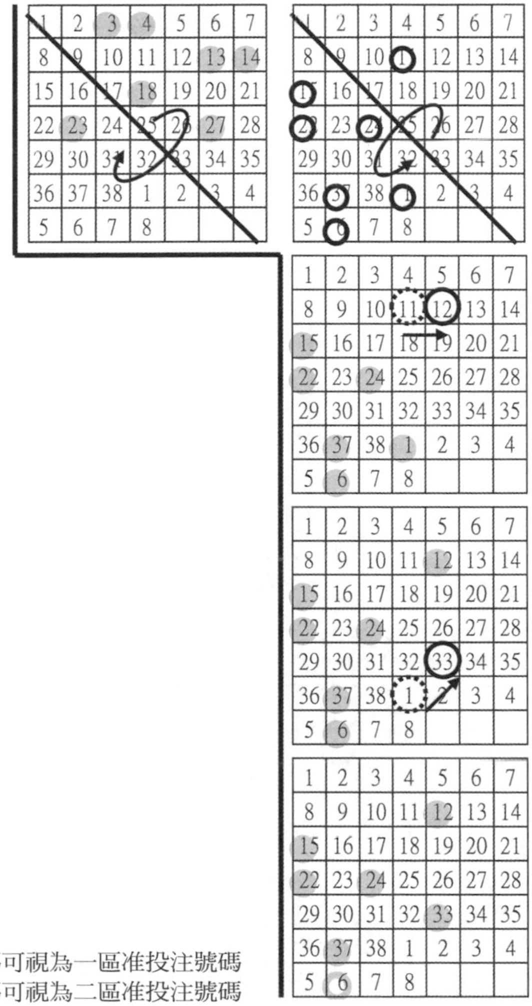

第六步：
翻轉 7 個中繼號碼
中繼號碼翻轉後變成 7 個
決勝號碼（11，15，22，
24，37，1，6）

第七步：
任選一個號碼移位
選 11 移至 12

第八步：
任選一個號碼移位
選 1 移至 33

右圖棋盤上：
(1) 6 個實心圈圈號碼可視為一區准投注號碼
(2) 1 個空心圈圈號碼可視為二區准投注號碼

准投注號碼＝開獎號碼

38 威力彩 102050 期累計連十八槓龜

頭獎注數：0（NT ＄ 691M）

二獎注數：0

三獎注數：23

四合注數：9

五合注數：0

圖解 2013/6/27 台灣威力彩 102051 期

獎號：4，7，8，14，35，36　二區：3

1	2	3	4	5	6	7
8	9	10	11	12	13	14
15	16	17	18	19	20	21
22	23	24	25	26	27	28
29	30	31	32	33	34	35
36	37	38	1	2	3	4
5	6	7	8			

上期二區獎號 = 6
6 在 5 & 7 中間
選號座標：5 & 7

1	2	3	4	5	6	7
8	9	10	11	12	13	14
15	16	17	18	19	20	21
22	23	24	25	26	27	28
29	30	31	32	33	34	35
36	37	38	1	2	3	4
5	6	7	8			

第一步：
在 38 棋盤外圍一圈上
找出 35

(1)5 & 7 = 57
(2)57 = 5 × 7 = 35
投注密碼：35

第二步：
找出 23 個先發號碼
取代 35 並分成 3 組

第三步：
第一組 28，21，14，
7，6，5，4，3 轉換
至 B 區

(1)28 + 21 + 14 + 7 + 6
　+ 5 + 4 + 3 = 88
　= 2 個 8 = 82
(2)82 = 5 + 6 + 7 + 12
　+ 13 + 19 + 20
陰陽變，出 14、21
取代 82

中繼號碼：14，21

第四步：
第二組 2，1，8，
15，22，29 轉換
至 A 區

(1)2 + 1 + 8 + 15 + 22
　+ 29 = 77 = 2 個 7
　= 72
(2)72 = 2 + 3 + 9 + 10
　+ 15 + 16 + 17
陰陽變，出 1、8 取代 72

中繼號碼：1，8

第五步：
第三組 36，5，6，
7，8，1，2，3，4
轉換至 C 區

(1)36 + 5 + 6 + 7 + 8 +
　1 + 2 + 3 + 4 = 72 =
　8 × 9 = 89
(2)89 = 23 + 30 + 36
陰陽交叉，出 22、29、37
取代 23、30、36

中繼號碼：22，29，37

自行相乘變換數值

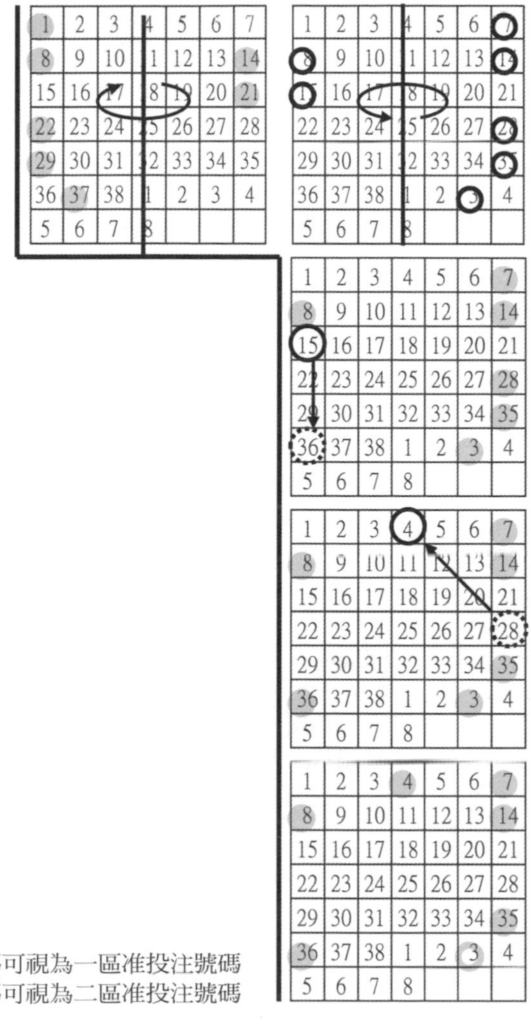

第六步：
翻轉 7 個中繼號碼
中繼號碼翻轉後變成7個
決勝號碼（7，8，14，
15，28，35，3）

第七步：
任選一個號碼移位
選 15 移至 36

第八步：
任選一個號碼移位
選 28 移至 4

右圖棋盤上：
(1) 6 個實心圈圈號碼可視為一區准投注號碼
(2) 1 個空心圈圈號碼可視為二區准投注號碼

准投注號碼＝開獎號碼

38 威力彩 102051 期累計連十九槓龜

頭獎注數：0（NT ＄ 766M）

二獎注數：2

三獎注數：20

四合注數：8

五合注數：0

樂透彩頭獎二三事

自從台灣發行電腦樂透彩券後，許多彩迷都夢想有朝一日能成為億萬富翁，根據資料統計：

1. 出現最多億萬富翁的年份為 2012 年共計 42 位。

2. 2007～2013 年，成為千萬富翁共計 358 位。

3. 在 2013 年達成夢想的億萬富翁共計 36 位。

4. 2007～2013 年，達成夢想的億萬富翁共計 236 位。

5. 最高總頭彩獎金：

   (1)威力彩：23.62 億，2013 年 7 月 18 日，桃園市開出，一注獨得，前面連續摃龜 24 期（第 76 頁為該期圖解）。

   (2)大樂透：18.22 億，2011 年 2 月 8 日，5 注分得，新春加碼又連續摃龜 9 期，派彩前電腦大當機三小時。

6. 單注最高獎金（一注獨得）：

   (1)威力彩：23.62 億，2013 年 7 月 18 日，桃園市開出。

   (2)大樂透：9.38 億，2009 年 6 月 9 日，台南市開出，前面連續摃龜 10 期。

7. 頭獎中獎注數前二高：

   (1)台北富邦：

   ①頭獎 13 注，2002 年 5 月 14 日。

   ②頭獎 12 注，2002 年 2 月 8 日。

   (2)台灣彩券：

   ①頭獎 5 注，2011 年 2 月 8 日大樂透，最高總頭彩。

   ②頭獎 5 注，2012 年 2 月 17 日大樂透。

   (3)四星彩：正彩 556 注，一人獨得，2012 年 2 月 2 日獎號 9268，正彩得主養牌 9268 每月萬元，超過 6 年。

8. 摃龜最多次數：

威力彩：摃龜 36 期，2008 年 6 月 26 日起至 10 月 27 日止，頭獎 19.7 億元，10 月 30 日開出，2 注分得，中壢市及台中市開出（第 78 頁為該期圖解）。

9. 中獎人單筆捐款最高金額：

大樂透：捐 2.1 億，2009 年 6 月 9 日頭獎 9.38 億，台南開出，前 面連續摃龜 10 期，一注獨得。

10. 棄獎最高金額：

威力彩：頭獎 2.5 億，2008 年 4 月 14 日台北市開出，前面連續摃 龜 10 期，一注獨得（第 80 頁為該期圖解）。

11. 棄獎次高金額：

大樂透：頭獎 1.9 億，2011 年 4 月 26 日高雄市開出，前面連續摃 龜 5 期，一注獨得。

12. 作廢彩券中頭獎：2013 年 2 月 9 日（除夕）大樂透總頭彩 4.05 億， 三注分得，作廢彩券嘉義縣開出，無緣第四注。

圖解 2013/7/18 台灣威力彩歷年來最高頭獎

獎號：1，2，6，12，30，36　二區：3

上期二區獎號 = 8
8 在 7 & 9 中間
選號座標：7 & 9

(1)7 & 9 = 79
(2)79 = 7×9 = 63
投注密碼：63

第一步：
在 38 棋盤外圍一圈上
找出 63
63 = 28 + 35

第二步：
找出 22 個先發號碼
取代 63 並分成 3 組

第三步：
第一組 21，14，7，
6，5，4，3，2，
1，8 轉換至 B 區

(1)21 + 14 + 7 + 6 + 5
　+ 4 + 3 + 2 + 1 + 8
　= 71
(2)71 = 4 + 5 + 12 + 13
　+ 18 + 19
陰陽變，出 6、11、20
取代 71

中繼號碼：6，11，20

第四步：
第二組 15，22，29
轉換至 C 區

(1)15 + 22 + 29 = 66
(2)66 = 29 + 37
陰陽交叉，出 30、36
取代 29、37

中繼號碼：30，36

第五步：
第三組 36，5，6，
7，8，1，2，3，4
轉換至 A 區

(1)36 + 5 + 6 + 7 + 8 +
　1 + 2 + 3 + 4 = 72
(2)72 = 2 + 3 + 9 + 10
　+ 15 + 16 + 17
陰陽變，出 1、8 取代 72

中繼號碼：1，8

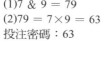

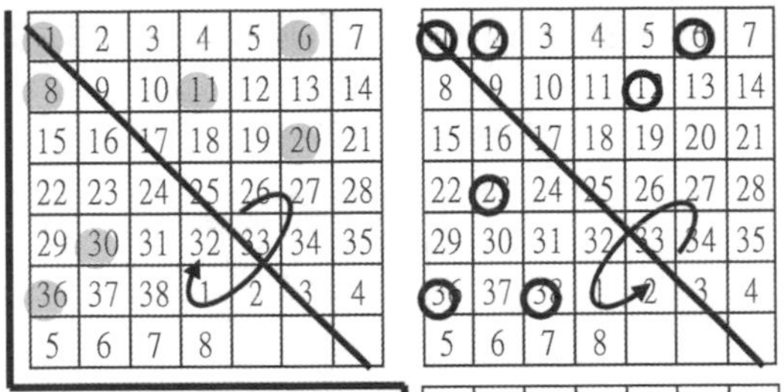

第六步：
翻轉 7 個中繼號碼
中繼號碼翻轉後變成 7
個決勝號碼（1，2，6，
12，23，36，38）

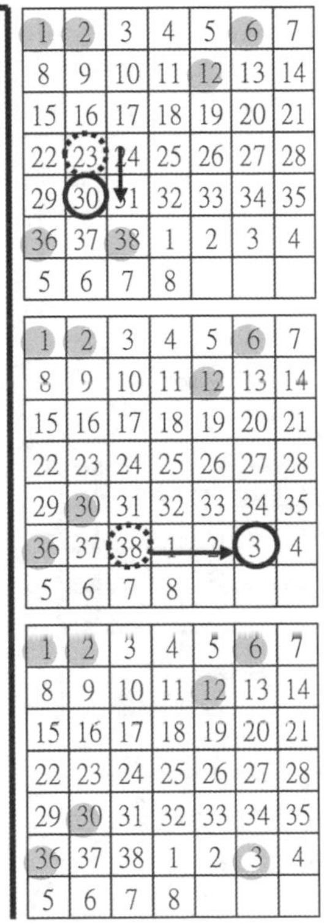

第七步：
任選一個號碼移位
選 23 移至 30

第八步：
任選一個號碼移位
選 38 移至 3

右圖棋盤上：
(1) 6 個實心圈圈號碼可視為一區准投注號碼
(2) 1 個空心圈圈號碼可視為二區准投注號碼

准投注號碼＝開獎號碼

38 威力彩 102057 期前累計連二十四槓龜

頭獎注數：1（NT ＄ 2362M）

二獎注數：2

三獎注數：181

四合注數：4

五合注數：0

恭喜桃園市大興里春日路 979 號千百萬彩券行售出頭獎獨得二十三億元

圖解 2008/10/30 台灣威力彩 97081 期（槓龜 36 期）

獎號：8，11，16，22，28，35　二區：6

上期二區獎號＝4
4 在 3 & 5 中間
選號座標：3 & 5

3 & 5 = 35
投注密碼：35

第一步：
在 38 棋盤外圍一圈上
找出 35

第二步：
找出 23 個先發號碼
取代 35 並分成 3 組

第三步：
第一組 28，21，14，7，6 轉換至 B 區

(1) 28 + 21 + 14 + 7 + 6 = 76
(2) 76 = 5 + 6 + 7 + 12 + 13 + 14 + 19
陰陽變，出 20、21
取代 76

中繼號碼：20，21

第四步：
第二組 5，4，3，2，1，8，15，22，29 轉換至 C 區

(1) 5 + 4 + 3 + 2 + 1 + 8 + 15 + 22 + 29 = 89
(2) 89 = 23 + 29 + 37
陰陽交叉，出 22、30、36
取代 23、29、37

中繼號碼：22，30，36

第五步：
第三組 36，5，6，7，8，1，2，3，4 轉換至 A 區

(1) 36 + 5 + 6 + 7 + 8 + 1 + 2 + 3 + 4 = 72 = 2 個 7 = 77
(2) 77 = 3 + 4 + 9 + 10 + 16 + 17 + 18
陰陽變，出 2、11 取代 77

中繼號碼：2，11

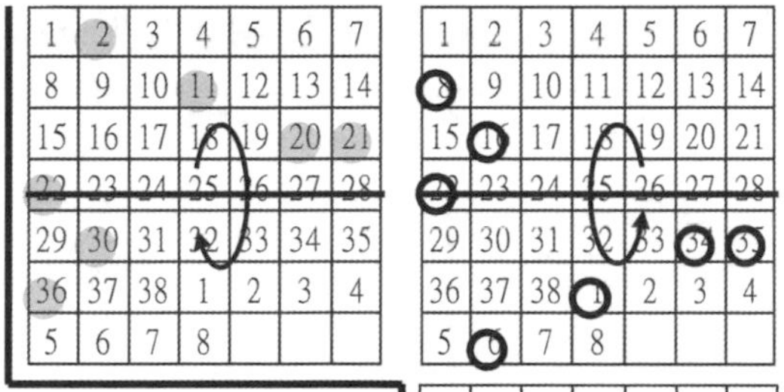

第六步：
翻轉 7 個中繼號碼
中繼號碼翻轉後變成 7 個
決勝號碼（8，16，22，
34，35，1，6）

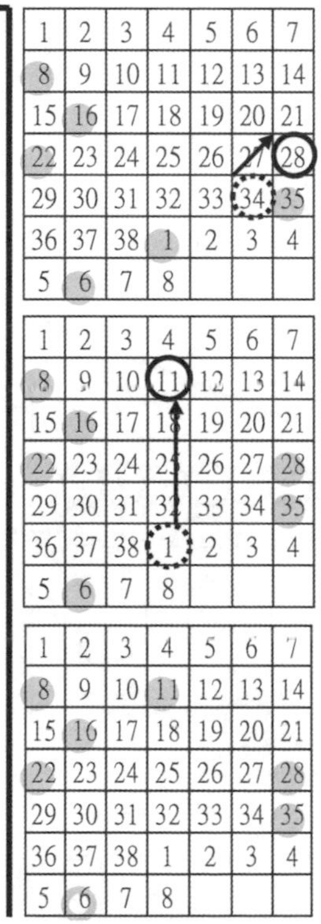

第七步：
任選一個號碼移位
選 34 移至 28

第八步：
任選一個號碼移位
選 1 移至 11

右圖棋盤上：
(1) 6 個實心圈圈號碼可視為一區准投注號碼
(2) 1 個空心圈圈號碼可視為二區准投注號碼

准投注號碼＝開獎號碼

38 威力彩 97087 期前累計連三十六槓龜

頭獎注數：2（NT $ 1966M）

二獎注數：2（NT $ 46M）

三獎注數：60

四合注數：17

五合注數：0

恭喜桃園市中壢區中山東路三段 36 號創億彩券行及

台中市西區西屯路一段 164 號歡喜彩券行開出頭獎

圖解 2008/4/14 台灣威力彩 97030 期（棄獎最高金額）

獎號：5，17，18，28，32，37　二區：3

上期二區獎號＝2
2 在 32 & 10 中間
選號座標：32 & 10

(1)32 ＝ 3 ＋ 2 ＝ 5
(2)10 倒轉 ＝ 01 ＝ 1
　則 32 & 10 ＝ 5 & 01 ＝ 5 & 1 ＝ 51
　投注密碼：51

第一步：
在 38 棋盤外圍一圈上
找出 51
51 ＝ 29 ＋ 22

第二步：
找出 22 個先發號碼
取代 51 並分成 3 組

(1)15 ＋ 8 ＋ 1 ＋ 2 ＋ 3 ＋
　4 ＋ 5 ＋ 6 ＋ 7 ＋ 14 ＝
　65
(2)65 ＝ 5 ＋ 6 ＋ 7 ＋ 13
　＋ 14 ＋ 20
陰陽變，出 12、19、21
取代 65

中繼號碼：12，19，21

第三步：
第一組 15，8，1，
2，3，4，5，6，
7，14 轉換至 B 區

第四步：
第二組 21，28，
35，4

(1)21 ＋ 28 ＋ 35 ＋ 4 ＝ 88
(2)88 ＝ 25 ＋ 31 ＋ 32
陰陽互換，出 24、26、33
取代 25、31、32

中繼號碼：24，26，33

第五步：
第三組 3，2，1，
8，7，6，5，36

(1)3 ＋ 2 ＋ 1 ＋ 8 ＋ 7 ＋
　6 ＋ 5 ＋ 36 ＝ 68 倒轉
　＝ 86
(2)86 ＝ 2 ＋ 3 ＋ 9 ＋ 10
　＋ 11 ＋ 16 ＋ 17 ＋ 18
陰陽變，出 4 取代 86

中繼號碼：4

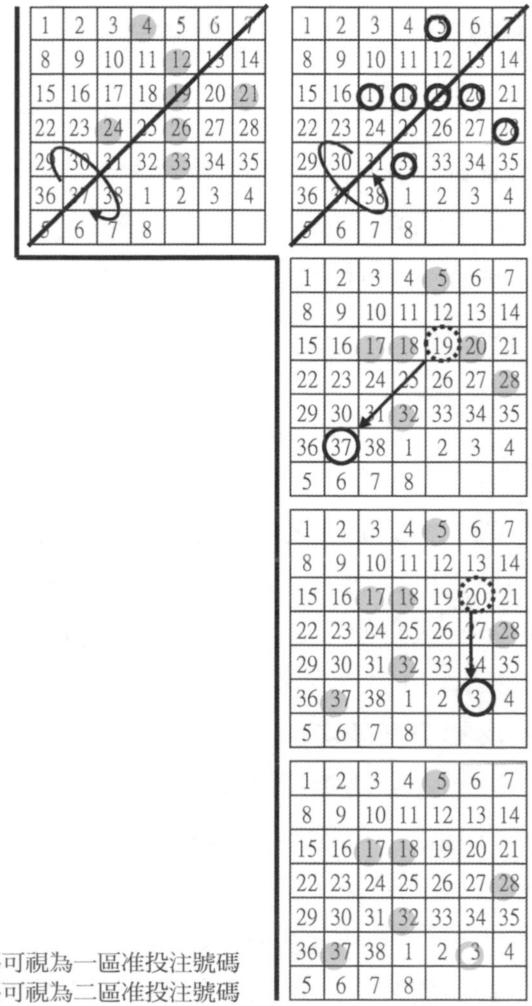

第六步：
翻轉 7 個中繼號碼
中繼號碼翻轉後變成 7 個
決勝號碼（5，17，18，
19，20，28，32）

第七步：
任選一個號碼移位
選 19 移至 37

第八步：
任選一個號碼移位
選 20 移至 3

右圖棋盤上：
(1) 6 個實心圈圈號碼可視為一區准投注號碼
(2) 1 個空心圈圈號碼可視為二區准投注號碼

准投注號碼＝開獎號碼

38 威力彩 97030 期前累計連十槓龜

頭獎注數：1（NT ＄ 250M）

二獎注數：0（NT ＄ 54M）

三獎注數：4

四合注數：8

五合注數：0

恭喜台北市民生西路紅立發彩券行開出頭獎

（本期頭獎無人領取，為棄獎最高金額）

天靈靈，地靈靈

2012 年 7 月下旬，威力彩已經連三十二次槓龜，頭獎累計金額突破十三億大關。當時台東延平鄉桃源村為了改善村民的生活環境，在村長的號召下，村民縮衣節食合資了四萬八千多元購買該期威力彩，全村人民一起祈求天靈靈，地靈靈，祈禱能夠靠這筆錢來改善環境。雖然村民們滿懷希望，但可惜事與願違，開獎結果桃源村只中 400 元，頭獎落在高雄市且一注獨得。

我第一次造訪台東已是三十多年前的往事，在一次長假的出遊中，我們 4 對情侶騎著三台野狼和一台比雅久，花了三天的時間，繞南橫、台東、屏東、高雄一圈，沿途的風光明媚盡收眼底，純樸的民風搭配絕美的景色堪稱台灣的世外桃源啊！這也是我第一次造訪美麗的台東。雖然我的比雅久總是追不上大野狼，但也因如此，我更可以好整以暇的欣賞沿途美景，甲仙、梅山、啞口、向榮、利稻、霧鹿、初鹿、新武、海瑞任我賞玩，高山白雲的穿插就像進入超級瑪莉的蹦跳世界，清澈的溪谷間讓人流連忘返，鳥語蟬鳴彷彿琴瑟和鳴的音樂盛會，最讓我忘不了得是啞口大關山隧道的兩端，一邊風和日麗，一邊雨落連連。

我們同一群人第二次造訪台東，不同的是這一次沒有再瘋狂騎車了，而是以徒步露營的方式來體驗南橫風采。橫跨南橫雖然路婉轉又是山坡地，忽上忽下就像在鍛鍊體能，但比起騎機車真的省下了不少時間。路途雖然辛苦，但別有一番風味，露營的過程中，我發現我的另一半手藝原來這麼好。旅途過程真的相當有趣又疲勞，經過大關山隧道西邊口時，天色已暗且飢腸轆轆，放眼望去一片壯麗的山河中有一盞微弱的燈光，疲勞的我們已經分不出究竟是人影幢幢還是海市蜃樓，辛苦的連拖帶爬走近一看，天啊！居然是一台小發財車在賣泡麵，熱騰騰的牛肉泡麵，市區一碗 25 元，現在一碗 50 元我們都不覺得貴了，香氣撲鼻而來，吃下第一口的瞬間，彷彿墜入了母親的懷抱之中，那是多麼的溫暖，久旱

逢甘霖的滋潤，太好吃啦！

2013 年 5 月桃源村村民不死心的和另外 4 個鄰村集資 9 萬 1 千元購買威力彩，全部採用「電腦選號」，再一次的向祖先祈求，但最終還是沒有中獎，經過一個多月，威力彩已經槓龜三十二期後，在 7 月 18 日開出頭獎 23 億且一人獨得，此為台彩歷來最高的頭獎，而此獎是落在「桃園」，而非「桃源」，這究竟是祖先沒有保佑，還是造化弄人呢？桃源村終究沒有得嘗所願。

有一就有二，我真心的建議，在「電腦選號」尚未真正的公平、公正、公開、透明化之前，桃源村村民不要再集資購買彩券了，我敢大聲的說：「頭獎絕對不會落在桃源村」，理由很簡單，桃源村並非交通樞紐，就算是過路客買走，也不會是到該地出差的人，多半是來觀光或洄游商人得獎，依照台彩薛尚黃理論（薛香川、尚瑞強、黃志宜），小地方開出頭獎，得主會是外地人，而理論上常有外地人造訪的地方，大多是一些風景名勝、交通樞紐或具有美食特產的地區，然而桃源村缺乏上述資源與特點，更不會有人到該村出差或洄游商人到該村採購，假設獎落桃源村，真假立現，台彩絕不會搬磚頭砸自己的腳，所以頭獎絕對不會落在桃源村。2008 年 9 月 30 日澎湖難得開出了大樂透頭獎，正當當地人欣喜若狂討論究竟是哪一位幸運兒，結果正如薛尚黃理論，中獎人是位六十多歲的台中觀光客，而桃源村也不太可能會出現因為養牌得獎而祕密遠走他鄉的人物。

在此也奉勸常用大錢包牌的彩友，快點打消這個念頭吧！直接把錢捐給慈善團體會更有價值。若你知道一些鄉村正在集資，也快點告訴他們不要再這麼做了，把錢省下來，多陪陪家人出遊踏青更為實在。為了能夠撫平兩次夢碎的台東布農族鄉親，我特別在下頁附上威力彩 2012 年 7 月 30 日中獎號碼的圖解，希望大家能夠瞭解，天靈靈，地靈靈，祖先更靈，因為有祖先保佑，所以 5 個村莊能夠團結互助，在此保佑布農族和樂無爭。

圖解 2012/7/30 台灣威力彩 101061 期（桃源村夢碎）

獎號：3，10，18，24，29，37　二區：7

上期二區獎號＝1
1 在 31 & 9 中間
選號座標：31 & 9

(1)31 ＝ 3 ＋ 1 ＝ 4
(2)9 保持不變
則 31 & 9 ＝ 4 & 9 ＝ 49
投注密碼：49

第一步：
在 38 棋盤外圍一圈上
找出 49
49 ＝ 21 ＋ 28

第二步：
找出 22 個先發號碼
取代 49 並分成 3 組

第三步：
第一組 14，7，6，
5，4，3，2，1，
8，15，22 轉換至
B 區

(1)14 ＋ 7 ＋ 6 ＋ 5 ＋ 4 ＋
3 ＋ 2 ＋ 1 ＋ 8 ＋ 15 ＋
22 ＝ 87 倒轉 ＝ 78
(2)78 ＝ 6 ＋ 7 ＋ 12 ＋ 14
＋ 19 ＋ 20
陰陽變，出 5、13、21
取代 78

中繼號碼：5，13，21

第四步：
第二組 29，36 轉換
至 C 區

(1)29 ＋ 36 ＝ 65 倒轉 ＝ 56
(2)56 ＝ 25 ＋ 31
陰陽交叉，出 24、32
取代 25、31

中繼號碼：24，32

第五步：
第三組 5，6，7，
8，1，2，3，4，35

(1)5 ＋ 6 ＋ 7 ＋ 8 ＋ 1 ＋
2 ＋ 3 ＋ 4 ＋ 35 ＝ 71
(2)71 ＝ 2 ＋ 4 ＋ 9 ＋ 10
＋ 11 ＋ 17 ＋ 18
陰陽變，出 3、16 取代 71

中繼號碼：3，16

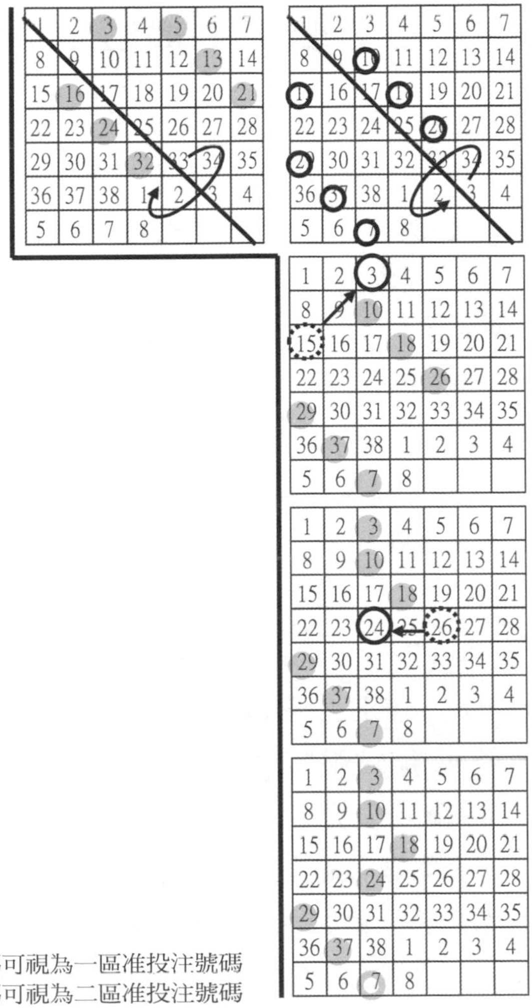

第六步：
翻轉 7 個中繼號碼
中繼號碼翻轉後變成 7 個
決勝號碼（10，15，18，
26，29，37，7）

第七步：
任選一個號碼移位
選 15 移至 3

第八步：
任選一個號碼移位
選 26 移至 24

右圖棋盤上：
(1) 6 個實心圈圈號碼可視為一區准投注號碼
(2) 1 個空心圈圈號碼可視為二區准投注號碼

准投注號碼＝開獎號碼

38 威力彩 101061 期前累計｜連二｜二槓龜

頭獎注數：1（NT ＄ 1565M）

二獎注數：4

三獎注數：197

恭喜高雄市新興區和平一路 283 號客來旺彩券投注站開出頭獎

僅提供給台東縣延平鄉桃源村的布農族鄉親參考

歷史的見證(一)凡走過必留下痕跡─台灣

　　台灣於 2002 年年初開始發行 42 選 6 的小樂透，第一期開獎日是 1 月
22 日，當時台北市銀行每星期二、五開獎兩次，到 2005 年 1 月 21 日最
後一期開獎後，1 月 22 日改發行 38 選 6 的樂透彩。2006 年底台北富邦
結束彩券業務，2007 年 1 月樂透彩發行工作改由台灣彩券公司承接，而
38 選 6 樂透彩於 2008 年 1 月 21 日最後一期開獎後，改發行威力彩。第
一期威力彩於 1 月 24 日開獎，直到目前，開獎日也改成每星期一及四開
獎兩次，頭獎自 2002 年開始到目前都沒有設置任何上限。

　　當初台灣 42 選 6 的小樂透，是在棋盤最外圍一圈上的號碼中，選出
先發號碼並分成四組做轉換，此方式與日本 43 選 6 的 Loto6 相同，差別
只在於使用的棋盤不同。

　　而銜接小樂透及威力彩間的 38 選 6 樂透彩，選取先發號碼及分組的
方法也沿用小樂透的方式，差別也是在於選用棋盤的不同。

　　後來發行的威力彩，選取先發號碼的方式也沿用 6/38 樂透彩，但是
多了第二區，也將先發號碼改為分成三組進行轉換。

　　當然，其他很多國家樂透彩的先發號碼選取方式，並非與上述方式
相同，比方說香港的六合彩，新加坡、澳洲及韓國的樂透彩，是採用劃
分區塊的方式來選取先發號碼。

　　在此將 42 選 6 小樂透、38 選 6 樂透彩及威力彩最早的期數，提供圖
解給讀者參考，希望大家一起來做歷史的見證。

圖解台北市銀小樂透最前面四期（2002）及最末一期（2005）中獎號碼：

期數	開獎日期	星期	台北市銀小樂透中獎號碼						特別號
91001	1月22日	二	4	9	10	13	32	33	37
91002	1月25日	五	6	16	28	30	31	35	2
91003	1月29日	二	7	9	29	34	36	39	16
91004	2月01日	五	13	25	28	29	30	39	21
94006	1月21日	最末期	5	7	12	13	26	35	15

圖解台北富邦 38 選 6 樂透彩最前面四期（2005 年）中獎號碼：

期數	開獎日期	星期	38 選 6 樂透彩中獎號碼						特別號
94007	1月25日	二	1	3	6	14	24	33	37
94008	1月28日	五	5	8	12	16	21	38	9
94009	2月01日	二	1	2	12	14	34	37	13
94010	2月04日	五	2	7	9	11	16	24	20

圖解台灣彩券威力彩最前面三期（2008 年）中獎號碼：

期數	開獎日期	星期	威力彩一區中獎號碼						二區
97001	1月24日	四	3	4	16	18	36	37	2
97002	1月28日	一	2	14	15	16	28	29	8
97003	1月31日	四	6	9	11	13	19	23	2

圖解 2002/1/22 小樂透 91001 期（第一期）

獎號：4，9，10，13，32，33　特：37

本期是第一期，故以
1 為特別號，因號碼
循環排列，1 在 2 ＆
42 中間
選號座標：2 ＆ 42

第一步：
在 42 棋盤外圍一圈上
找出 224 且等於圓圈數字
總和

(1)2 保持不變
(2)42 倒轉＝ 24
則 2 ＆ 42 ＝ 2 ＆ 24 ＝ 224
投注密碼：224

第二步：
找出 9 個先發號碼
取代 224 並分成 4 組

第三步：
第一組 40，39 轉換
至 C 區

(1)40 ＋ 39 ＝ 79
(2)79 ＝ 21 ＋ 26 ＋ 32
陰陽交叉，出 20、27、33
取代 21、26、32

中繼號碼：20，27，33

第四步：
第二組 38，37 轉換
至 C 區

(1)38 ＋ 37 ＝ 75
(2)75 ＝ 35 ＋ 40
陰陽交叉，出 34、41
取代 35、40

中繼號碼：34，41

第五步：
第三組 31，25，19，
13 轉換至 B 區

(1)31 ＋ 25 ＋ 19 ＋ 13 ＝
　88 ＝ 2 個 8 ＝ 82
(2)82 ＝ 4 ＋ 5 ＋ 6 ＋ 10
　＋ 11 ＋ 12 ＋ 16 ＋ 18
陰陽變，出 17 取代 82

中繼號碼：17

第六步：
第四組 7 轉換至 A 區

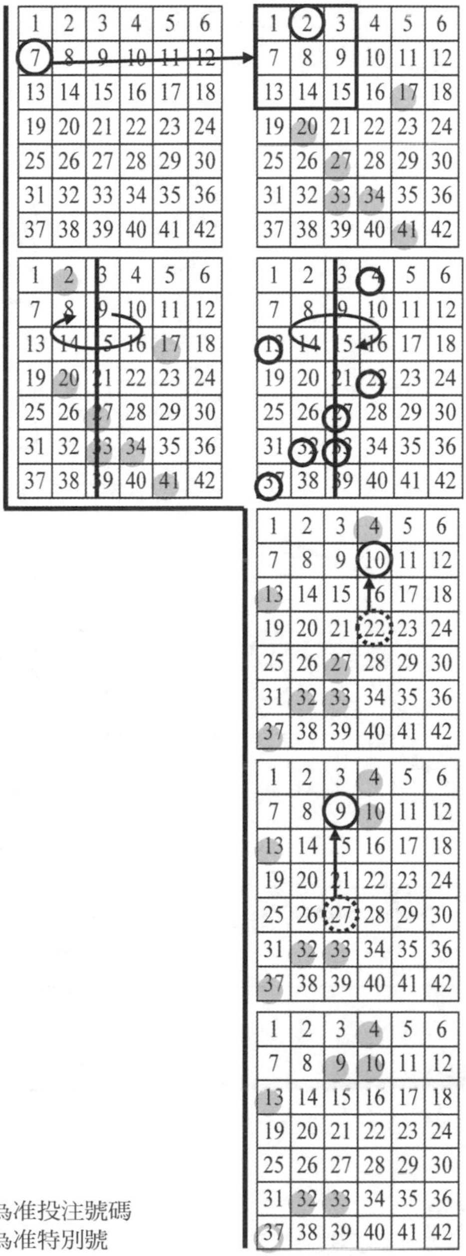

(1) 7 ＝ 07 倒轉－ 70
(2) 70 ＝ 1 ＋ 3 ＋ 7 ＋ 8 ＋
9 ＋ 13 ＋ 14 ＋ 15
陰陽變，出 2 取代 70

中繼號碼：2

第七步：
翻轉 7 個中繼號碼
中繼號碼翻轉後變成 7 個
決勝號碼（4，13，22，
27，32，33，37）

第八步：
任選一個號碼移位
選 22 移至 10

第九步：
任選一個號碼移位
選 27 移至 9

右圖棋盤上：
(1) 6 個實心圈圈號碼可視為准投注號碼
(2) 1 個空心圈圈號碼可視為准特別號

頭獎注數：0

二獎注數：6

准投注號碼＝開獎號碼

圖解 2002/1/25 小樂透 91002 期（第二期）

獎號：6，16，28，30，31，35　特：2

上期特別號 = 37
因號碼循環排列，
37 在 30 & 2 中間
選號座標：30 & 2

(1)30 倒轉 = 03 = 3
(2)2 = 02 倒轉 = 20 = 4×5 = 45
則 30 & 2 = 03 & 20 = 3 & 45 = 345
投注密碼：345

第一步：
在 42 棋盤外圍一圈上
找出 345 且等於圓圈數字
總和

第二步：
找出 12 個先發號碼
取代 345 並分成 4 組

(1)12 + 6 = 18 倒轉 = 81
(2)81 = 4 + 5 + 10 + 11
　　+ 16 + 17 + 18
陰陽變，出 6、12 取代 81

第三步：
第一組 12，6
轉換至 B 區

中繼號碼：6，12

第四步：
第二組 5，4，3，2，
1，7 轉換至 C 區

5 + 4 + 3 + 2 + 1 + 7
= 22
陰陽互換，出 21、23
取代 22

中繼號碼：21，23

第五步：
第三組 13，19 轉換
至 C 區

13 + 19 = 32
陰陽互換，出 31、33
取代 32

中繼號碼：31，33

第六步：
第四組 25，31
轉換至 A 區

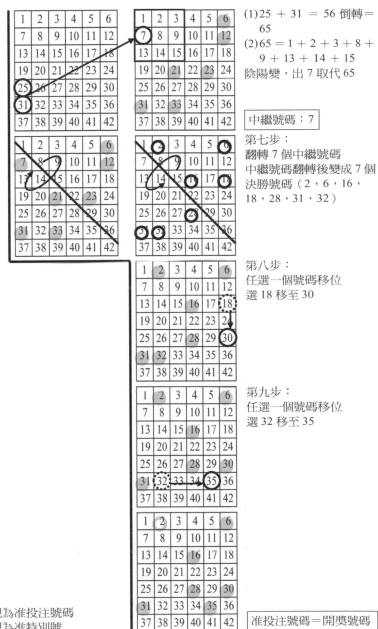

(1) 25 ＋ 31 ＝ 56 倒轉＝
65
(2) 65 ＝ 1 ＋ 2 ＋ 3 ＋ 8 ＋
9 ＋ 13 ＋ 14 ＋ 15
陰陽變，出 7 取代 65

中繼號碼：7

第七步：
翻轉 7 個中繼號碼
中繼號碼翻轉後變成 7 個
決勝號碼（2，6，16，
18，28，31，32）

第八步：
任選一個號碼移位
選 18 移至 30

第九步：
任選一個號碼移位
選 32 移至 35

准投注號碼＝開獎號碼

右圖棋盤上：
(1) 6 個實心圈圈號碼可視為准投注號碼
(2) 1 個空心圈圈號碼可視為准特別號

頭獎注數：4

二獎注數：26

圖解 2002/1/29 小樂透 91003 期（第三期）

獎號：7，9，29，34，36，39　特：16

上期特別號＝2
2 在 3 & 1 中間
選號座標：3 & 1

第一步：
在 42 棋盤外圍一圈上
找出 325 且等於圓圈數字
總和

(1)3 保持不變
(2)1 ＝ 01 倒轉 ＝ 10 ＝ 2×5 ＝ 25
則 3 & 1 ＝ 3 & 10 ＝ 3 & 25 ＝ 325
投注密碼：325

第二步：
找出 12 個先發號碼
取代 325 並分成 4 組

第三步：
第一組 36 轉換至 C
區

(1)36 倒轉 ＝ 63
(2)63 ＝ 29 ＋ 34
陰陽交叉，出 28、35
取代 29、34

中繼號碼：28，35

第四步：
第二組 30，24，18
轉換至 B 區

(1)30 ＋ 24 ＋ 18 ＝ 72 ＝
2 個 7 ＝ 77
(2)77 ＝ 4 ＋ 5 ＋ 6 ＋ 11
＋ 16 ＋ 17 ＋ 18
陰陽變，出 10、12
取代 77

中繼號碼：10，12

第五步：
第三組 12，6，5 轉
換至 C 區

12 ＋ 6 ＋ 5 ＝ 23 倒轉 ＝ 32
陰陽互換，出 31、33
取代 32

中繼號碼：31，33

第六步：
第四組 4，3，2，1，7
轉換至 A 區

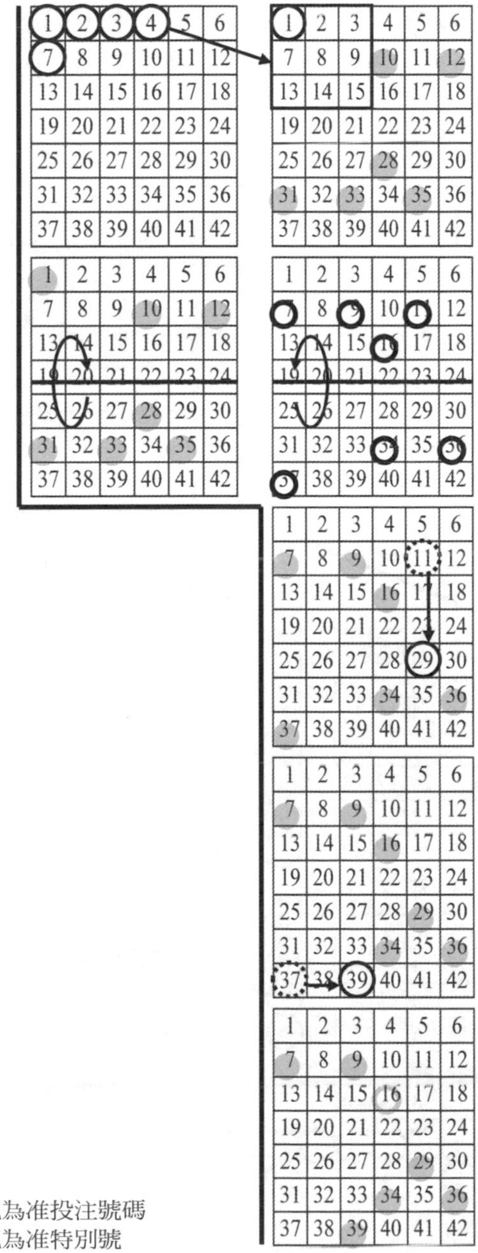

(1) 4＋3＋2＋1＋7＝
17 倒轉＝71
(2) 71＝2＋3＋7＋8＋
9＋13＋14＋15
陰陽變，出 1 取代 71

中繼號碼：1

第七步：
翻轉 7 個中繼號碼
中繼號碼翻轉後變成 7 個
決勝號碼（7，9，11，
16，34，36，37）

第八步：
任選一個號碼移位
選 11 移至 29

第九步：
任選一個號碼移位
選 37 移至 39

右圖棋盤上：
(1) 6 個實心圈圈號碼可視為准投注號碼
(2) 1 個空心圈圈號碼可視為准特別號

准投注號碼＝開獎號碼

頭獎注數：4

二獎注數：22

圖解 2002/2/1 小樂透 91004 期（第四期）

獎號：13，25，28，29，30，39　特：21

上期特別號＝ 16

16 在 11 & 21 中間

選號座標：11 & 21

(1) 11 ＝ 1 ＋ 1 ＝ 2

(2) 21 倒轉 ＝ 12 ＝ 2 × 6 ＝ 26

則 11 & 21 ＝ 2 & 12 ＝ 2 & 26 ＝ 226

投注密碼：226

第一步：

在 42 棋盤外圍一圈上

找出 226 且等於圓圈數字

總和

第二步：

找出 16 個先發號碼

取代 226 並分成 4 組

第三步：

第一組 42，36 轉換

至 C 區

(1) 42 ＋ 36 ＝ 78

(2) 78 ＝ 21 ＋ 28 ＋ 29

陰陽交叉，出 22、23、27

取代 21、28、29

中繼號碼：22，23，27

第四步：

第二組 30，24，18

轉換至 B 區

(1) 30 ＋ 24 ＋ 18 ＝ 72

(2) 72 ＝ 4 ＋ 5 ＋ 6 ＋ 11

＋ 12 ＋ 16 ＋ 18

陰陽變，出 10、17

取代 72

中繼號碼：10，17

第五步：

第三組 12，6，5，

4，3，2，1，7，

13，19 轉換至 A 區

(1) 12 ＋ 6 ＋ 5 ＋ 4 ＋ 3 ＋

2 ＋ 1 ＋ 7 ＋ 13 ＋ 19

＝ 72

(2) 72 ＝ 1 ＋ 2 ＋ 3 ＋ 7 ＋

8 ＋ 9 ＋ 13 ＋ 14 ＋ 15

陰陽變，不出任何數取代

72

第六步：
第四組 25 轉換至 C 區

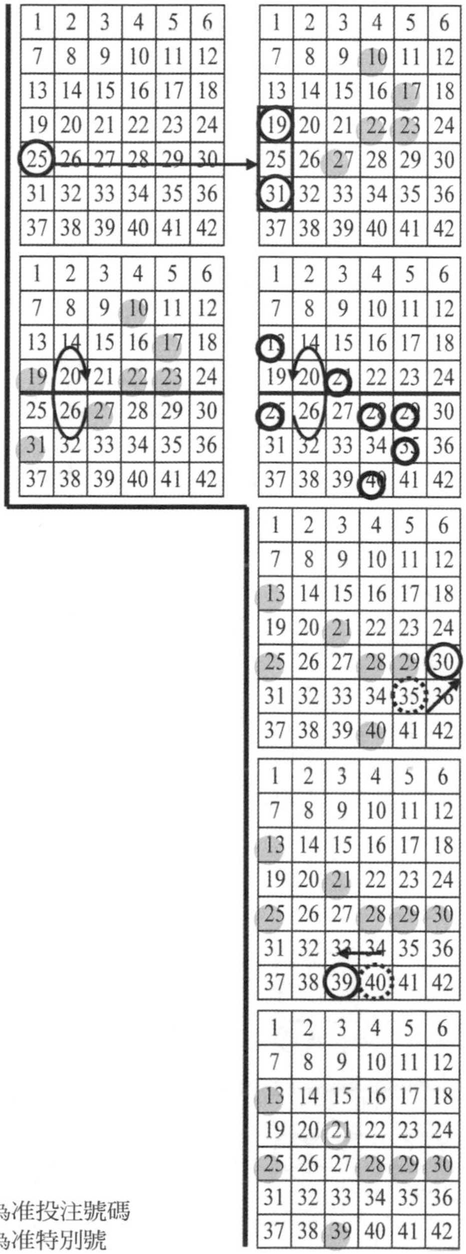

1	2	3	4	5	6
7	8	9	10	11	12
13	14	15	16	17	18
19	20	21	22	23	24
25	26	27	28	29	30
31	32	33	34	35	36
37	38	39	40	41	42

1	2	3	4	5	6
7	8	9	10	11	12
13	14	15	16	17	18
19	20	21	22	23	24
25	26	27	28	29	30
31	32	33	34	35	36
37	38	39	40	41	42

25 保持不變＝25
陰陽變，出 19、31
取代 25

中繼號碼：19，31

1	2	3	4	5	6
7	8	9	10	11	12
13	14	15	16	17	18
19	20	21	22	23	24
25	26	27	28	29	30
31	32	33	34	35	36
37	38	39	40	41	42

1	2	3	4	5	6
7	8	9	10	11	12
13	14	15	16	17	18
19	20	21	22	23	24
25	26	27	28	29	30
31	32	33	34	35	36
37	38	39	40	41	42

第七步：
翻轉 7 個中繼號碼
中繼號碼翻轉後變成 7 個
決勝號碼（13，21，25，
28，29，35，40）

1	2	3	4	5	6
7	8	9	10	11	12
13	14	15	16	17	18
19	20	21	22	23	24
25	26	27	28	29	30
31	32	33	34	35	36
37	38	39	40	41	42

第八步：
任選一個號碼移位
選 35 移至 30

1	2	3	4	5	6
7	8	9	10	11	12
13	14	15	16	17	18
19	20	21	22	23	24
25	26	27	28	29	30
31	32	33	34	35	36
37	38	39	40	41	42

第九步：
任選一個號碼移位
選 40 移至 39

1	2	3	4	5	6
7	8	9	10	11	12
13	14	15	16	17	18
19	20	21	22	23	24
25	26	27	28	29	30
31	32	33	34	35	36
37	38	39	40	41	42

准投注號碼＝開獎號碼

右圖棋盤上：
(1) 6 個實心圈圈號碼可視為准投注號碼
(2) 1 個空心圈圈號碼可視為准特別號

頭獎注數：3

二獎注數：19

圖解 2005/1/21 小樂透 94006 期（最末期）

獎號：5，7，12，13，26，35　特：15

上期特別號＝ 40
40 在 39 & 41 中間
選號座標：39 & 41

第一步：
在 42 棋盤外圍一圈上
找出 251 且等於圓圈數字總和

(1)39 ＝ 3 ＋ 9 ＝ 12 倒轉＝ 21
(2)41 ＝ 4 ＋ 1 ＝ 5
將 5 置入 21 中間＝ 2（5）1 ＝ 251
投注密碼：251

第二步：
找出 15 個先發號碼取代 251
並分成 4 組

第三步：
第一組 42，36 轉換
至 A 區

(1)42 ＋ 36 ＝ 78
(2)78 ＝ 7×8 ＝ 56 倒轉＝ 65
(3)65 ＝ 1 ＋ 2 ＋ 3 ＋ 8 ＋ 9
　　＋ 13 ＋ 14 ＋ 15
陰陽變，出 7 取代 65

中繼號碼：7

自行相乘變換數值

第四步：
第二組 30，24，18，
12 轉換至 C 區

(1)30 ＋ 24 ＋ 18 ＋ 12 ＝ 84
(2)84 ＝ 27 ＋ 28 ＋ 29
陰陽互換，出 26、30
取代 27、28、29

中繼號碼：26，30

第五步：
第三組 6，5，4，3，
2，1，7 轉換至 B 區

(1)6 ＋ 5 ＋ 4 ＋ 3 ＋ 2 ＋ 1 ＋
　　7 ＝ 28 倒轉＝ 82
(2)82 ＝ 4 ＋ 6 ＋ 10 ＋ 11 ＋
　　16 ＋ 17 ＋ 18
陰陽變，出 5、12 取代 82

中繼號碼：5，12

第六步：
第四組 13，19 轉換至 C
區

13 ＋ 19 ＝ 32 倒轉 ＝ 23
陰陽變，出 22、24
取代 23

中繼號碼：22，24

第七步：
翻轉 7 個中繼號碼
中繼號碼翻轉後變成 7 個
決勝號碼（2，3，5，
12，15，26，35）

第八步：
任選一個號碼移位
選 2 移至 7

第九步：
任選一個號碼移位
選 3 移至 13

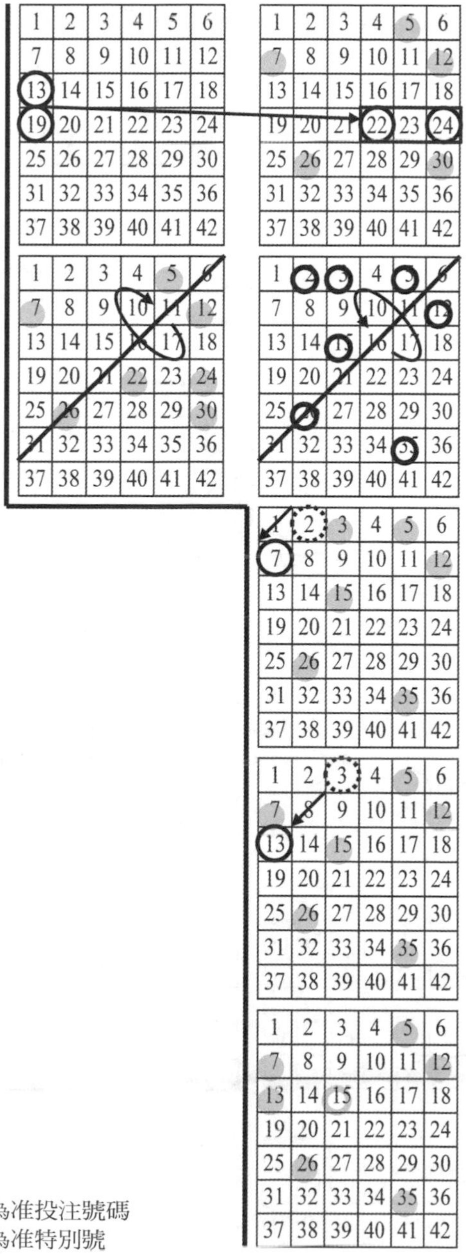

右圖棋盤上：
(1) 6 個實心圈圈號碼可視為准投注號碼
(2) 1 個空心圈圈號碼可視為准特別號

准投注號碼＝開獎號碼

頭獎注數：1

二獎注數：10

圖解 2005/1/25 樂透彩 94007 期（38 第一期）

獎號：1，3，6，14，24，33　特：37

小樂透末期特別號＝ 15
15 在 9 & 21 中間
選號座標：9 & 21

(1)9 倒看＝ 6 ＝ 2×3 ＝ 23
(2)21 ＝ 2 ＋ 1 ＝ 3
則 9 & 21 ＝ 6 & 3 ＝ 23 & 3 ＝ 233
投注密碼：233

第一步：
在 38 棋盤外圍一圈上
找出 233 且等於圓圈數字
總和

第二步：
找出 7 個先發號碼
取代 233 並分成 4 組

第三步：
第一組 31，38 轉換
至 B 區

(1)31 ＋ 38 ＝ 69 倒轉＝ 96
(2)96 ＝ 4 ＋ 5 ＋ 6 ＋ 11
＋ 13 ＋ 18 ＋ 19 ＋ 20
陰陽變，出 12 取代 96

中繼號碼：12

第四步：
第二組 37 轉換至 C
區

37 保持不變
陰陽互換，出 36、38
取代 37

中繼號碼：36，38

第五步：
第三組 36 轉換至 A
區

(1)36 倒轉＝ 63
(2)63 ＝ 1 ＋ 3 ＋ 8 ＋ 9 ＋
10 ＋ 15 ＋ 17
陰陽變，出 2、16 取代 63

中繼號碼：2，16

第六步：
第四組 29，22，15
轉換至 C 區

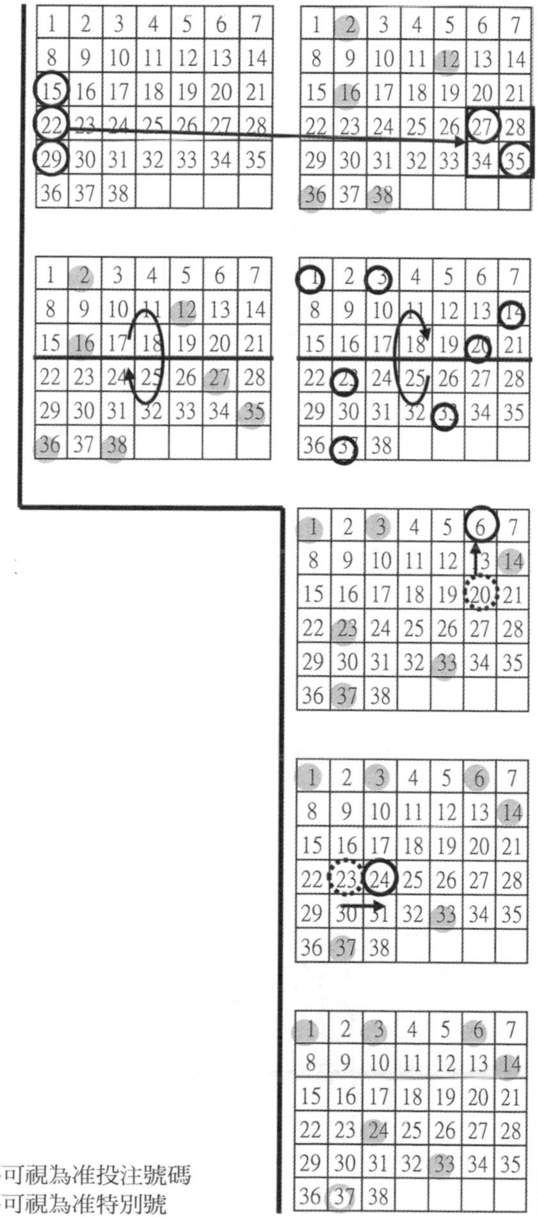

(1)29 + 22 + 15 = 66 =
    2 個 6 = 62
(2)62 = 28 + 34
陰陽交叉，出 27、35
取代 28、34

中繼號碼：27，35

第七步：
翻轉 7 個中繼號碼
中繼號碼翻轉後變成 7 個
決勝號碼（1，3，14，
20，23，33，37）

第八步：
任選一個號碼移位
選 20 移至 6

第九步：
任選一個號碼移位
選 23 移至 24

右圖棋盤上：
(1) 6 個實心圈圈號碼可視為准投注號碼
(2) 1 個空心圈圈號碼可視為准特別號

准投注號碼＝開獎號碼

頭獎注數：1

二獎注數：4

圖解 2005/1/28 樂透彩 94008 期（38 第二期）

獎號：5，8，12，16，21，38　特：9

上期特別號 = 37
37 在 38 & 36 中間
選號座標：38 & 36

(1)38 = 3×8 = 24
(2)36 = 3 + 6 = 9
則 38 & 36 = 24 & 9 = 249
投注密碼：249

第一步：
在 38 棋盤外圍一圈上
找出 249 且等於圓圈數字
總和

第二步：
找出 12 個先發號碼
取代 249 並分成 4 組

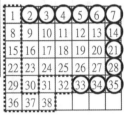

第三步：
第一組 2，3，4，5，
6，7 轉換至 C 區

(1)2 + 3 + 4 + 5 + 6 +
　7 = 27 倒轉 = 72
(2)72 = 23 + 24 + 25
　陰陽互換，出 22、26
　取代 23、24、25

中繼號碼：22，26

第四步：
第二組 14，21，28
轉換至 A 區

(1)14 + 21 + 28 = 63
(2)63 = 1 + 3 + 8 + 9 +
　10 + 15 + 17
　陰陽變，出 2、16 取代 63

中繼號碼：2，16

第五步：
第三組 35，34 轉換
至 B 區

(1)35 + 34 = 69 倒轉 = 96
(2)96 = 5 + 6 + 7 + 12
　+ 13 + 14 + 19 + 20
　陰陽變，出 21 代 96

中繼號碼：21

第六步：
第四組 33 轉換至 C 區

33 ＝ 2 個 3 ＝ 32
陰陽互換，出 31、33
取代 32

中繼號碼：31，33

第七步：
翻轉 7 個中繼號碼
中繼號碼翻轉後變成 7 個
決勝號碼（3，5，8，
12，16，21，30）

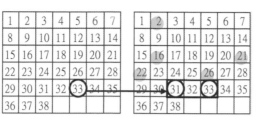

第八步：
任選一個號碼移位
選 3 移至 9

第九步：
任選一個號碼移位
選 30 移至 38

右圖棋盤上：
(1) 6 個實心圈圈號碼可視為准投注號碼
(2) 1 個空心圈圈號碼可視為准特別號

准投注號碼＝開獎號碼

頭獎注數：5

二獎注數：12

圖解 2005/2/1 樂透彩 94009 期（38 第三期）

獎號：1，2，12，14，34，37　特：13

上期特別號＝9
9 在 1 & 17 中間
選號座標：1 & 17

(1)1 ＝ 01 倒轉 ＝ 10 ＝ 2×5 ＝ 25
(2)17 ＝ 1 ＋ 8 ＝ 8
則 1 & 17 ＝ 10 & 8 ＝ 25 & 8 ＝ 258
投注密碼：258

第一步：
在 38 棋盤外圍一圈上
找出 258 且等於圓圈數字
總和

第二步：
找出 14 個先發號碼
取代 258 並分成 4 組

第三步：
第一組 34，35，28
轉換至 A 區

(1)34 ＋ 35 ＋ 28 ＝ 97 倒
轉 ＝ 79
(2)79 ＝ 1 ＋ 3 ＋ 8 ＋ 9 ＋
10 ＋ 15 ＋ 16 ＋ 17
陰陽變，出 2 取代 79

中繼號碼：2

第四步：
第二組 21，14，7，
6 轉換至 B 區

(1)21 ＋ 14 ＋ 7 ＋ 6 ＝ 48
倒轉 ＝ 84
(2)84 ＝ 5 ＋ 6 ＋ 7 ＋ 12 ＋
14 ＋ 19 ＋ 21
陰陽變，出 13、20 取代 84

中繼號碼：13，20

第五步：
第三組 5，4，3 轉
換至 C 區

5 ＋ 4 ＋ 3 ＝ 12 ＝ 3×4
＝ 34
陰陽互換，出 33、35
取代 34

中繼號碼：33，35

自行相乘變換數值

第六步：
第四組 2，1，8，15
轉換至 C 區

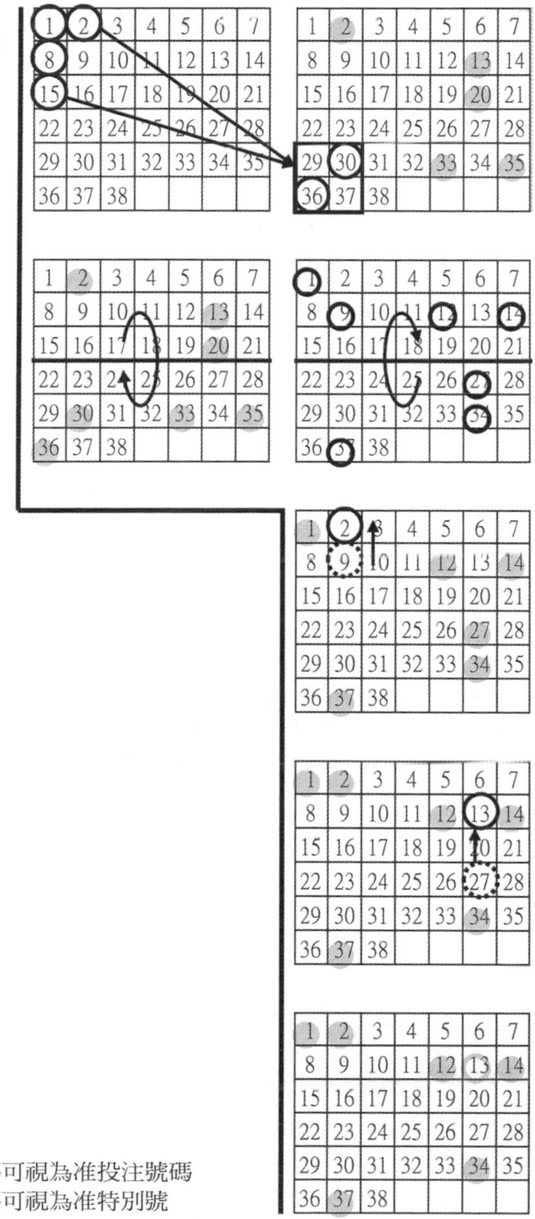

(1) $2 + 1 + 8 + 15 = 26$
$= 2$ 個 $6 = 66$
(2) $66 = 29 + 37$
陰陽交叉，出 30、36
取代 29、37

中繼號碼：30，36

第七步：
翻轉 7 個中繼號碼
中繼號碼翻轉後變成 7 個
決勝號碼（1，9，12，
14，27，34，37）

第八步：
任選一個號碼移位
選 9 移至 2

第九步：
任選一個號碼移位
選 27 移至 13

右圖棋盤上：
(1) 6 個實心圈圈號碼可視為准投注號碼
(2) 1 個空心圈圈號碼可視為准特別號

准投注號碼＝開獎號碼

頭獎注數：1

二獎注數：9

圖解 2005/2/4 樂透彩 94010 期（38 第四期）

獎號：2，7，9，11，16，24　特：20

上期特別號＝ 13
13 在 20 & 6 中間
選號座標：20 & 6

20 & 6＝206
投注密碼：206

第一步：
在 38 棋盤外圍一圈上
找出 206 且等於圓圈數字
總和

第二步：
找出 9 個先發號碼
取代 206 並分成 4 組

第三步：
第一組 7，14，21 轉
換至 C 區

7 + 14 + 21 ＝ 42 倒轉 24
陰陽互換，出 23、25
取代 24

中繼號碼：23，25

第四步：
第二組 28，35，34
轉換至 B 區

(1) 28 + 35 + 34 ＝ 97
(2) 97 ＝ 5 + 6 + 7 + 12
　　+ 13 + 14 + 19 + 21
陰陽變，出 20 取代 97

中繼號碼：20

第五步：
第三組 33，32 轉換
至 A 區

(1) 33 + 32 ＝ 65 倒轉 ＝ 56
(2) 56 ＝ 1 + 2 + 3 + 8 +
　　10 + 15 + 17
陰陽變，出 9、16 取代 56

中繼號碼：9，16

第六步：
第四組 31 轉換至 C 區

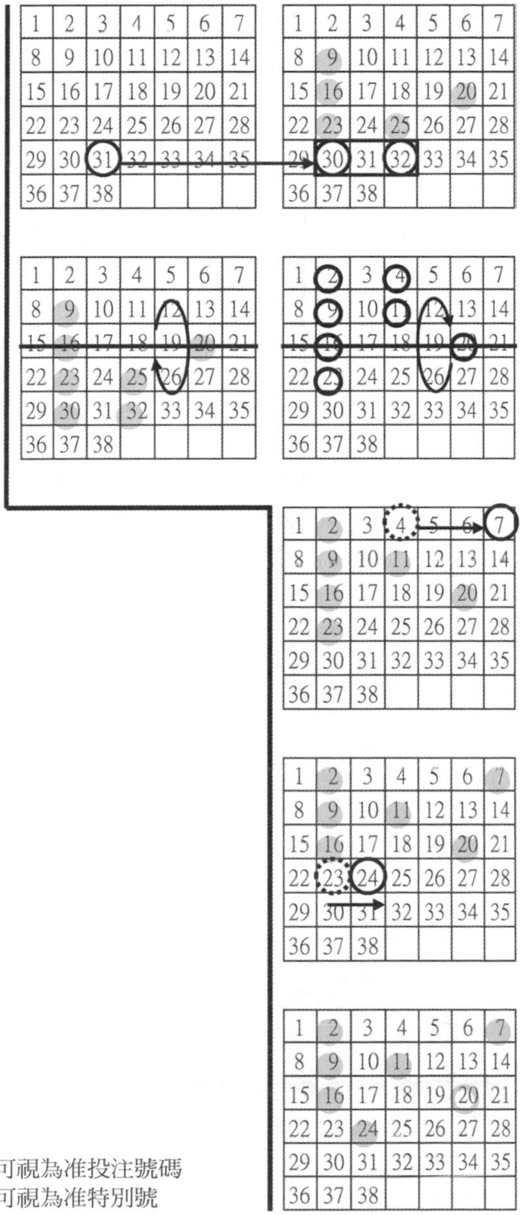

1	2	3	4	5	6	7
8	9	10	11	12	13	14
15	16	17	18	19	20	21
22	23	24	25	26	27	28
29	30	㉛	32	33	34	35
36	37	38				

1	2	3	4	5	6	7
8	9	10	11	12	13	14
15	16	17	18	19	20	21
22	23	24	25	26	27	28
29	30	31	32	33	34	35
36	37	38				

31 保持不變
陰陽互換，出 30、32
取代 31

中繼號碼：30，32

1	2	3	4	5	6	7
8	9	10	11	12	13	14
15	16	17	18	19	20	21
22	23	24	25	26	27	28
29	30	31	32	33	34	35
36	37	38				

1	2	3	4	5	6	7
8	9	10	11	12	13	14
15	16	17	18	19	20	21
22	23	24	25	26	27	28
29	30	31	32	33	34	35
36	37	38				

第七步：
翻轉 7 個中繼號碼
中繼號碼翻轉後變成 7
個決勝號碼（2，4，9，
11，16，20，23）

第八步：
任選一個號碼移位
選 4 移至 7

1	2	3	4	5	6	7
8	9	10	11	12	13	14
15	16	17	18	19	20	21
22	23	24	25	26	27	28
29	30	31	32	33	34	35
36	37	38				

第九步：
任選一個號碼移位
選 23 移至 24

1	2	3	4	5	6	7
8	9	10	11	12	13	14
15	16	17	18	19	20	21
22	23	24	25	26	27	28
29	30	31	32	33	34	35
36	37	38				

1	2	3	4	5	6	7
8	9	10	11	12	13	14
15	16	17	18	19	20	21
22	23	24	25	26	27	28
29	30	31	32	33	34	35
36	37	38				

准投注號碼＝開獎號碼

右圖棋盤上：
(1) 6 個實心圈圈號碼可視為准投注號碼
(2) 1 個空心圈圈號碼可視為准特別號

頭獎注數：1

二獎注數：11

圖解 2008/1/24 台灣威力彩 97001 期（第一期）

獎號：3，4，16，18，36，37　二區：2

本期是第一期，故以
二區的 1 為特別號
1 在 33 & 7 中間
選號座標：33 & 7

(1)33 = 3 + 3 = 6
(2)7 保持不變
則 33 & 7 = 6 & 7 = 67
投注密碼：67

第一步：
在 38 棋盤外圍一圈上
找出 67 且等於圓圈數字
總和
67 = 4 + 35 + 28

第二步：
找出 21 個先發號碼
取代 67 並分成 3 組

第三步：
第一組 21，14，7，
6，5，4，3，2，
1，8，15 轉換至 A
區

(1)21 + 14 + 7 + 6 + 5
+ 4 + 3 + 2 + 1 + 8
+ 15 = 86 倒轉 = 68
(2)68 = 1 + 2 + 8 + 9 +
15 + 16 + 17
陰陽變，出 3、10 取代 68

中繼號碼：3，10

第四步：
第二組 22，29，36
轉換至 B 區

(1)22 + 29 + 36 = 87 倒
轉 = 78
(2)78 = 5 + 7 + 12 + 14
+ 19 + 21
陰陽變，出 6、13、20
取代 78

中繼號碼：6，13，20

第五步：
第三組 5，6，7，
8，1，2，3 轉換
至 C 區

5 + 6 + 7 + 8 + 1 + 2
+ 3 = 32 倒轉 = 23
陰陽互換，出 22、24
取代 23

中繼號碼：22，24

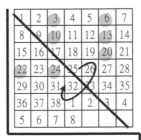

第六步：
翻轉 7 個中繼號碼
中繼號碼翻轉後變成 7 個
決勝號碼（4，15，16，
18，36，37，38）

第七步：
任選一個號碼移位
選 15 移至 3

第八步：
任選一個號碼移位
選 38 移至 2

右圖棋盤上：
(1) 6 個實心圈圈號碼可視為一區准投注號碼
(2) 1 個空心圈圈號碼可視為二區准投注號碼

准投注號碼＝開獎號碼

38 威力彩 97001 期

頭獎注數：0

二獎注數：0

三獎注數：4

四合注數：5

五合注數：0

圖解 2008/1/28 台灣威力彩 97002 期（第二期）

獎號：2，14，15，16，28，29　二區：8

上期二區獎號＝2
2 在 10 & 32 中間
選號座標：10 & 32

第一步：
在 38 棋盤外圍一圈上
找出 35 且等於圓圈數字
總和

(1)10 倒轉＝ 01 ＝ 1
(2)32 ＝ 3 ＋ 2 ＝ 5
則 10 & 32 ＝ 1 & 5 ＝ 15 ＝ 3×5 ＝ 35
投注密碼：35

第二步：
找出 23 個先發號碼
取代 35 並分成 3 組

第三步：
第一組 28，21，
14，7 轉換至 A 區

(1)28 ＋ 21 ＋ 14 ＋ 7 ＝ 70
(2)70 ＝ 1 ＋ 2 ＋ 9 ＋ 10
＋ 15 ＋ 16 ＋ 17
陰陽變，出 3、8 取代 70

中繼號碼：3，8

第四步：
第二組 6，5，4，3，
2，1，8，15，22，
29 轉換至 C 區

(1)6 ＋ 5 ＋ 4 ＋ 3 ＋ 2 ＋
1 ＋ 8 ＋ 15 ＋ 22 ＋ 29
＝ 95
(2)95 ＝ 29 ＋ 30 ＋ 36
陰陽互換，出22、23、37
取代 29、30、36

中繼號碼：2，23，37

第五步：
第三組 36，5，6，
7，8，1，2，3，4
轉換至 B 區

(1)36 ＋ 5 ＋ 6 ＋ 7 ＋ 8 ＋
1 ＋ 2 ＋ 3 ＋ 4 ＝ 72 ＝
2 個 7 ＝ 77
(2)77 ＝ 5 ＋ 6 ＋ 7 ＋ 12
＋ 13 ＋ 14 ＋ 20
陰陽互換，出 19、21
取代 77

中繼號碼：19，21

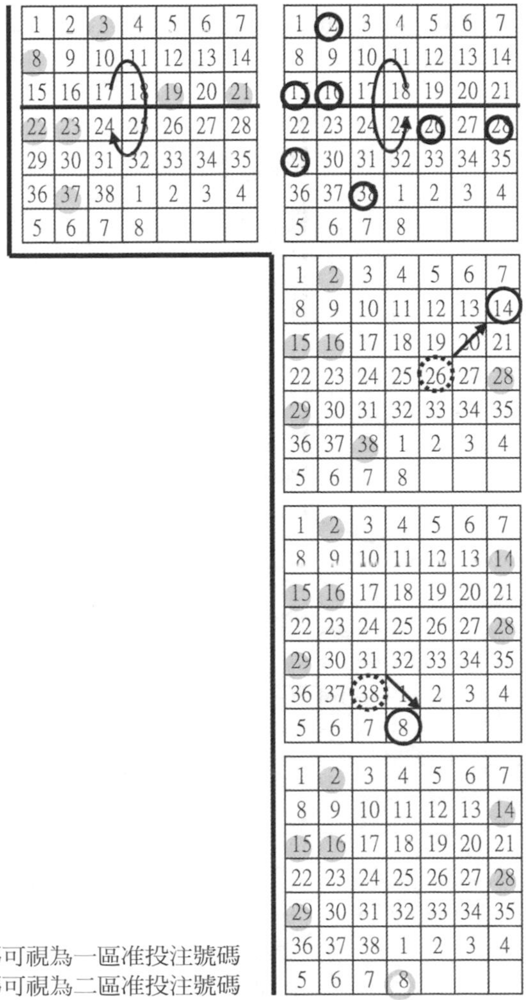

第六步：
翻轉 7 個中繼號碼
中繼號碼翻轉後變成 7 個
決勝號碼（2，15，16，
26，28，29，38）

第七步：
任選一個號碼移位
選 26 移至 14

第八步：
任選一個號碼移位
選 38 移至 8

右圖棋盤上：
(1) 6 個實心圈圈號碼可視為一區准投注號碼
(2) 1 個空心圈圈號碼可視為二區准投注號碼

准投注號碼＝開獎號碼

38 威力彩 97002 期累計連一檓龜

頭獎注數：0（NT ＄ 47M）

二獎注數：0

三獎注數：8

四合注數：8

五合注數：0

圖解 2008/1/31 台灣威力彩 97003 期（第三期）

獎號：6，9，11，13，19，23　二區：2

上期二區獎號 = 8
8 在 9 & 7 中間
選號座標：9 & 7

(1)9 倒看 = 6
(2)7 保持不變
則 9 & 7 = 6 & 7 = 67
投注密碼：67

第一步：
在 38 棋盤外圍一圈上
找出 67 且等於圓圈數字
總和
67 = 4 + 35 + 28

第二步：
找出 21 個先發號碼
取代 67 並分成 3 組

第三步：
第一組 21，14，7，
6 轉換至 B 區

(1)21 + 14 + 7 + 6 = 48
倒轉 = 84
(2)84 = 5 + 6 + 7 + 12
+ 14 + 19 + 21
陰陽變，出 13、20
取代 84

中繼號碼：13，20

第四步：
第二組 5，4，3，2，
1，8，15，22，29 轉
換至 C 區

(1)5 + 4 + 3 + 2 + 1 + 8
+ 15 + 22 + 29 = 89
倒轉 = 98
(2)98 = 23 + 24 + 25 + 26
陰陽互換，出 22、27
取代 23、24、25、26

中繼號碼：22，27

第五步：
第三組 36，5，6，7，
8，1，2，3 轉換至 A
區

(1)36 + 5 + 6 + 7 + 8 +
1 + 2 + 3 = 68
(2)68 = 3 + 4 + 10 + 16
+ 17 + 18
陰陽變，出 2、9、11
取代 68

中繼號碼：2、9，11

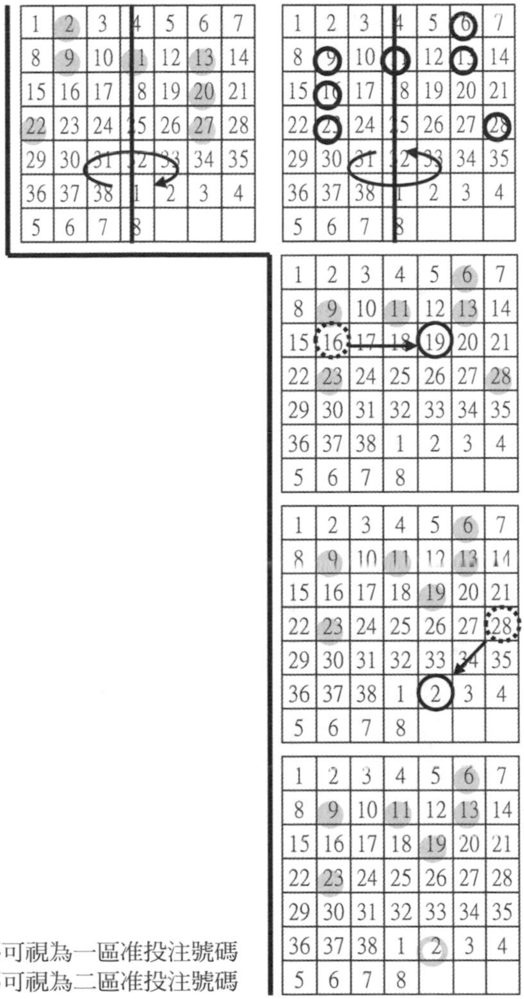

第六步：
翻轉 7 個中繼號碼
中繼號碼翻轉後變成 7 個
決勝號碼（6，9，11，
13，16，23，28）

第七步：
任選一個號碼移位
選 16 移至 19

第八步：
任選一個號碼移位
選 28 移至 2

右圖棋盤上：
(1) 6 個實心圈圈號碼可視為一區准投注號碼
(2) 1 個空心圈圈號碼可視為二區准投注號碼

准投注號碼＝開獎號碼

38 威力彩 97003 期累計連三槓龜

頭獎注數：0（NT＄67M）

二獎注數：2

三獎注數：4

四合注數：7

五合注數：0

台灣各類樂透彩相關的棋盤與開獎始末日期

樂透彩＆今彩539

1	2	3	4	5	6
7	8	9	10	11	12
13	14	15	16	17	18
19	20	21	22	23	24
25	26	27	28	29	30
31	32	33	34	35	36
37	38	39	40	41	42

小樂透
2002/1/22
～2005/1/21

1	2	3	4	5	6	7
8	9	10	11	12	13	14
15	16	17	18	19	20	21
22	23	24	25	26	27	28
29	30	31	32	33	34	35
36	37	38	39	40	41	42
43	44	45	46	47	48	49

大樂透
2004/1/5～目前

1	2	3	4	5	6	7
8	9	10	11	12	13	14
15	16	17	18	19	20	21
22	23	24	25	26	27	28
29	30	31	32	33	34	35
36	37	38				

38 選 6
2005/1/25
～2008/1/21

1	2	3	4	5	6	7
8	9	10	11	12	13	14
15	16	17	18	19	20	21
22	23	24	25	26	27	28
29	30	31	32	33	34	35
36	37	38	39			

今彩 539
2007/1/1～目前

1	2	3	4	5	6	7
8	9	10	11	12	13	14
15	16	17	18	19	20	21
22	23	24	25	26	27	28
29	30	31	32	33	34	35
36	37	38	1	2	3	4
5	6	7	8			

威力彩
2008/1/24～目前

四星彩＆三星彩

1	2	3	4	5	6
7	8	9	10	11	12
13	14	15	16	17	18
19	20	21	22	23	24
25	26	27	28	29	30
31	32	33	34	35	36
37	38	39	40	41	42

四星彩 2002/4/7
用 42 棋盤，
2005/1/27
改用 38 棋盤

1	2	3	4	5	6	7
8	9	10	11	12	13	14
15	16	17	18	19	20	21
22	23	24	25	26	27	28
29	30	31	32	33	34	35
36	37	38	39	40	41	42
43	44	45	46	47	48	49

四星彩
2004/1/6～目前
三星彩
2005/12/20～目前

1	2	3	4	5	6	7
8	9	10	11	12	13	14
15	16	17	18	19	20	21
22	23	24	25	26	27	28
29	30	31	32	33	34	35
36	37	38				

四星彩 2005/1/27 用
38 棋盤，2008/1/25
改用威力彩棋盤
三星彩 2005/12/19 用
38 棋盤，2008/1/25
改用威力彩棋盤

1	2	3	4	5	6	7
8	9	10	11	12	13	14
15	16	17	18	19	20	21
22	23	24	25	26	27	28
29	30	31	32	33	34	35
36	37	38	1	2	3	4
5	6	7	8			

四星彩 2008/1/25 開使用威力彩棋盤～目前
三星彩 2008/1/25 開使用威力彩棋盤～目前

註一：
2006/12/29：台北富邦結束發行業務
2007/1/1：台灣彩券承接發行業務

註二：
四星彩與三星彩皆參考前一期的樂透彩。
前一期開大樂透，本期就使用大樂透棋
盤；前一期開威力彩，本期就使用威力彩
棋盤，二者不會同日使用不同棋盤。

一旦獨有，煩惱不息

　　三十年前踏入社會，配合著不同的人生規劃，因此多次轉換工作跑道，也因此認識了許多不同職業的朋友，大家平日雖忙於工作，但仍喜樂相隨，時時噓寒問暖，互助解困。記得有位軍中的老士官長請喝喜酒，新娘是位年輕貌美的車掌小姐，我們大家一致認為士官長賺到啦！喜宴辦得相當風光，因為我們都知道，他中了愛國獎券第一特獎。

　　九○年代是台灣經濟起飛的風光時代，人人安居樂業，為事業建立良好的基礎。雖然當年的職場環境五花八門，但每個人都能夠有效的發揮才華，而且都懂得虛心自律，也因此在那個時空背景下，很多人都認為有兩件事情最好不要去碰，如果沾上了這兩件事，可能會造成「事前風風光光，事後不得安寧」，一是「搞房地產」，二是「藏嬌」。

　　近年來，順序仍未改變，更有一位搞房地產的知名人物被宅神封為「十大惡人」，更捲入賄賂案被收押禁見，真的搞得不得安寧，就在這個當下，我認為還有第三件事也千萬不要碰，就是「中電腦彩券頭獎」。

　　買彩券都是為了中獎，頭獎絕對是大家的第一志願，會有人買彩券心中想著中二獎嗎？在台灣的彩券市場，有兩個很奇妙的現象，第一個是頭獎若槓龜，大家反而高興的爭相走告；第二個是無論從南到北或由東向西，好像沒有人見過那些曾中過頭獎的兩百多位億萬富翁。提供各位一段有趣的小故事：

　　甲：電腦彩券最近幾年也開出了不少頭獎，根據百家姓，不知道財神爺會眷顧哪一家？

　　乙：上網查一下就知道囉！

　　（Google 中……）

　　乙：如何？哪一家最多？

　　甲：奇怪耶！中獎的不是姓薛就是姓黃。

乙：你還真是少見多怪，以前公益彩券頭獎得主都姓楊呢！

各位看出這段話的端倪了嗎？

我認為電腦彩券市場劫殺了台灣東西南北基層的菜籃經濟，富家進出高級餐館如自家餐廳，而平常老百姓家的菜籃，不只樣式減少，連質量也輕了；許多社區舉辦活動時，居然會把寶貴的經費拿去買彩券；偏遠地區鄉村為了改善村里環境，縮衣節食只為集資購買彩券，以上種種聽來真令人鼻酸。台灣，福爾摩沙，我們美麗的寶島究竟是從何時變成如此銅臭？

公益彩券資金的源頭百分之百就是民眾的荷包，政府當局若是認為發行樂透彩券是在提升公益盈餘的最好方法，那就必須要長年支持，對購買者的中獎權益也必須確實保障。在這邊，我公開呼籲，電腦彩券每期的開獎派彩及得獎捐款代言，應立法選出公民團體全程監督查核，如此才能有效確保經手單位能真正的公平、公正、公開。

另外，為了維持公益彩券的永續經營及讓民眾對電腦彩券持續有信心，我認為現今台灣的電腦彩券至少有以下六個陰陽面極待正視：

1. 陽面：電腦彩券為弱勢創造就業機會，提升公益盈餘，必須加以保護。

   陰面：公益盈餘有政府監督機制所以不敢造次，但彩金部分卻由經營單位自行監督，彩金頭獎＋加碼＋摃龜＋獨得＋噤若寒蟬＋代言捐款＋個資法保護＝彩金去向不明＝經營單位結黨營私。

2. 陽面：避免四星彩中獎注數過多會賠錢，所以准予電腦可以適時封牌。

   陰面：無論大樂透銷售額多低，卻甘願保證頭獎最少一億元。

3. 陽面：多次強調頭獎多為電腦選號，有多人買一注就中。

   陰面：無法監督封閉型電腦是否先封牌，後電選給投注者。

4. 陽面：開獎機是美國製造，超過 100 個國家選用，絕對值得信賴。

陰面：美商製造科技領先又獨占市場，台灣能夠阻止遠端操控？

5. 陽面：推動「買彩券，做公益，積功德」而屢增加彩券發行。

陰面：窮困又想要錢，槓龜次數獨領風騷，繳稅金額屢創新高，賣彩券應該要比照賣香煙增加警語，如「直接捐款，功德最大」。

6. 陽面：統一發票開獎機採用樂透型開獎機，絕對值得信賴。

陰面：千萬獎金發票號碼開出「54544448」，當事者視法律如無物，嚇唬善良民眾且有恃無恐。

公益財源的盈餘其實一直都在國內，而且離你我都很近，因為就在你我的荷包裡，彩券本身其實沒有產生新財源，當你一掏錢買彩券，就進了別人的荷包，再也看不見了。深切的懇請各位，荷包有餘錢想要做公益，請直接捐給你信任的慈善團體或資助台東延平鄉的五個小村莊，更要提醒所有彩券的當事者，快快放下私慾，回歸公平正義，這樣台灣的公益才能達到真正的真善美。十年修得同船渡，百年修得共枕眠，台灣有很多美好的事物，是給你我及子子孫孫長年分享的，能分享就是福，能無私就是富，若心求獨有，禍雖未至，福已遠離，一旦獨有，煩惱不息。

集資中23億？網民嗆台彩瑞共

中秋佳節將屆，台灣彩券趕在連假前，公布7月分獨得23.6億元威力彩的幸運兒資訊。據媒體報導，台彩總經理黃志宜表示，史上最高彩金的中獎人是「多人集資」，採全部電腦選號，幸運中了頭獎，由2男出面領獎，扣稅後實領18.89億元，先全部匯到其中一人的戶頭，之後再按集資比例分配獎金。

台彩表示，這次中獎人集資長達5、6年，每期固定買300至500元不等的大樂透及威力彩，走到哪買到哪，這次剛好購買者出差到桃園，就在當地以全部電腦選號並加碼1000元買威力彩，沒想到竟中了頭獎，直呼：「這比被雷擊中的機率還低！」

不過，網路上立即有人吐槽：「要相信這個故事，比被雷擊中的機率還低！」直嗆台彩「又在編故事」。No Nickname點出不合理之處：「先匯到一個人戶頭後再分錢，可是會被國稅局追稅的（贈與稅），這群人有這麼笨嗎？」也有人質疑集資5、6年難度太高，根本不合邏輯，破綻百出。

廣大網軍更集體發揮柯南精神，歸納出台彩「假故事、真行銷」手法。You舉例，中獎者都是每期固定購買、一定是外地人出差或遊子回家，以及電腦選號、公務員或中年男子等老梗，而且公布時機都適逢重大節日加碼，就是要刺激買氣，行銷斧鑿太明顯，諷刺中獎的就是台彩員工。

網友台北人則酸台彩「有創意」，第一次掰出中獎人集資購買。唷TW則歎：「聽聽就好，台彩已經沒有公信力了。」葉一帆認為，要比照美國公開領獎，才能讓人信服。

節錄自【Yahoo!奇摩新聞】

Chapter

2

日本Loto6
樂透彩篇

投注日本 Takarakuji Loto6 選號規範與步驟

壹、開獎＆棋盤

一、開獎

日本 Loto6 樂透彩，每週星期一、四開獎，各期先從 1 至 43 個號碼中選出 6 個中獎號碼，最後再追加選出 1 個號碼為特別號，因前後二組選號皆來自同一個號碼箱選出，故沒有選出相同號碼的機會。

二、棋盤

投注日本 Loto6 可使用 43 格基本棋盤（圖 1）及向外延伸的棋盤（圖 2）。基本棋盤的設計，是以循環方式來排列號碼，即棋盤的上下左右延伸出去仍可視為有號碼相連。如此設計，是為了使特別號縱然出現在棋盤的四邊，仍可找出上下左右相鄰的號碼，所以不同的選用，就會有多種不同的選號座標。

圖 1：棋盤基本排列

1	2	3	4	5	6
7	8	9	10	11	12
13	14	15	16	17	18
19	20	21	22	23	24
25	26	27	28	29	30
31	32	33	34	35	36
37	38	39	40	41	42
43					

24 在 18 & 30 中間
24 也在 19 & 29 中間

圖 2：延伸後的棋盤排列

4 在 3 & 5 中間
4 也在 41 & 10 中間

38 在 37 & 39 中間
38 也在 32 & 1 中間

貳、數值演變＆陰陽變化規範

一、數值演變

請參考台灣威力彩的數值演變內容。

二、陰陽變化

　　棋盤上，某一個或數個號碼可藉陰陽相對之觀念，以反襯方式表示其存在，即是將該數個號碼先設為隱性，再相對改以反襯之顯性號碼來取代，此方式本書分別稱為：1.陰陽互換；2.陰陽交叉；3.陰陽變。

　　1. 陰陽互換：實心圈圈與相鄰的空心圈圈相互襯托，即空心圈圈號碼可取代實心圈圈號碼。

　　　(1)第一種「基本棋盤最外圍一圈號碼之陰陽互換」：在棋盤上先找出棋盤最外圍一圈的許多個號碼（實心圈圈）而其數值和等於投注密碼，再以陰陽互換，轉換成最外圍一圈所有剩餘的其他號碼（空心圈圈）。

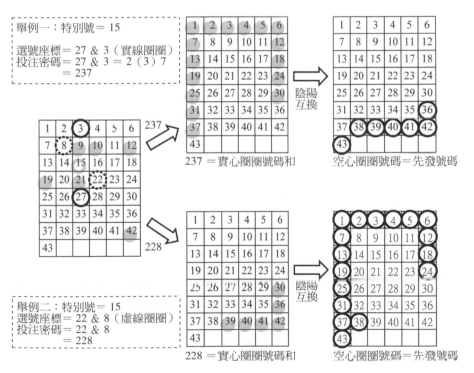

舉例一：特別號＝15

選號座標＝27 & 3（實線圈圈）
投注密碼＝27 & 3 = 2（3）7
　　　　＝237

237 ＝實心圈圈號碼和　　　空心圈圈號碼＝先發號碼

舉例二：特別號＝15
選號座標＝22 & 8（虛線圈圈）
投注密碼＝22 & 8
　　　　＝228

228 ＝實心圈圈號碼和　　　空心圈圈號碼＝先發號碼

　　　(2)第二種「1～3 個號碼之陰陽互換」：此項的規範與台灣威力彩相同（請參考台灣威力彩篇）。

2. 陰陽交叉：此項的規範與台灣威力彩相同（請參考台灣威力彩篇）。

3. 陰陽變：將棋盤43格劃分為A、B及C區且只有一種分法：

(1)A＆B區位於棋盤上最上面的三行，並以3×3方形框表示，而陰陽變是指將先發號碼數值和以陰陽互換的觀念轉換到A或B區，變成中繼號碼的取代方式。

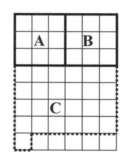

(2)A、B區的功用是在該區用中繼號碼取代欲轉換的數值時，其中繼號碼的位置在方框內可任意選取而不受限，甚至不需出任何中繼號碼也可取代特定的數值，但在C區內，至少需要2或3個中繼號碼，且其相對位置必須合乎陰陽互換或陰陽交叉排列才能轉換。

(3)同樣的數值和，轉換到A或B區，取代的中繼號碼會不同。

寰宇大部分國家的樂透彩，目前總選號數雖各有不同，但在其所採用的棋盤上，號碼在水平的排列卻只有橫6格或橫7格兩種，而垂直的行數則是依總選號數的多或少決定，若是橫6格排列，則A、B區的分法只有一種，如日本的Loto6；若是橫7格排列，則A、B區的分法將變為三種，如台灣威力彩、香港六合彩……。

先發數值和 48 若轉換到 A 區
48 ＝ 1 ＋ 3 ＋ 7 ＋ 8 ＋ 14 ＋ 15
則A區可出中繼號碼2、9、13取代先發數值48，但A區不能出現超過3個中繼號碼（空心圈圈）

先發數值和 84 若轉換到 B 區
84 ＝ 4 ＋ 6 ＋ 11 ＋ 12 ＋ 16 ＋ 17 ＋ 18
則B區可出中繼號碼5、10取代先發數值84，但B區不能出現超過3個中繼號碼（空心圈圈）

4. 被取代的先發數值和（方框內隱性號碼和），在 A 區不能大於 72；在 B 區不能大於 99；若在 C 區不能大於 99。

先發數值和 72 若轉換到 A 區
72 ＝ 1 ＋ 2 ＋ 3 ＋ 7 ＋ 8 ＋ 9 ＋ 13 ＋ 14 ＋ 15
則 A 區可不出任何中繼號碼即可取代 72

先發數值和 99 若轉換到 B 區
99 ＝ 4 ＋ 5 ＋ 6 ＋ 10 ＋ 11 ＋ 12 ＋ 16 ＋ 17 ＋ 18
則 B 區可不出任何中繼號碼即可取代 99

5. 無論 A 或 B 區，每一區最多只能出 3 個中繼號碼來取代轉入該區的先發數值和。A、B、C 三區總共應出 7 個中繼號碼，因有二組先發號碼數值須轉入C區，使C區至少會有4個中繼號碼，故A、B 區總共不會超過 3 個中繼號碼。

參、投注號碼選取步驟簡述

一、選號座標

1. 先確認前一期日本Loto6樂透彩的特別號及其他中獎號碼在棋盤上的位置，再找出以特別號為對稱點的上下、左右或斜角相鄰的2個號碼為選號座標，重點是選取 **43** 格棋盤上相鄰的號碼。

   例如：下圖 3 特別號＝ 15，而 15 的左右相鄰號碼是 14 & 16，則 14 & 16 可視為選號座標；15 的上下相鄰的號碼是 9 & 21，則 9 & 21 可視為選號座標；同理，10 & 20 也可視為選號座標。

圖 3   圖 4

2. 若與特別號相鄰的號碼也是上期中獎號碼，則可連接該二個中獎號碼，再經直線延伸後的兩端號碼為選號座標。

3. 同理 45 度斜對角的相鄰號碼若也是中獎號碼（上圖 4 的 22），可經對角直線延伸後取兩端號碼為選號座標，即圖 4 的 8 & 29 也可視為選號座標。

4. 若選號座標之一的號碼尾數是 6 或 9，可先倒看後，再與另一個號碼合併。

   例如：選號座標＝ 21 & 39，因 9 倒看＝ 6，故 21 & 39 ＝（2 ＋ 1）& 36 ＝ 3 & 36 ＝ 336。

5. 從以上眾多的組別之中，只取一組為最終選號座標，再繼續做後續的演變。

二、投注密碼

1. 將最終選號座標的 2 個號碼各自經過自行相加或相乘後，組合而得出一個數值，本書稱此數值為投注密碼，其組合方式如下：

   上圖 3 的選號座標＝ 21 & 9，則可能的投注密碼如下：

   (1)合併＝ 21 & 9 ＝ 219 或（2 ＋ 1）&（3×3）＝ 333 或（2 個 1）& 9 ＝ 119。

   (2)置入中間＝ 21 & 9 ＝ 12 & 9 ＝ 1（9）2 ＝ 192 或＝ 21 & 6 ＝ 2（6）1 ＝ 261。

2. 選號座標合併所組合成的投注密碼數值，必須在棋盤最外圍一圈，某區段能找到同數值的數個相鄰號碼之和，否則不予採用，至於相鄰的號碼需要多少個並不受限制。

3. 43 格棋盤外圍一圈共計 23 個號碼，也包括43，

   其相連方式及順序如右圖：

   —1—2—3—4—5—6—12—18—24—30—36—

   42—41—40—39— 38 —43— 37 —31—25—19—

   13—7—1—（請注意：43 是在 38 與 37 中間）

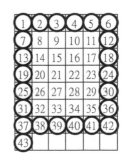

4. 請特別注意：在棋盤上的號碼排序，43 是在 38 & 37 中間。

   (1)密碼數值可以等於 279 ＝ 36 ＋ 42 ＋ 41 ＋ 40 ＋ 39 ＋ 38 ＋ 43。

   (2)密碼數值不能等於 273 ＝ 36 ＋ 42 ＋ 41 ＋ 40 ＋ 39 ＋ 38 ＋ 37。

三、先發號碼

1. 該投注密碼變成最外圍一圈某區段的數個相鄰號碼後，再用陰陽互換的觀念，轉換成棋盤上最外圍一圈剩餘的所有其他號碼，即為先發號碼。

   例如：上期特別號＝ 27，選號座標＝ 20 & 34 ＝ 20 & 7 ＝ 207 ＝ 投注密碼。

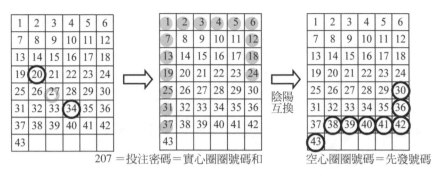

207 ＝投注密碼＝實心圈圈號碼和　　　空心圈圈號碼＝先發號碼

2. 將所有先發號碼不受等量限制但須號碼相鄰方式分成四組，每組最少要有一個號碼，且每組號碼的數值和必須≤99。

3. 先發號碼分成四組後，各組號碼的數值和可先演變成新數值，再進行陰陽互換轉換成中繼號碼，其選擇的方式有下列五種：

   (1)該組碼數值和保持不變，即以原數值轉換。

   (2)將該組數值和的個位數與十位數對調後再轉換（例如：41 變成14）。

   (3)2 的倍數與雙胞胎數值互換（例如：77 變成 27 或 72；29 變成99）。

   (4)雙胞胎自行相加轉換數值（例如：77 ＝ 7 ＋ 7 ＝ 14 或 16 ＝ 8 ＋ 8 ＝ 88）。

   (5)不含 0 與 1 的雙位數，其個位數與十位數自行相乘轉換數值（例如：59 ＝ 5×9 ＝ 45 或 28 ＝ 4×7 ＝ 47 此類轉換成立），但 20 ＝ 2×0 ＝ 0 或 31 ＝ 3×1 ＝ 3 此類轉換不成立。

4. 四組可任意採用上述五款之一而不受限制，但最多只能有一組可採用第(4)款或第(5)款（即雙胞胎自行相加與自行相乘只能選用其中一種）。

四、中繼號碼

1. 將前面四組先發號碼用陰陽互換的觀念，分別轉換到棋盤上的A、
   B或C區內，A及B區各有一組轉入，而C區有二組轉入，轉換
   後在棋盤上的新號碼即為中繼號碼。

2. 四組一共轉換成7個中繼號碼。

五、對稱翻轉

1. 在棋盤上先選取一個轉軸，再將上述7個中繼號碼以轉軸為中心
   做對稱翻轉，又得出新的7個號碼即為決勝號碼，而轉軸有水平、
   垂直或45度角多種方式。

2. 翻轉後所得的7個決勝號碼，必須全部落在所採用的43格棋盤基
   本範圍內，不得落到棋盤基本範圍之外，否則此種翻轉方式不能
   採用。

3. 翻轉時，若選取的轉軸不同，則翻轉後的決勝號碼也會不同。

六、直線移位

1. 從前項7個決勝號碼中先後任選2個號碼（兩個恰恰好），各自
   經直線或45度斜線位移至另一個位置後，得到最終的7個號碼，
   而此二個位移路線不可相交，也不能越過另一個中獎號碼，但若
   移位後的新號碼成為特別號則不受此限。

2. 位移後最終的7個號碼，可選其中6個作為當期Loto6的准投注號
   碼，剩餘的1個號碼可作為特別號。

3. 為了配合下一期獎號的需求與變化，每一期的特別號都可以預先
   選定好，而且可以設定為當期由搖獎機選出的最後一個號碼，換
   句話說，從搖獎機選出7個號碼的先後順序是可以被安排的。

肆、日本 Takarakuji Loto6 樂透圖解九步順序說明

一、簡圖

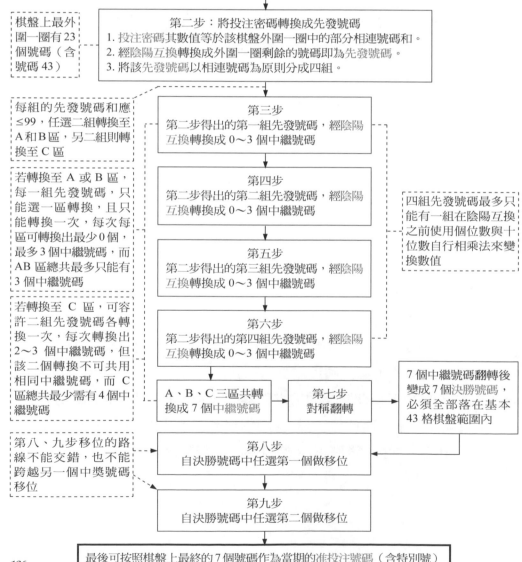

第一步：將選號座標轉換成投注密碼
投注當期日本 Loto6 可用 43 格棋盤，並參考上一期 Loto6 的特別號
1. 特別號在棋盤的上下、左右或對角相鄰且對稱的 2 個號碼可作為選號座標。
2. 若特別號的上下、左右或斜線上的相鄰號碼也是中獎號碼，則可連結該相鄰的 2 個或多個中獎號碼，經直線延伸後取兩端相鄰的號碼作為選號座標。
3. 由上述眾多選號座標中只取其一，經轉換後找出投注密碼。

棋盤上最外圍一圈有 23 個號碼（含號碼 43）

第二步：將投注密碼轉換成先發號碼
1. 投注密碼其數值等於該棋盤外圍一圈中的部分相連號碼和。
2. 經陰陽互換轉換成外圍一圈剩餘的號碼即為先發號碼。
3. 將該先發號碼以相連號碼為原則分成四組。

每組的先發號碼和應≤99，任選二組轉換至 A 和 B 區，另二組則轉換至 C 區

第三步
第二步得出的第一組先發號碼，經陰陽互換轉換成 0～3 個中繼號碼

若轉換至 A 或 B 區，每一組先發號碼，只能選一區轉換，且只能轉換一次，每次每區可轉換出最少 0 個，最多 3 個中繼號碼，而 AB 區總共最多只能有 3 個中繼號碼

第四步
第二步得出的第二組先發號碼，經陰陽互換轉換成 0～3 個中繼號碼

四組先發號碼最多只能有一組在陰陽互換之前使用個位數與十位數自行相乘法來變換數值

第五步
第二步得出的第三組先發號碼，經陰陽互換轉換成 0～3 個中繼號碼

若轉換至 C 區，可容許二組先發號碼各轉換一次，每次轉換出 2～3 個中繼號碼，但該二個轉換不可共用相同中繼號碼，而 C 區總共最少需有 4 個中繼號碼

第六步
第二步得出的第四組先發號碼，經陰陽互換轉換成 0～3 個中繼號碼

A、B、C 三區共轉換成 7 個中繼號碼

第七步
對稱翻轉

7 個中繼號碼翻轉後變成 7 個決勝號碼，必須全部落在基本 43 格棋盤範圍內

第八、九步移位的路線不能交錯，也不能跨越另一個中獎號碼移位

第八步
自決勝號碼中任選第一個做移位

第九步
自決勝號碼中任選第二個做移位

最後可按照棋盤上最終的 7 個號碼作為當期的准投注號碼（含特別號）

二、第一步至第六步圖示

1. 舉例一：特別號＝ 22

特別號＝ 22
22 在 15 & 29 中間
選號座標＝ 15 & 29
(1)15 ＝ 1 ＋ 5 ＝ 6
(2)29 保持不變
(3)將 6 置入 29 中間
　　＝ 2（6）9 ＝ 269
投注密碼＝ 269

第一步：投注密碼
269 ＝外圍數個號碼和

第二步：
轉換成先發號碼並分成 4 組

第三步：
第一組 42，36
可轉換至任何
一區，此次轉
換至 B 區

(1)42 ＋ 36 ＝ 78
(2)78 ＝ 5 ＋ 6 ＋ 10 ＋ 11 ＋ 12 ＋ 16
　　＋ 18
陰陽變，出 4、17 取代 78

中繼號碼：4，17

第四步：
第二組 30，24，
18 可轉換至任何
一區，此次轉換
至 A 區

(1)30 ＋ 24 ＋ 18 ＝ 72
(2)72 ＝ 1 ＋ 2 ＋ 3 ＋ 7 ＋ 8 ＋ 9 ＋ 13
　　＋ 14 ＋ 15
陰陽變，不出任何數來取代 72

第五步：
第三組 12，6，
5，4，3，2，
1，7 可轉換至
任何一區，此
次轉換至 C 區

12 ＋ 6 ＋ 5 ＋ 4 ＋ 3 ＋ 2 ＋ 1 ＋ 7 ＝ 40
陰陽互換，出 39、41 取代 40

中繼號碼：39，41

第六步：
第四組 13，19，
25 可轉換至任何
一區，此次轉換
至 C 區

(1)13 ＋ 19 ＋ 25 ＝ 57 倒轉＝ 75
(2)75 ＝ 23 ＋ 24 ＋ 28
陰陽交叉，出 22、29、30
取代 23、24、28

中繼號碼：22，29，30

2. 舉例二：特別號＝42

特別號＝42
因號碼循環排列，
42 在 37 & 4 中間
選號座標＝ 37 & 4
37 & 4 ＝ 374
投注密碼＝ 374

第一步：投注密碼
374＝外圍數個號碼和

第二步：
轉換成先發號碼並分成 4 組

4 組中最多只能有 1 組使用個位數與十位數自行相乘來變換數值

第三步：
第一組 4 可轉換至任何一區，此次轉換至 B 區

自行相乘變換數值

(1)4 = 04 倒轉 = 40 = 8×5 = 85
(2)85 = 5 + 6 + 11 + 12 + 16 + 17 + 18
陰陽變，出 4、10 取代 85

中繼號碼：4，10

第四步：
第二組 3，2，1，7，13 可轉換至任何一區，此次轉換至 C 區

3 + 2 + 1 + 7 + 13 = 26
陰陽互換，出 20、32 取代 26

中繼號碼：20，32

第五步：
第三組 19，25，31 可轉換至任何一區，此次轉換至 A 區

(1)19 + 25 + 31 = 75 倒轉 = 57
(2)57 = 1 + 2 + 3 + 7 + 8 + 9 + 13 + 14
陰陽變，出 15 取代 57

中繼號碼：15

第六步：
第四組 37 可轉換至任何一區，此次轉換至 C 區

(1)37 倒轉 = 73
(2)73 = 34 + 39
陰陽交叉，出 33、40 取代 34、39

中繼號碼：33，40

3. 舉例三：特別號＝ 28

特別號＝ 28
28 在 23 & 33 中間
選號座標：23 & 33
(1)23 保持不變
(2)33 ＝ 3 ＋ 3 ＝ 6
(3)將 6 置入 23 中間
　　＝ 2（6）3 ＝ 263
投注密碼＝ 263

第一步：投注密碼
263 ＝外圍數個號碼和

第二步：
轉換成先發號碼並分成4組

(1)40 ＋ 39 ＝ 79 ＝ 7×9 ＝ 63
(2)63 ＝ 28 ＋ 35
　陰陽交叉，出 29、34 取代 28、35

4 組中最多只能有 1 組使用個位數與十位數自行相乘來變換數值

第三步：
第一組 40，39 可轉換至任何一區，此次轉換至 C 區

自行相乘變換數值

中繼號碼：29，34

第四步：
第二組 38，43 可轉換至任何一區，此次轉換至 B 區

(1)38 ＋ 43 ＝ 81
(2)81 ＝ 4 ＋ 5 ＋ 6 ＋ 10 ＋ 11 ＋
　　12 ＋ 16 ＋ 17
　陰陽變，出 18 取代 81

中繼號碼：18

第五步：
第三組 37，31 可轉換至任何一區，此次轉換至 C 區

(1)37 ＋ 31 ＝ 68 倒轉＝ 86
(2)86 ＝ 20 ＋ 21 ＋ 22 ＋ 23
　陰陽互換，出 19、24
　取代 20、21、22、23

中繼號碼：19，24

第六步：
第四組 25 可轉換至任何一區，此次轉換至 A 區

(1)25 ＝ 2 個 5 ＝ 55
(2)55 ＝ 1 ＋ 2 ＋ 3 ＋ 7 ＋ 13 ＋ 14
　　＋ 15
　陰陽變，出 8、9 取代 55

中繼號碼：8，9

129

三、第七步圖示

圖形翻轉：將 7 個中繼號碼藉由對稱翻轉變成 7 個新的號碼，即為決勝號碼。翻轉的轉軸有多種，但只選取一種，且翻轉後的 7 個決勝號碼，必須仍然落在基本 43 棋盤範圍內。

舉例：

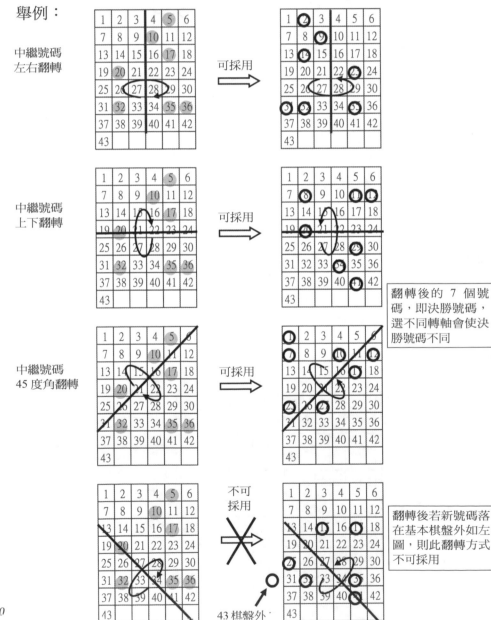

四、第八、九步圖示

　　直線位移：中繼號碼翻轉變成決勝號碼後，從 7 個決勝號碼中任選 2 個分別做水平、垂直或 45 度斜線位移，得到最終的 7 個號碼，即可視為准投注號碼。

　　1. 直線移位：

　　(1)可選 14 移至 17　　(2)可選 14 移至 32　　(3)可選 14 移至 2

　　2. 45 度斜線移位：

　　(1)可選 14 移至 4　　(2)可選 14 移至 28　　(3) 14 不能移至 24

　　3. 移位限制：

　　(1)移位時不能跨越另一個中獎號碼（例如下頁圖的 35）移位。

　　(2)此二個移位路線，無論直線或斜線，均不能相互交叉。

　　(3)若移位後的新號碼最終是特別號則不受上述(1)或(2)的限制。

1	2	③	4	5	6
7	8	9	10	11	12
13	⑭	15	16	17	⑱
19	20	21	22	23	24
㉕	26	27	28	29	㉚
31	32	33	34	35	36
37	38	㊴	40	41	㊷
43					

1	2	③	4	5	6
7	8	9	10	11	12
13	⑭	15	16	17	⑱
19	20	21	22	23	24
㉕	26	27	㉘	29	㉚
31	32	33	34	35	36
37	㊳	㊴	40	41	42
43					

號碼 14 不能跨越另
一個中獎號碼 35 而
移至 42，即此種跨
越移位不可採用

二個移位路線不能
相互交叉，即此種
交叉移位不可採用

4. 移位的主要原因：樂透彩最後要移位兩個號碼，其中一個原因是
要配合各個地區下一期的四星彩（日本稱 Number4），請參考本
書第 138 頁日本篇 2013/10/10 樂透彩。

(1)將七個號碼 9，29，33，34，35，41 及特別號 27 號碼分成二
組。

(2)第一組 9，33，34 加上 20，32，第二組 29，35，41 加上 27，
31，則此兩組在棋盤上的點狀圖形會完全相似。

(3)第一組 20 + 32 = 52 = 5×2 = 10，用對稱觀念，10 在 9 & 11
中間。

　①9 = 3×3 = 33，而 11 = 2 個 1 = 12。

　②把 33 & 12 交叉排列 = 3，1，3，2 = 3132。

　③將 3132 減上期獎號 1385 = 1747 倒轉 = 7471。

(4)第二組 27 + 31 = 58 = 5×8 = 40，用對稱觀念，40 在 39 &
41 中間。

　①39 = 3×9 = 27 = 2 個 7 = 77，而 41 保持不變 = 41。

　②把 77 & 41 交叉排列 = 7，4，7，1 = 7471。

(5)兩組相交定位，次期 10/11 的 Number4 獎號就是 7471。

圖解日本樂透彩 2013 年 10，11，12 月中獎號碼

期數	開獎日期	星期	Takarakuji Loto6 中獎號碼						特別號
801	10 月 03 日	四	2	18	19	20	25	31	32
802	10 月 07 日	一	9	13	18	19	25	30	15
803	10 月 10 日	四	9	29	33	34	35	41	27
804	10 月 14 日	一	6	20	23	25	31	33	30
805	10 月 17 日	四	2	14	19	22	24	43	6
806	10 月 21 日	一	3	16	19	25	39	40	29
807	10 月 24 日	四	1	6	12	20	22	23	27
808	10 月 28 日	一	13	18	22	28	41	42	26
809	10 月 31 日	四	2	11	20	31	32	37	17
810	11 月 04 日	一	3	31	32	38	39	40	37
811	11 月 07 日	四	2	6	20	24	31	40	34
812	11 月 11 日	一	1	12	15	26	34	40	22
813	11 月 14 日	四	9	10	12	13	28	38	39
814	11 月 18 日	一	4	7	15	23	38	42	1
815	11 月 21 日	四	1	2	6	24	25	41	29
816	11 月 25 日	一	5	14	19	24	27	37	9
817	11 月 28 日	四	16	21	27	32	34	43	42
818	12 月 02 日	一	5	21	24	34	37	38	16
819	12 月 05 日	四	10	19	23	25	30	40	14
820	12 月 09 日	一	1	11	19	28	39	43	16
821	12 月 12 日	四	7	10	12	34	40	43	16

圖解 2013/10/3 日本樂透彩第 801 期

獎號：2，18，19，20，25，31　特：32

上期特別號 = 43
因號碼循環排列，
43 在 6 & 37 中間
選號座標：6 & 37

第一步：
在 43 棋盤外圍一圈上找出 313
且等於圓圈數字總和

(1) 6 = 3 + 3 = 33
(2) 37 = 3 + 7 = 10 倒轉 = 01 = 1
(3) 將 1 置入 33 中間 = 3（1）3 = 313
投注密碼：313

第二步：
找出 14 個先發號碼取代 313
並分成 4 組

第三步：
第一組 42 轉換至
B 區

(1) 42 = 7×6 = 76
(2) 76 = 4 + 6 + 10 + 11 + 12 +
　　16 + 17
陰陽變，出 5、18 取代 76

自行相乘變換數值

中繼號碼：5，18

第四步：
第二組 36 轉換至
C 區

(1) 36 倒轉 = 63
(2) 63 = 29 + 34
陰陽交叉，出 28、35 取代 29、34

中繼號碼：28，35

第五步：
第三組 30 轉換至
C 區

30 保持不變
陰陽互換，出 24、36 取代 30

中繼號碼：24，36

第六步：
第四組 24，18，12，6，
5，4，3，2，1，7，13
轉換至 A 區

(1) 24 ＋ 18 ＋ 12 ＋ 6 ＋ 5 ＋ 4
＋ 3 ＋ 2 ＋ 1 ＋ 7 ＋ 13 ＝
95 倒轉＝ 59
(2) 59 ＝ 1 ＋ 2 ＋ 3 ＋ 7 ＋ 8 ＋
9 ＋ 14 ＋ 15
陰陽變，出 13 取代 59

中繼號碼：13

第七步：
翻轉 7 個中繼號碼
中繼號碼翻轉後變成 7 個決勝
號碼（2，13，18，19，27，
31，32）

第八步：
任選一個號碼移位
選 13 移至 20

第九步：
任選一個號碼移位
選 27 移至 25

右圖棋盤上：
(1) 6 個實心圈圈號碼可視為准投注號碼
(2) 1 個空心圈圈號碼可視為准特別號

准投注號碼＝開獎號碼

頭獎注數：1

二獎注數：4

三獎注數：257

圖解 2013/10/7 日本樂透彩第 802 期

獎號：9，13，18，19，25，30　特：15

上期特別號＝ 32
因號碼循環排列，
32 與 31 相連且在
30 & 33 中間
選號座標：30 & 33

第一步：
在 43 棋盤外圍一圈上找出 333
且等於圓圈數字總和

(1) 30 倒轉＝ 03 ＝ 3
(2) 33 保持不變
則 30 & 33 ＝ 03 & 33 ＝ 3 & 33 ＝ 333
投注密碼：333

第二步：
找出 14 個先發號碼取代 333
並分成 4 組

第三步：
第一組 18 轉換至
C 區

$18 = 2 \times 9 = 29$
陰陽互換，出 28、30 取代 29

自行相乘變換數值

中繼號碼：28，30

第四步：
第二組 12，6，5，
4，3，2，1，7，
13，19 轉換至 A 區

(1) $12 + 6 + 5 + 4 + 3 + 2 + 1 + 7 + 13 + 19 = 72$
(2) $72 = 1 + 2 + 3 + 7 + 8 + 9 + 13 + 14 + 15$
陰陽變，不出任何數取代 72

第五步：
第三組 25 轉換至
B 區

(1) $25 = 2$ 個 $5 = 55$
(2) $55 = 4 + 5 + 6 + 11 + 12 + 17$
陰陽變，出 10、16、18 取代 55

中繼號碼：10，16，18

第六步：
第四組 31，37 轉換至
C 區

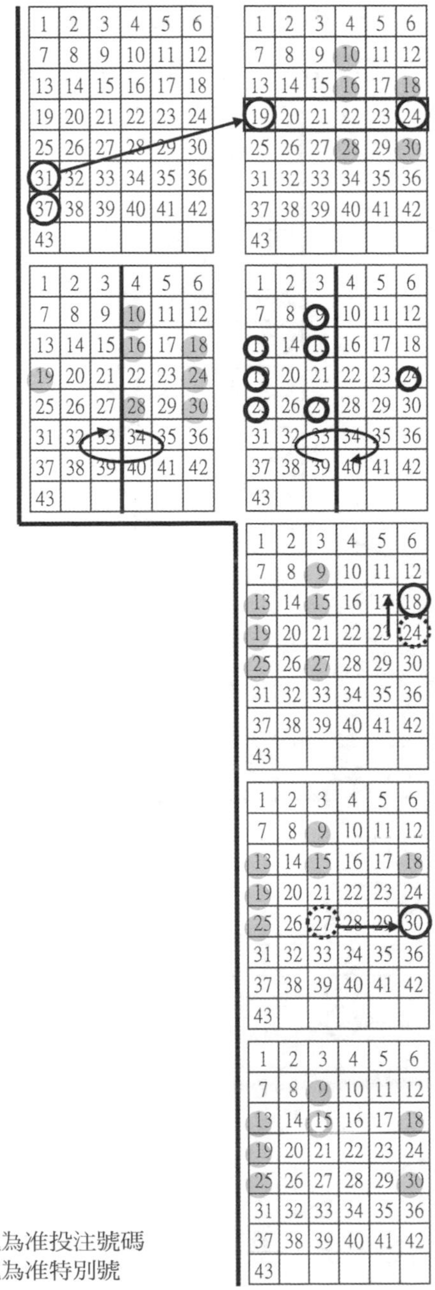

(1) 31 ＋ 37 ＝ 68 倒轉＝ 86
(2) 86 ＝ 20 ＋ 21 ＋ 22 ＋ 23
　　陰陽互換，出 19、24
　　取代 20、21、22、23

中繼號碼：19，24

第七步：
翻轉 7 個中繼號碼
中繼號碼翻轉後變成 7 個決勝
號碼（9，13，15，19，24，
25，27）

第八步：
任選一個號碼移位
選 24 移至 18

第九步：
任選一個號碼移位
選 27 移至 30

右圖棋盤上：
(1) 6 個實心圈圈號碼可視為准投注號碼
(2) 1 個空心圈圈號碼可視為准特別號

准投注號碼＝開獎號碼

頭獎注數：1

二獎注數：6

三獎注數：323

圖解 2013/10/10 日本樂透彩第 803 期

獎號：9，29，33，34，35，41　特：27

上期特別號＝ 15
15 與 9 相連且在
3 & 21 中間
選號座標：3 & 21

(1) 3 保持不變
(2) 21 = 2 個 1 = 11
則 3 & 21 = 3 & 11 = 311
投注密碼：311

第一步：
在 43 棋盤外圍一圈上找出 311
且等於圓圈數字總和

第二步：
找出 15 個先發號碼取代 311
並分成 4 組

第三步：
第一組 36 轉換至
C 區

36 保持不變
陰陽互換，出 30、42 取代 36

中繼號碼：30，42

第四步：
第二組 30，24，18，
12，6，5，4 轉換至
B 區

(1) 30 + 24 + 18 + 12 + 6 + 5 +
4 = 99
(2) 99 = 4 + 5 + 6 + 10 + 11 +
12 + 16 + 17 + 18
陰陽變，不出任何數取代 99

第五步：
第三組 3，2，1，
7，13 轉換至 C 區

(1) 3 + 2 + 1 + 7 + 13 = 26 = 2
個 6 = 66
(2) 66 = 19 + 21 + 26
陰陽交叉，出 20、25、27
取代 19、21、26

中繼號碼：20，25，27

第六步：
第四組 19，25 轉換至 A 區

(1) 19 ＋ 25 ＝ 44
(2) 44 ＝ 1 ＋ 2 ＋ 3 ＋ 7 ＋ 8 ＋
9 ＋ 14
陰陽變，出 13、15 取代 44

中繼號碼：13，15

第七步：
翻轉 7 個中繼號碼
中繼號碼翻轉後變成 7 個決勝號碼（7，9，27，29，34，39，41）

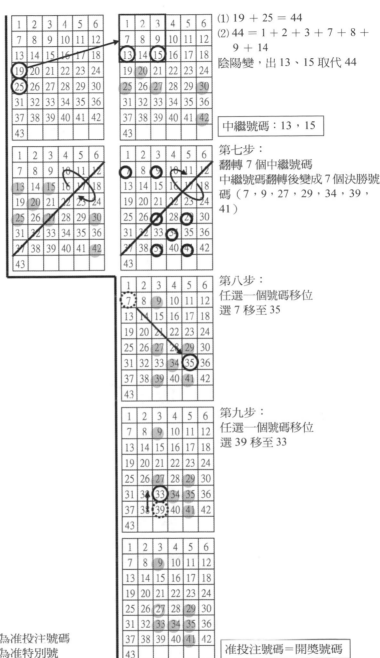

第八步：
任選一個號碼移位
選 7 移至 35

第九步：
任選一個號碼移位
選 39 移至 33

右圖棋盤上：
(1) 6 個實心圈圈號碼可視為准投注號碼
(2) 1 個空心圈圈號碼可視為准特別號

准投注號碼＝開獎號碼

頭獎注數：0

二獎注數：4

三獎注數：198

圖解 2013/10/14 日本樂透彩第 804 期

獎號：6，20，23，25，31，33　特：30

上期特別號＝ 27
27 與 33 相連且在
21 & 39 中間
選號座標：21 & 39

第一步：
在 43 棋盤外圍一圈上找出 336
且等於圓圈數字總和

(1) 21 ＝ 2 ＋ 1 ＝ 3
(2) 39 倒看＝ 36
則 21 & 39 ＝ 3 & 36 ＝ 336
投注密碼：336

第二步：
找出 14 個先發號碼取代 336
並分成 4 組

第三步：
第一組 36，30 轉換
至 C 區

36 ＋ 30 ＝ 66 ＝ 2 個 6 ＝ 26
陰陽互換，出 20、32 取代 26

中繼號碼：20，32

第四步：
第二組 24，18，
12，6，5 轉換至
A 區

(1) 24 ＋ 18 ＋ 12 ＋ 6 ＋ 5 ＝ 65 倒
轉＝ 56
(2) 56 ＝ 1 ＋ 3 ＋ 7 ＋ 8 ＋ 9 ＋ 13
＋ 15
陰陽變，出 2、14 取代 56

中繼號碼：2，14

第五步：
第三組 4，3，2，1
轉換至 C 區

4 ＋ 3 ＋ 2 ＋ 1 ＝ 10 ＝ 2×5 ＝ 25
陰陽互換，出 19、31 取代 25

自行相乘變換數值

中繼號碼：19，31

第六步：
第四組 7，13，19 轉換至
B 區

(1) 7 ＋ 13 ＋ 19 ＝ 39 倒轉 ＝ 93
(2) 93 ＝ 4 ＋ 5 ＋ 10 ＋ 11 ＋
 12 ＋ 16 ＋ 17 ＋ 18
 陰陽變，出 6 取代 93

中繼號碼：6

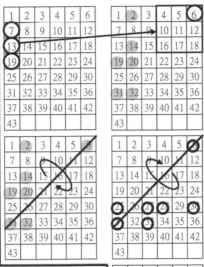

第七步：
翻轉 7 個中繼號碼
中繼號碼翻轉後變成 7 個決勝
號碼（6，25，27，28，30，
31，33）

第八步：
任選一個號碼移位
選 27 移至 20

第九步：
任選一個號碼移位
選 28 移至 23

右圖棋盤上：
(1) 6 個實心圈圈號碼可視為准投注號碼
(2) 1 個空心圈圈號碼可視為准特別號

准投注號碼＝開獎號碼

頭獎注數：2

二獎注數：3

三獎注數：208

圖解 2013/10/17 日本樂透彩第 805 期

獎號：2，14，19，22，24，43　特：6

上期特別號 ＝ 30
因號碼循環排列，
30 與 31 相連且在
29 & 32 中間
選號座標
29 & 32

第一步：
在 43 棋盤外圍一圈上找出 295
且等於圓圈數字總和

(1) 29 保持不變
(2) 32 ＝ 3 ＋ 2 ＝ 5
則 29 & 32 ＝ 29 & 5 ＝ 295
投注密碼：295

第二步：
找出 11 個先發號碼取代 295
並分成 4 組

第三步：
第一組 41，42 轉換
至 B 區

(1) 41 ＋ 42 ＝ 83
(2) 81 ＝ 4 ＋ 5 ＋ 6 ＋ 10 ＋ 11 ＋ 12 ＋ 17 ＋ 18
陰陽變，出 16 取代 83

中繼號碼：16

第四步：
第二組 36，30 轉換
至 C 區

36 ＋ 30 ＝ 66 ＝ 2 個 6 ＝ 26
陰陽互換，出 20、32 取代 26

中繼號碼：20，32

第五步：
第三組 24，18，12，6，5，4 轉換至 C 區

(1) 24 ＋ 18 ＋ 12 ＋ 6 ＋ 5 ＋ 4 ＝ 69
(2) 69 ＝ 34 ＋ 35
陰陽互換，出 33、36 取代 34、35

中繼號碼：33，36

第六步：
第四組 3 轉換至 A 區

自行相乘變換數值

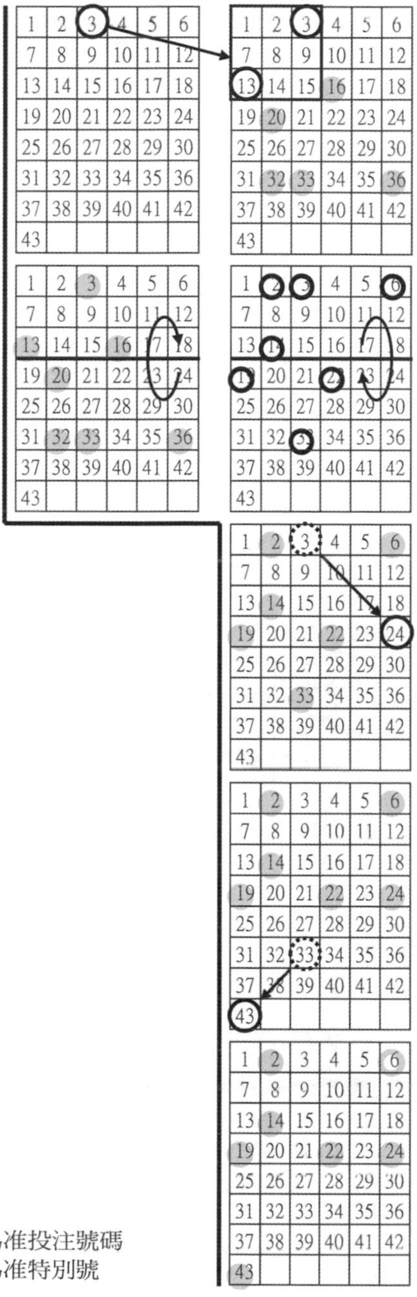

(1) 3 ＝ 03 倒轉 ＝ 30 ＝ 5×6 ＝
56
(2) 56 ＝ 1 ＋ 2 ＋ 7 ＋ 8 ＋ 9 ＋
14 ＋ 15
陰陽變，出 3、13 取代 56

中繼號碼：3，13

第七步：
翻轉 7 個中繼號碼
中繼號碼翻轉後變成 7 個決勝號
碼（2，3，6，14，19，22，
33）

第八步：
任選一個號碼移位
選 3 移至 24

第九步：
任選一個號碼移位
選 33 移至 43

右圖棋盤上：
(1) 6 個實心圈圈號碼可視為准投注號碼
(2) 1 個空心圈圈號碼可視為准特別號

准投注號碼＝開獎號碼

頭獎注數：1

二獎注數：8

三獎注數：226

圖解 2013/10/21 日本樂透彩第 806 期

獎號：3，16，19，25，39，40　　特：29

上期特別號＝ 6
因號碼循環排列，
6 在 11 & 1 中間
選號座標：11 & 1

(1) 11 ＝ 1 ＋ 1 ＝ 2
(2) 1 ＝ 01 倒轉＝ 10 ＝ 5×2 ＝ 52
則 11 & 1 ＝ 2 & 10 ＝ 2 & 52 ＝ 252
投注密碼：252

第一步：
在 43 棋盤外圍一圈上找出 252
且等於圓圈數字總和

第二步：
找出 14 個先發號碼取代 252
並分成 4 組

第三步：
第一組 1，2，3，4，
5，6，12，18，24 轉
換至 A 區

(1) 1 ＋ 2 ＋ 3 ＋ 4 ＋ 5 ＋ 6 ＋ 12 ＋
18 ＋ 24 ＝ 75 倒轉＝ 57
(2) 57 ＝ 1 ＋ 2 ＋ 3 ＋ 7 ＋ 8 ＋ 9 ＋
13 ＋ 14
陰陽變，出 15 取代 57

中繼號碼：15

第四步：
第二組 30，36 轉換
至 C 區

(1) 30 ＋ 36 ＝ 66 ＝ 2 個 6 ＝ 62
(2) 62 ＝ 28 ＋ 34
陰陽互換，出 22、40 取代 28、34

中繼號碼：22，40

第五步：
第三組 42，41 轉換
至 B 區

(1) 42 ＋ 41 ＝ 83
(2) 83 ＝ 4 ＋ 5 ＋ 6 ＋ 10 ＋ 11
＋ 12 ＋ 17 ＋ 18
陰陽變，出 16 取代 83

中繼號碼：16

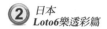
第六步：
第四組 40 轉換至 C 區

自行相乘變換數值

(1) 40 ＝ 8×5 ＝ 85
(2) 85 ＝ 26 ＋ 27 ＋ 32
陰陽互換，出 25、31、33
取代 26、27、32

中繼號碼：25，31，33

第七步：
翻轉 7 個中繼號碼
中繼號碼翻轉後變成 7 個
決勝號碼（16，19，21，
25，34，39，40）

第八步：
仕選一個號碼移位
選 21 移至 3

第九步：
任選一個號碼移位
選 34 移至 29

右圖棋盤上：
(1) 6 個實心圈圈號碼可視為准投注號碼
(2) 1 個空心圈圈號碼可視為准特別號

准投注號碼＝開獎號碼

頭獎注數：0

二獎注數：1

三獎注數：259

圖解 2013/10/24 日本樂透彩第 807 期

獎號：1，6，12，20，22，23　特：27

上期特別號＝ 29
29 在 35 & 23 中間
選號座標：35 & 23

第一步：
在 43 棋盤外圍一圈上找出 355
且等於圓圈數字總和

(1) 35 保持不變
(2) 23 ＝ 2 ＋ 3 ＝ 5
則 35 & 23 ＝ 35 & 5 ＝ 355
投注密碼：355

第二步：
找出 13 個先發號碼取代 355
並分成 4 組

第三步：
第一組 36，30 轉換
至 C 區

(1) 36 ＋ 30 ＝ 66
(2) 66 ＝ 24 ＋ 42
陰陽互換，出 24、42 取代 30、36

中繼號碼：24，42

第四步：
第二組 24，18，12
轉換至 B 區

(1) 24 ＋ 18 ＋ 12 ＝ 54 倒轉 ＝ 45 ＝
9×5 ＝ 95
(2) 95 ＝ 5 ＋ 6 ＋ 10 ＋ 11 ＋ 12 ＋
16 ＋ 17 ＋ 18
陰陽變，出 4 取代 95

中繼號碼：4

自行相乘變換數值

第五步：
第三組 6，5，4
轉換至 C 區

(1) 6 ＋ 5 ＋ 4 ＝ 15 倒轉 ＝ 51
(2) 51 ＝ 23 ＋ 28
陰陽交叉，出 22、29 取代 23、28

中繼號碼：22，29

第六步：
第四組 3，2，1，7，13
轉換至 A 區

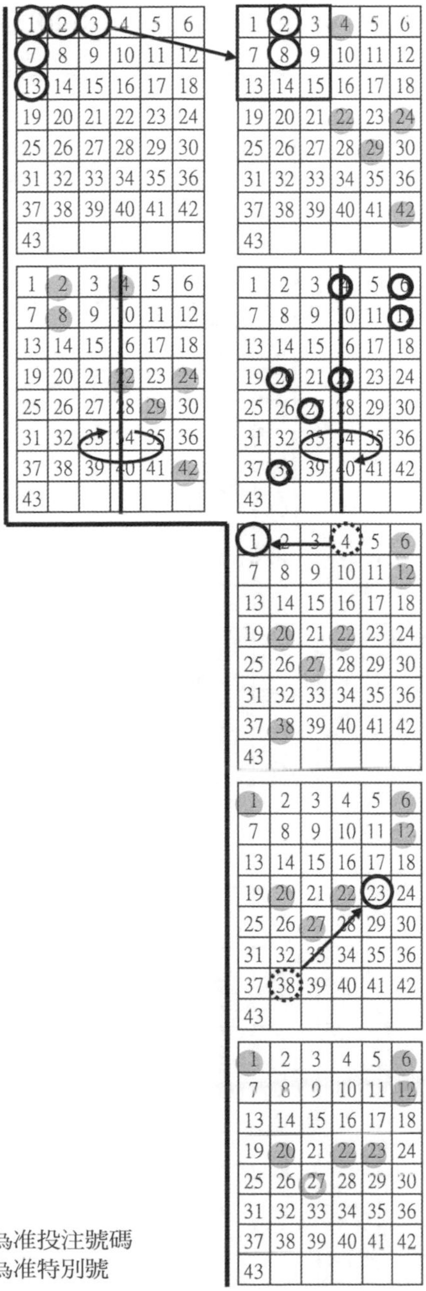

(1) 3 ＋ 2 ＋ 1 ｜ 7 ＋ 13 － 26
　　倒轉 ＝ 62
(2) 62 ＝ 1 ＋ 3 ＋ 7 ＋ 9 ＋ 13
　　＋ 14 ＋ 15
陰陽變，出 2、8 取代 62

中繼號碼：2，8

第七步：
翻轉 7 個中繼號碼
中繼號碼翻轉後變成 7 個決勝號
碼（4，6，12，20，22，27，
38）

第八步：
任選一個號碼移位
選 4 移至 1

第九步：
任選一個號碼移位
選 38 移至 23

右圖棋盤上：
(1) 6 個實心圈圈號碼可視為准投注號碼
(2) 1 個空心圈圈號碼可視為准特別號

准投注號碼＝開獎號碼

頭獎注數：1

二獎注數：14

三獎注數：479

圖解 2013/10/28 日本樂透彩第 808 期

獎號：13，18，22，28，41，42　特：26

上期特別號＝27
27 在 21 & 33 中間
選號座標：21 & 33

第一步：
在 43 棋盤外圍一圈上找出 333
且等於圓圈數字總和

(1) 21 ＝ 2 ＋ 1 ＝ 3
(2) 33 保持不變
則 21 & 33 ＝ 3 & 33 ＝ 333
投注密碼：333

第二步：
找出 14 個先發號碼取代 333
並分成 4 組

第三步：
第一組 18 轉換至
B 區

(1) 18 倒轉＝ 81 ＝ 9×9 ＝ 99
(2) 99 ＝ 4 ＋ 5 ＋ 6 ＋ 10 ＋ 11 ＋
12 ＋ 16 ＋ 17 ＋ 18
陰陽變，不出任何數取代 99

自行相乘變換數值

第四步：
第二組 12，6，5，
4，3，2，1，7，
13，19 轉換至 C 區

(1) 12 ＋ 6 ＋ 5 ＋ 4 ＋ 3 ＋ 2 ＋ 1 ＋
7 ＋ 13 ＋ 19 ＝ 72 倒轉＝ 27
陰陽互換，出 21、33 取代 27

中繼號碼：21，33

第五步：
第三組 25 轉換至
A 區

(1) 25 倒轉＝ 52
(2) 52 ＝ 1 ＋ 2 ＋ 3 ＋ 8 ＋ 9 ＋ 14
＋ 15
陰陽變，出 7、13 取代 52

中繼號碼：7，13

第六步：
第四組 31，37 轉換至
C 區

(1) 31 ｜ 37 ＝ 68 倒轉 ─ 86
(2) 86 ＝ 23 ＋ 28 ＋ 35
　　陰陽交叉，出 22、29、34
　　取代 23、28、35

中繼號碼：22，29，34

第七步：
翻轉 7 個中繼號碼
中繼號碼翻轉後變成 7 個決
勝號碼（15，20，22，26，
28，41，42）

第八步：
任選一個號碼移位
選 15 移至 18

第九步：
任選一個號碼移位
選 20 移至 13

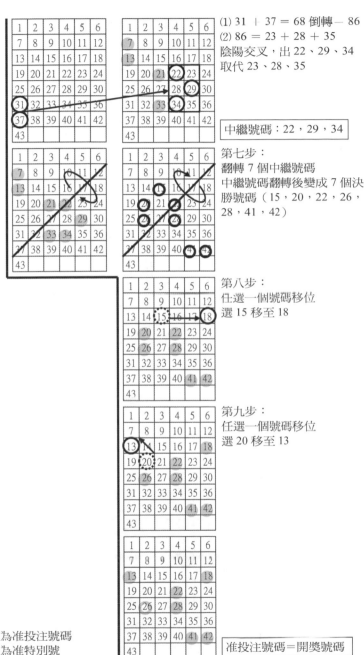

右圖棋盤上：
(1) 6 個實心圈圈號碼可視為准投注號碼
(2) 1 個空心圈圈號碼可視為准特別號

准投注號碼＝開獎號碼

頭獎注數：0

二獎注數：8

三獎注數：226

圖解 2013/10/31 日本樂透彩第 809 期

獎號：2，11，20，31，32，37　特：17

上期特別號 = 26
26 在 33 & 19 中間
選號座標：33 & 19

(1) 33 = 2 個 3 = 23
(2) 19 倒看 = 61 = 6 + 1 = 7
則 33 & 19 = 23 & 61 = 23 & 7 = 237
投注密碼：237

第一步：
在 43 棋盤外圍一圈上找出 237
且等於圓圈數字總和

第二步：
找出 7 個先發號碼取代 237
並分成 4 組

第三步：
第一組 36 轉換至
C 區

(1) 36 倒轉 = 63
(2) 63 = 29 + 34
陰陽交叉，出 28、35 取代 29、34

中繼號碼：28，35

第四步：
第二組 42，41 轉換
至 A 區

(1) 42 + 41 = 83 倒轉 = 38
(2) 38 = 1 + 2 + 3 + 8 + 9 + 15
陰陽變，出 7、13、14 取代 38

中繼號碼：7，13，14

第五步：
第三組 40，39 轉換
至 C 區

(1) 40 + 39 = 79
(2) 79 = 38 + 41
陰陽互換，出 38、41 取代 39、40

中繼號碼：38，41

第六步：
第四組 38，43 轉換至
B 區

自行相乘變換數值

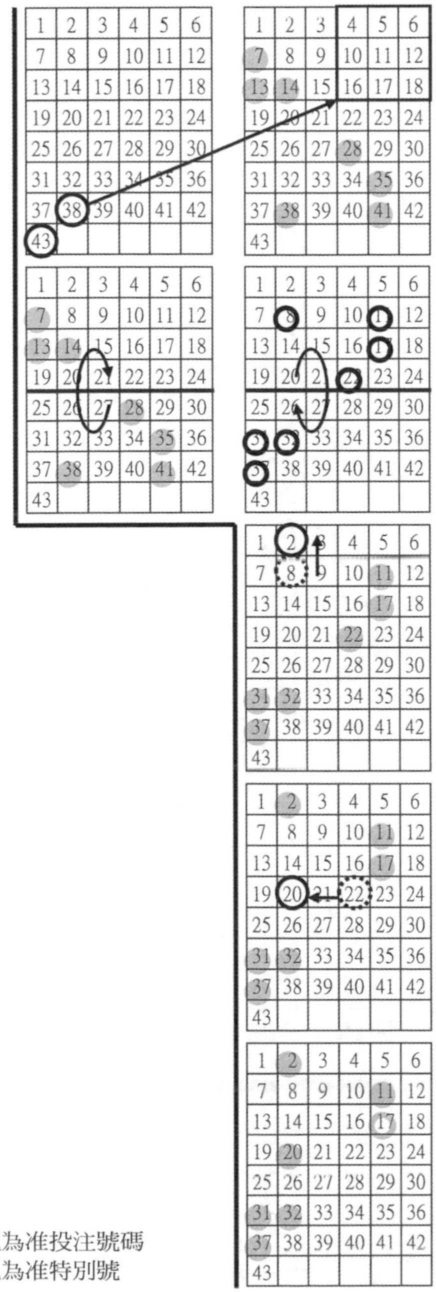

(1) 38 ｜ 43 = 81 － 9×9 = 99
(2) 99 = 4 + 5 + 6 + 10 + 11
　　　+ 12 + 16 + 17 + 18
陰陽變，不出任何數取代 99

第七步：
翻轉 7 個中繼號碼
中繼號碼翻轉後變成 7 個決勝
號碼（8，11，17，22，31，
32，37）

第八步：
任選一個號碼移位
選 8 移至 2

第九步：
任選一個號碼移位
選 22 移至 20

右圖棋盤上：
(1) 6 個實心圈圈號碼可視為准投注號碼
(2) 1 個空心圈圈號碼可視為准特別號

准投注號碼＝開獎號碼

頭獎注數：3

二獎注數：5

三獎注數：284

圖解 2013/11/4 日本樂透彩第 810 期

獎號：3，31，32，38，39，40　特：37

上期特別號＝ 17
17 在 18 & 16 中間
選號座標：18 & 16

第一步：
在 43 棋盤外圍一圈上找出 279
且等於圓圈數字總和

(1) 18 ＝ 2×9 ＝ 29
(2) 16 ＝ 1 ＋ 6 ＝ 7
(3) 將 7 置入 29 中間＝ 2（7）9 ＝ 279
投注密碼：279

第二步：
找出 16 個先發號碼取代 279
並分成 4 組

第三步：
第一組 30，24，18
轉換至 A 區

(1) 30 ＋ 24 ＋ 18 ＝ 72
(2) 72 ＝ 1 ＋ 2 ＋ 3 ＋ 7 ＋ 8 ＋ 9 ＋
13 ＋ 14 ＋ 15
陰陽變，不出任何數取代 72

第四步：
第二組 12，6，5，
4，3，2，1，7轉換
至 B 區

(1) 12 ＋ 6 ＋ 5 ＋ 4 ＋ 3 ＋ 2 ＋ 1 ＋
7 ＝ 40 ＝ 5×8 ＝ 58
(2) 58 ＝ 4 ＋ 5 ＋ 6 ＋ 10 ＋ 16 ＋ 17
陰陽變，出 11、12、18 取代 58

自行相乘變換數值

中繼號碼：11，12，18

第五步：
第三組 13，19，25
轉換至 C 區

(1) 13 ＋ 19 ＋ 25 ＝ 57
(2) 57 ＝ 28 ＋ 29
陰陽互換，出 27、30 取代 28、29

中繼號碼：27，30

第六步：
第四組 31，37 轉換至
C 區

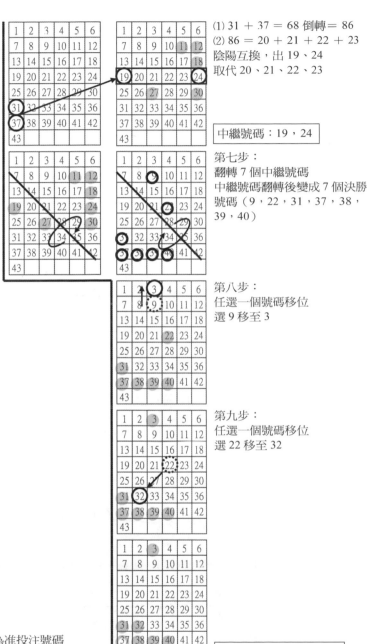

(1) 31 ＋ 37 ＝ 68 倒轉＝ 86
(2) 86 ＝ 20 ＋ 21 ＋ 22 ＋ 23
陰陽互換，出 19、24
取代 20、21、22、23

中繼號碼：19，24

第七步：
翻轉 7 個中繼號碼
中繼號碼翻轉後變成 7 個決勝
號碼（9，22，31，37，38，
39，40）

第八步：
任選一個號碼移位
選 9 移至 3

第九步：
任選一個號碼移位
選 22 移至 32

右圖棋盤上：
(1) 6 個實心圈圈號碼可視為准投注號碼
(2) 1 個空心圈圈號碼可視為准特別號

准投注號碼＝開獎號碼

頭獎注數：4

二獎注數：5

三獎注數：151

圖解 2013/11/7 日本樂透彩第 811 期

獎號：2，6，20，24，31，40　特：34

上期特別號 = 37
因號碼循環排列，
37 與 32 相連且在
42 & 27 中間
選號座標：42 & 27

第一步：
在 43 棋盤外圍一圈上找出 294
且等於圓圈數字總和

(1) 42 倒轉 = 24
(2) 27 = 2 + 7 = 9
(3) 將 9 置入 24 中間 = 2（9）4 = 294
投注密碼：294

第二步：
找出 15 個先發號碼取代 294
並分成 4 組

第三步：
第一組 42，36 轉換
至 A 區

(1) 42 + 36 = 78 = 7×8 = 56 倒
轉 = 65
(2) 65 = 1 + 2 + 3 + 8 + 9 + 13
+ 14 + 15
陰陽變，出 7 取代 65

自行相乘變換數值

中繼號碼：7

第四步：
第二組 30，24 轉換
至 C 區

(1) 30 + 24 = 54 倒轉 = 45
(2) 45 = 22 + 23
陰陽互換，出 21、24 取代 22、23

中繼號碼：21，24

第五步：
第三組 18，12，6，
5，4，3，2，1，7
轉換至 B 區

(1) 18 + 12 + 6 + 5 + 4 + 3 + 2
+ 1 + 7 = 58 倒轉 = 85
(2) 85 = 5 + 6 + 11 + 12 + 16 +
17 + 18
陰陽變，出 4、10 取代 85

中繼號碼：4，10

第六步：
第四組 13，19 轉換至 C 區

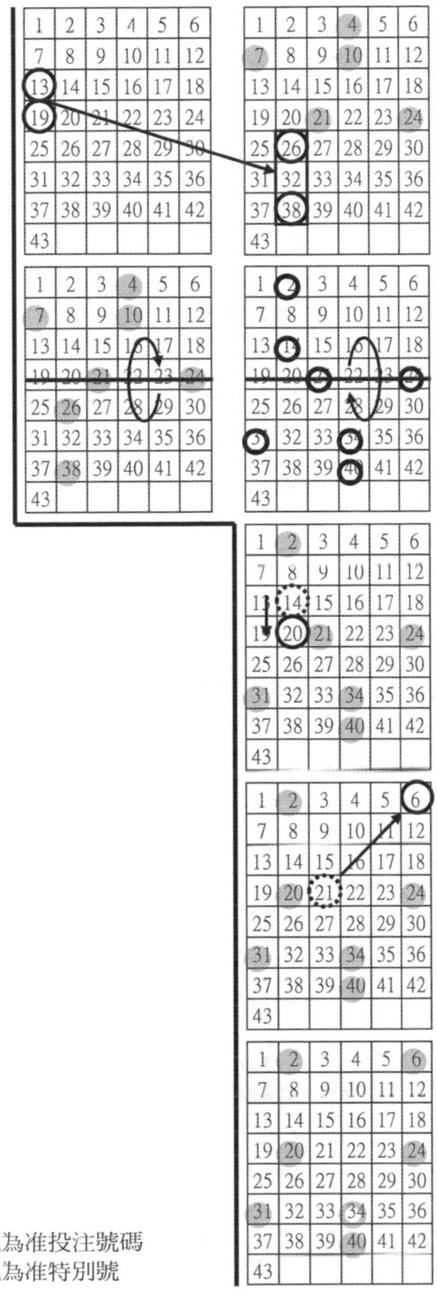

$13 ＋ 19 ＝ 32$
陰陽互換，出 26、38 取代 32

中繼號碼：26，38

第七步：
翻轉 7 個中繼號碼
中繼號碼翻轉後變成 7 個決勝號碼（2，14，21，24，31，34，40）

第八步：
任選一個號碼移位
選 14 移至 20

第九步：
任選一個號碼移位
選 21 移至 6

右圖棋盤上：
(1) 6 個實心圈圈號碼可視為准投注號碼
(2) 1 個空心圈圈號碼可視為准特別號

准投注號碼＝開獎號碼

頭獎注數：1

二獎注數：8

三獎注數：239

圖解 2013/11/11 日本樂透彩第 812 期

獎號：1，12，15，26，34，40　特：22

上期特別號＝ 34
因號碼循環排列，
34 與 40 相連且在
3 & 28 中間
選號座標：3 & 28

第一步：
在 43 棋盤外圍一圈上找出 316
且等於圓圈數字總和

(1) 3 保持不變
(2) 28 ＝ 2×8 ＝ 16
則 3 & 28 ＝ 3 & 16 ＝ 316
投注密碼：316

第二步：
找出 15 個先發號碼取代 316
並分成 4 組

第三步：
第一組 30，24，18
轉換至 B 區

(1) 30 ＋ 24 ＋ 18 ＝ 72 ＝ 2 個 7 ＝ 77
(2) 77 ＝ 4 ＋ 5 ＋ 10 ＋ 11 ＋ 12 ＋ 17 ＋ 18
陰陽變，出 6、16 取代 77

中繼號碼：6，16

第四步：
第二組 12，6，5，4，3，2，1 轉換至 C 區

12 ＋ 6 ＋ 5 ＋ 4 ＋ 3 ＋ 2 ＋ 1 ＝ 33 ＝ 2 個 3 ＝ 32
陰陽互換，出 26、38 取代 32

中繼號碼：26，38

第五步：
第三組 7，13，19 轉換至 C 區

7 ＋ 13 ＋ 19 ＝ 39 ＝ 3×9 ＝ 27
陰陽互換，出 21、33 取代 27

自行相乘變換數值

中繼號碼：21，33

第六步：
第四組 25，31 轉換至
A 區

(1) 25 ＋ 31 ＝ 56 倒轉＝ 65
(2) 65 ＝ 1 ＋ 2 ＋ 3 ＋ 8 ＋ 9 ＋
　　13 ＋ 14 ＋ 15
陰陽變，出 7 取代 65

中繼號碼：7

第七步：
翻轉 7 個中繼號碼
中繼號碼翻轉後變成 7 個決勝
號碼（1，12，15，22，29，
34，41）

第八步：
任選一個號碼移位
選 29 移至 26

第九步：
任選一個號碼移位
選 41 移至 40

右圖棋盤上：
(1) 6 個實心圈圈號碼可視為准投注號碼
(2) 1 個空心圈圈號碼可視為准特別號

准投注號碼＝開獎號碼

頭獎注數：0

二獎注數：4

三獎注數：225

圖解 2013/11/14 日本樂透彩第 813 期

獎號：9，10，12，13，28，38　特：39

上期特別號＝ 22
22 在 21 & 23 中間
選號座標：21 & 23

第一步：
在 43 棋盤外圍一圈上找出 333
且等於圓圈數字總和

(1) 21 ＝ 2 ＋ 1 ＝ 3
(2) 23 ＝ 2 個 3 ＝ 33
則 21 & 23 ＝ 3 & 33 ＝ 333
投注密碼：333

第二步：
找出 14 個先發號碼取代 333
並分成 4 組

第三步：
第一組 18 轉換至
B 區

(1) 18 倒轉＝ 81
(2) 81 ＝ 4 ＋ 5 ＋ 6 ＋ 10 ＋ 11 ＋
　　12 ＋ 16 ＋ 17
　　陰陽變，出 18 取代 81

中繼號碼：18

第四步：
第二組 12，6，5，
4，3，2，1 轉換至
C 區

(1) 12 ＋ 6 ＋ 5 ＋ 4 ＋ 3 ＋ 2 ＋ 1 ＝
　　33 ＝ 2 個 3 ＝ 32 ＝ 8×4 ＝ 84
(2) 84 ＝ 26 ＋ 27 ＋ 31
　　陰陽交叉，出 25、32、33
　　取代 26、27、31

自行相乘變換數值

中繼號碼：25，32，33

第五步：
第三組 7，13，19，
25 轉換至 A 區

(1) 7 ＋ 13 ＋ 19 ＋ 25 ＝ 64
(2) 64 ＝ 1 ＋ 2 ＋ 3 ＋ 7 ＋ 9 ＋ 13
　　＋ 14 ＋ 15
　　陰陽變，出 8 取代 64

中繼號碼：8

第六步：
第四組 31，37 轉換至
C 區

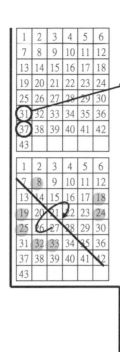

(1) 31 ＋ 37 ＝ 68 倒轉＝ 86
(2) 86 ＝ 20 ＋ 21 ＋ 22 ＋ 23
陰陽互換，出 19、24
取代 20、21、22、23

中繼號碼：19，24

第七步：
翻轉 7 個中繼號碼
中繼號碼翻轉後變成 7 個決勝
號碼（9，10，13，17，23，
38，39）

第八步：
任選　個號碼移位
選 17 移至 12

第九步：
任選一個號碼移位
選 23 移全 28

右圖棋盤上：
(1) 6 個實心圈圈號碼可視為准投注號碼
(2) 1 個空心圈圈號碼可視為准特別號

准投注號碼＝開獎號碼

頭獎注數：3

二獎注數：7

三獎注數：410

圖解 2013/11/18 日本樂透彩第 814 期

獎號：4，7，15，23，38，42　特：1

上期特別號 = 39
39 與 38 相連且在
37 & 40 中間
選號座標：37 & 40

第一步：
在 43 棋盤外圍一圈上找出 347
且等於圓圈數字總和

(1) 37 保持不變
(2) 40 倒轉 = 04 = 4
(3) 將 4 置入 37 中間 = 3（4）7 = 347
投注密碼：347

第二步：
找出 14 個先發號碼取代 347
並分成 4 組

第三步：
第一組 30，24 轉換
至 C 區

(1) 30 + 24 = 54 倒轉 = 45
(2) 45 = 20 + 25
陰陽交叉，出 19、26 取代 20、25

中繼號碼：19，26

第四步：
第二組 18，12，6，
5 轉換至 C 區

雙胞胎自行相加

(1) 18 + 12 + 6 + 5 = 41 倒轉 =
14 = 7 + 7 = 77
(2) 77 = 38 + 39
陰陽互換，出 37、40 取代 38、39

中繼號碼：37，40

第五步：
第三組 4，3，2，
1，7，13，19 轉換
至 B 區

(1) 4 + 3 + 2 + 1 + 7 + 13 + 19
= 49 倒轉 = 94
(2) 94 = 4 + 6 + 10 + 11 + 12 +
16 + 17 + 18
陰陽變，出 5 取代 94

中繼號碼：5

第六步：
第四組 25 轉換至 C 區

(1) 25 ＝ 2 個 5 ＝ 55
(2) 55 ＝ 1 ＋ 3 ＋ 7 ＋ 8 ＋ 9 ＋
　　 13 ＋ 14
陰陽變，出 2、15 取代 55

中繼號碼：2，15

第七步：
翻轉 7 個中繼號碼
中繼號碼翻轉後變成 7 個決勝號
碼（1，4，15，23，28，38，
41）

第八步：
任選一個號碼移位
選 28 移至 7

第九步：
任選一個號碼移位
選 41 移至 42

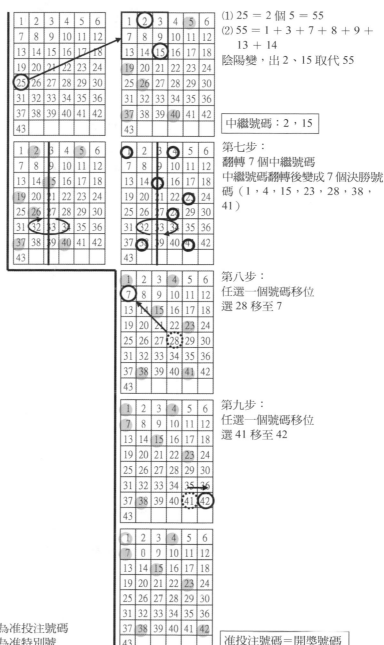

准投注號碼＝開獎號碼

右圖棋盤上：
(1) 6 個實心圈圈號碼可視為准投注號碼
(2) 1 個空心圈圈號碼可視為准特別號

頭獎注數：5

二獎注數：18

三獎注數：472

圖解 2013/11/21 日本樂透彩第 815 期

獎號：1，2，6，24，25，41　特：29

上期特別號＝1
因號碼循環排列，
1 與 38，7 相連且在
13 & 32 中間
選號座標：13 & 32

(1) 13 倒轉＝31
(2) 32 ＝ 3×2 ＝ 6
則 13 & 32 ＝ 31 & 6 ＝ 316
投注密碼：316

第一步：
在 43 棋盤外圍一圈上找出 316
且等於圓圈數字總和

第二步：
找出 15 個先發號碼取代 316
並分成 4 組

第三步：
第一組 30，24 轉換
至 C 區

(1) 30 ＋ 24 ＝ 54 倒轉＝ 45
(2) 45 ＝ 20 ＋ 25
陰陽交叉，出 19、26 取代 20、25

中繼號碼：19，26

第四步：
第二組 18，12，6，
5 轉換至 C 區

18 ＋ 12 ＋ 6 ＋ 5 ＝ 41
陰陽互換，出 40、42 取代 41

中繼號碼：40，42

第五步：
第三組 4，3，2，
1，7 轉換至 A 區

(1) 4 ＋ 3 ＋ 2 ＋ 1 ＋ 7 ＝ 17 倒轉
＝ 71
(2) 71 ＝ 2 ＋ 3 ＋ 7 ＋ 8 ＋ 9 ＋ 13
＋ 14 ＋ 15
陰陽變，出 1 取代 71

中繼號碼：1

第六步：
第四組 13，19，25，31
轉換至 B 區

(1) 13 + 19 + 25 + 31 = 88
(2) 88 = 4 + 10 + 11 + 12 +
16 + 17 + 18
陰陽變，出 5、6 取代 88

中繼號碼：5，6

第七步：
翻轉 7 個中繼號碼
中繼號碼翻轉後變成 7 個決勝
號碼（1，2，6，24，29，37，
39）

第八步：
任選一個號碼移位
選 37 移至 25

第九步：
任選一個號碼移位
選 39 移至 41

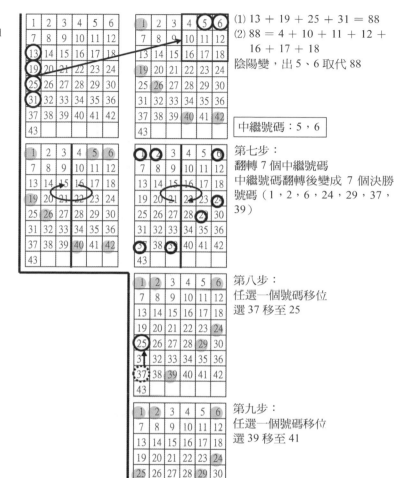

右圖棋盤上：
(1) 6 個實心圈圈號碼可視為准投注號碼
(2) 1 個空心圈圈號碼可視為准特別號

准投注號碼＝開獎號碼

頭獎注數：1

二獎注數：9

三獎注數：313

圖解 2013/11/25 日本樂透彩第 816 期

獎號：5，14，19，24，27，37　特：9

上期特別號 ＝ 29
29 在 28 ＆ 30 中間
選號座標：28 ＆ 30

(1) 28 保持不變
(2) 30 倒轉 ＝ 03 ＝ 3
(3)將 3 置入 28 中間 ＝ 2（3）8 ＝ 238
投注密碼：238

第一步：
在 43 棋盤外圍一圈上找出 238 且
等於圓圈數字總和

第二步：
找出 17 個先發號碼取代 238
並分成 4 組

第三步：
第一組 42，36 轉換
至 C 區

(1) 42 ＋ 36 ＝ 78 倒轉 ＝ 87
(2) 87 ＝ 27 ＋ 28 ＋ 32
陰陽交叉，出 26、33、34
取代 27、28、32

中繼號碼：26，33，34

第四步：
第二組 30，24，
18，12，6，5，4
轉換至 B 區

(1) 30 ＋ 24 ＋ 18 ＋ 12 ＋ 6 ＋ 5 ＋
4 ＝ 99
(2) 99 ＝ 4 ＋ 5 ＋ 6 ＋ 10 ＋ 11 ＋
12 ＋ 16 ＋ 17 ＋ 18
陰陽變，不出任何數取代 99

第五步：
第三組 3，2，1，
7，13，19 轉換至
C 區

(1) 3 ＋ 2 ＋ 1 ＋ 7 ＋ 13 ＋ 19 ＝ 45
(2) 45 ＝ 22 ＋ 23
陰陽互換，出 21、24 取代 22、23

中繼號碼：21，24

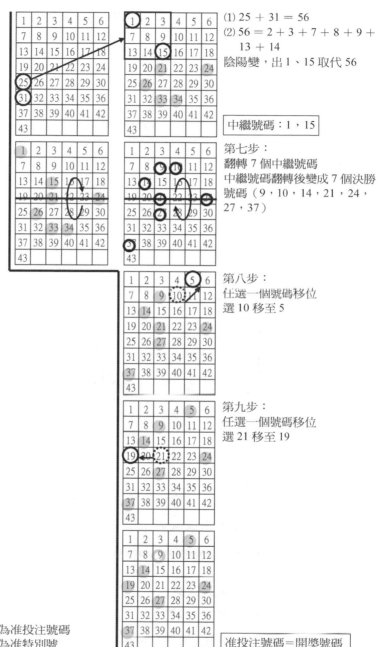

第六步：
第四組 25，31 轉換至
A 區

(1) 25 ＋ 31 ＝ 56
(2) 56 ＝ 2 ＋ 3 ＋ 7 ＋ 8 ＋ 9 ＋
13 ＋ 14
陰陽變，出 1、15 取代 56

中繼號碼：1，15

第七步：
翻轉 7 個中繼號碼
中繼號碼翻轉後變成 7 個決勝
號碼（9，10，14，21，24，
27，37）

第八步：
任選一個號碼移位
選 10 移至 5

第九步：
任選一個號碼移位
選 21 移至 19

右圖棋盤上：
(1) 6 個實心圈圈號碼可視為准投注號碼
(2) 1 個空心圈圈號碼可視為准特別號

准投注號碼＝開獎號碼

頭獎注數：2

二獎注數：10

三獎注數：327

圖解 2013/11/28 日本樂透彩第 817 期

獎號：16，21，27，32，34，43　特：42

上期特別號 = 9
因號碼循環排列，
9 與 14、19、24
相連且在 29 & 4
中間
選號座標：29 & 4

29 & 4 = 294
投注密碼：294

第一步：
在 43 棋盤外圍一圈上找出 294
且等於圓圈數字總和

第二步：
找出 15 個先發號碼取代 294
並分成 4 組

第三步：
第一組 42，36 轉換
至 C 區

(1) 42 + 36 = 78
(2) 78 = 23 + 27 + 28
陰陽交叉，出 21、22、29
取代 23、27、28

中繼號碼：21，22，29

第四步：
第二組 30，24，18
轉換至 B 區

(1) 30 + 24 + 18 = 72
(2) 72 = 4 + 5 + 6 + 11 + 12 + 16 + 18
陰陽變，出 10、17 取代 72

中繼號碼：10，17

第五步：
第三組 12，6，5，4，3，2，1 轉換至 C 區

12 + 6 + 5 + 4 + 3 + 2 + 1 = 33
= 2 個 3 = 32
陰陽互換，出 26、38 取代 32

中繼號碼：26，38

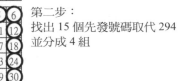

第六步：
第四組 7，13，19 轉換至
A 區

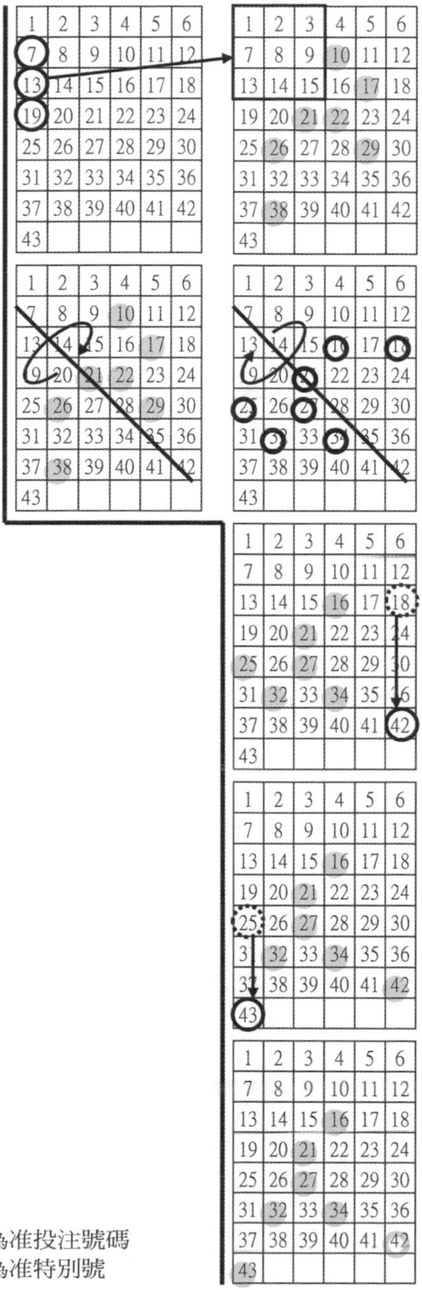

自行相乘變換數值

(1) 7 ＋ 13 ＋ 19 ＝ 39 ＝ 3×9
　　＝ 27 倒轉＝ 72
(2) 72 ＝ 1 ＋ 2 ＋ 3 ＋ 7 ＋ 8 ＋
　　9 ＋ 13 ＋ 14 ＋ 15
陰陽變，不出任何數取代 72

第七步：
翻轉 7 個中繼號碼
中繼號碼翻轉後變成 7 個
決勝號碼（16，18，21，
25，27，32，34）

第八步：
任選一個號碼移位
選 18 移至 42

第九步：
任選一個號碼移位
選 25 移至 43

右圖棋盤上：
(1) 6 個實心圈圈號碼可視為准投注號碼
(2) 1 個空心圈圈號碼可視為准特別號

准投注號碼＝開獎號碼

頭獎注數：1

二獎注數：1

三獎注數：273

圖解 2013/12/2 日本樂透彩第 818 期

獎號：5，21，24，34，37，38　特：16

上期特別號＝42
因號碼循環排列，
42 在 37 & 4 中間
選號座標：37 & 4

將 4 置入 37 中間＝3（4）7 ＝ 347
投注密碼：347

第一步：
在 43 棋盤外圍一圈上找出 347
且等於圓圈數字總和

第二步：
找出 14 個先發號碼取代 347
並分成 4 組

第三步：
第一組 30，24，18
轉換至 A 區

第一組轉換至 A 區
(1) 30 + 24 + 18 = 72
(2) 72 = 1 + 2 + 3 + 7 + 8 + 9 + 13 + 14 + 15
陰陽變，不出任何數取代 72

第四步：
第二組 12 轉換至 B 區

(1) 12 倒轉 = 21 = 7×3 = 73
(2) 73 = 4 + 5 + 6 + 11 + 12 + 17 + 18
陰陽變，出 10、16 取代 73

中繼號碼：10，16

自行相乘變換數值

第五步：
第三組 6，5，4
轉換至 C 區

(1) 6 + 5 + 4 = 15 倒轉 = 51
(2) 51 = 22 + 29
陰陽交叉，出 23、28 取代 22、29

中繼號碼：23，28

第六步：
第四組 3，2，1，7，
13，19，25 轉換至 C 區

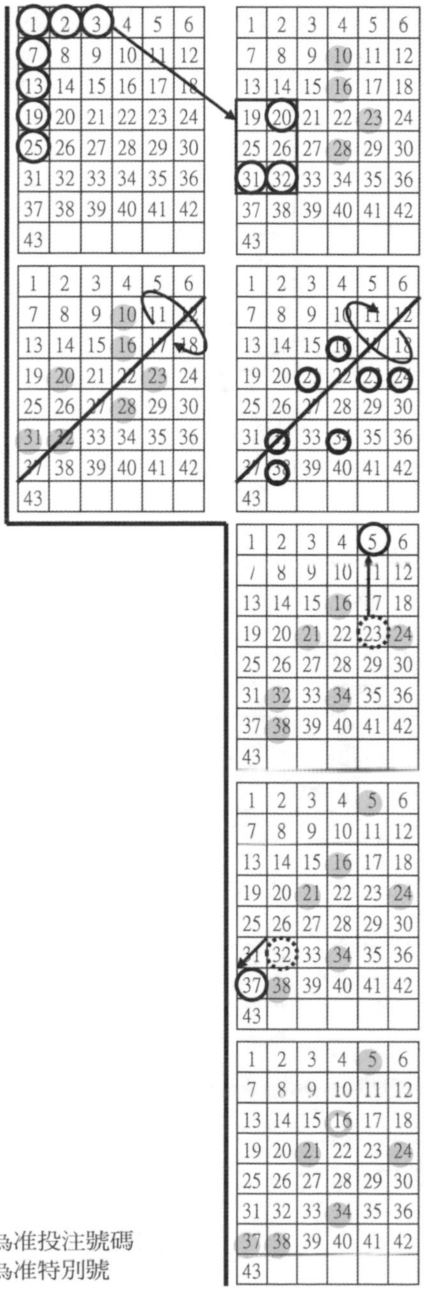

(1) 3 + 2 + 1 + 7 + 13 ｜ 19
　 + 25 = 70
(2) 70 = 19 + 25 + 26
陰陽互換，出 20、31、32
取代 19、25、26

中繼號碼：20，31，32

第七步：
翻轉 7 個中繼號碼
中繼號碼翻轉後變成 7 個
決勝號碼（16，21，23，
24，32，34，38）

第八步：
任選一個號碼移位
選 23 移至 5

第九步：
任選一個號碼移位
選 32 移至 37

右圖棋盤上：
(1) 6 個實心圈圈號碼可視為准投注號碼
(2) 1 個空心圈圈號碼可視為准特別號

准投注號碼＝開獎號碼

頭獎注數：0

二獎注數：7

三獎注數：179

圖解 2013/12/5 日本樂透彩第 819 期

獎號：10，19，23，25，30，40　特：14

上期特別號＝ 16
16 在 9 & 23 中間
選號座標：9 & 23

(1) 9 ＝ 3×3 ＝ 33
(2) 23 ＝ 2×3 ＝ 6
則 9 & 23 ＝ 33 & 6 ＝ 336
投注密碼：336

第一步：
在 43 棋盤外圍一圈上找出 336
且等於圓圈數字總和

第二步：
找出 14 個先發號碼取代 336
並分成 4 組

第三步：
第一組 36 轉換至
C 區

(1) 36 倒轉 ＝ 63
(2) 63 ＝ 20 ＋ 21 ＋ 22
陰陽互換，出 19、23
取代 20、21、22

中繼號碼：19，23

第四步：
第二組 30，24，
18，12，6，5 轉換
至 A 區

(1) 30 ＋ 24 ＋ 18 ＋ 12 ＋ 6 ＋ 5 ＝
95 倒轉 ＝ 59
(2) 59 ＝ 1 ＋ 2 ＋ 3 ＋ 7 ＋ 8 ＋ 9 ＋
14 ＋ 15
陰陽變，出 13 取代 59

中繼號碼：13

第五步：
第三組 4，3，2，
1，7 轉換至 B 區

(1) 4 ＋ 3 ＋ 2 ＋ 1 ＋ 7 ＝ 17 倒轉
＝ 71
(2) 71 ＝ 4 ＋ 5 ＋ 6 ＋ 11 ＋ 12 ＋
16 ＋ 17
陰陽變，出 10、18 取代 71

中繼號碼：10，18

第六步：
第四組 13，19 轉換至 C 區

13 ＋ 19 ＝ 32 ＝ 2 個 3 ＝ 33
陰陽互換，出 32、34 取代 33

中繼號碼：32，34

第七步：
翻轉 7 個中繼號碼
中繼號碼翻轉後變成 7 個決勝號碼（8，10，19，23，25，30，34）

第八步：
任選一個號碼移位
選 8 移至 14

第九步：
任選一個號碼移位
選 34 移至 40

准投注號碼＝開獎號碼

右圖棋盤上：
(1) 6 個實心圈圈號碼可視為准投注號碼
(2) 1 個空心圈圈號碼可視為准特別號

頭獎注數：2

二獎注數：4

三獎注數：230

圖解 2013/12/9 日本樂透彩第 820 期

獎號：1，11，19，28，39，43　特：16

上期特別號＝ 14
14 在 20 & 8 中間
選號座標：20 & 8

第一步：
在 43 棋盤外圍一圈上找出 280
且等於圓圈數字總和

將 8 置入 20 中間＝ 2（8）0 ＝ 280
投注密碼：280

第二步：
找出 16 個先發號碼取代 280
並分成 4 組

第三步：
第一組 36，30 轉換
至 A 區

(1) 36 ＋ 30 ＝ 66 ＝ 2 個 6 ＝ 62
(2) 62 ＝ 2 ＋ 3 ＋ 7 ＋ 8 ＋ 13 ＋ 14
　　＋ 15
陰陽變，出 1、9 取代 62

中繼號碼：1，9

第四步：
第二組 24，18 轉換
至 B 區

(1) 24 ＋ 18 ＝ 42 倒轉＝ 24 ＝ 8×3
　　＝ 83
(2) 83 ＝ 4 ＋ 5 ＋ 6 ＋ 10 ＋ 11 ＋
　　12 ＋ 17 ＋ 18
陰陽變，出 16 取代 83

中繼號碼：16

自行相乘變換數值

第五步：
第三組 12，6，5，
4，3，2，1，7，13
轉換至 C 區

(1) 12 ＋ 6 ＋ 5 ＋ 4 ＋ 3 ＋ 2 ＋ 1 ＋
　　7 ＋ 13 ＝ 53
(2) 53 ＝ 26 ＋ 27
陰陽互換，出 25、28 取代 26、27

中繼號碼：25，28

第六步：
第四組 19，25，31
轉換至 C 區

(1) 19 ＋ 25 ＋ 31 ＝ 75
(2) 75 ＝ 35 ＋ 40
陰陽交叉，出 34、41
取代 35、40

中繼號碼：34，41

第七步：
翻轉 7 個中繼號碼
中繼號碼翻轉後變成 7 個決
勝號碼（11，16，19，22，
34，39，43）

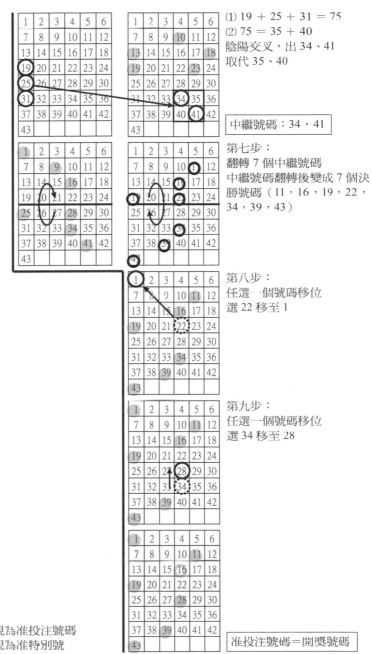

第八步：
任選一個號碼移位
選 22 移至 1

第九步：
任選一個號碼移位
選 34 移至 28

右圖棋盤上：
(1) 6 個實心圈圈號碼可視為准投注號碼
(2) 1 個空心圈圈號碼可視為准特別號

准投注號碼＝開獎號碼

頭獎注數：1

二獎注數：4

三獎注數：216

圖解 2013/12/12 日本樂透彩第 821 期

獎號：7，10，12，34，40，43　特：16

上期特別號＝ 16
16 在 23 & 9 中間
選號座標：23 & 9

第一步：
在 43 棋盤外圍一圈上找出 326
且等於圓圈數字總和

(1) 23 倒轉＝ 32
(2) 9 倒看＝ 6
則 23 & 9 ＝ 32 & 6 ＝ 326
投注密碼：326

第二步：
找出 13 個先發號碼取代 326
並分成 4 組

第三步：
第一組 42，36 轉換
至 B 區

(1) 42 ＋ 36 ＝ 78
(2) 78 ＝ 4 ＋ 5 ＋ 6 ＋ 12 ＋ 16 ＋
　　17 ＋ 18
陰陽變，出 10、11 取代 78

中繼號碼：10，11

第四步：
第二組 30，24 轉換
至 C 區

(1) 30 ＋ 24 ＝ 54 ＝ 6×9 ＝ 69
(2) 69 ＝ 31 ＋ 38
陰陽交叉，出 32、37 取代 31、38

中繼號碼：32，37

自行相乘變換數值

第五步：
第三組 18，12，6，
5 轉換至 C 區

18 ＋ 12 ＋ 6 ＋ 5 ＝ 41
陰陽互換，出 40、42 取代 41

中繼號碼：40，42

第六步：
第四組 4，3，2，1，7
轉換至 A 區

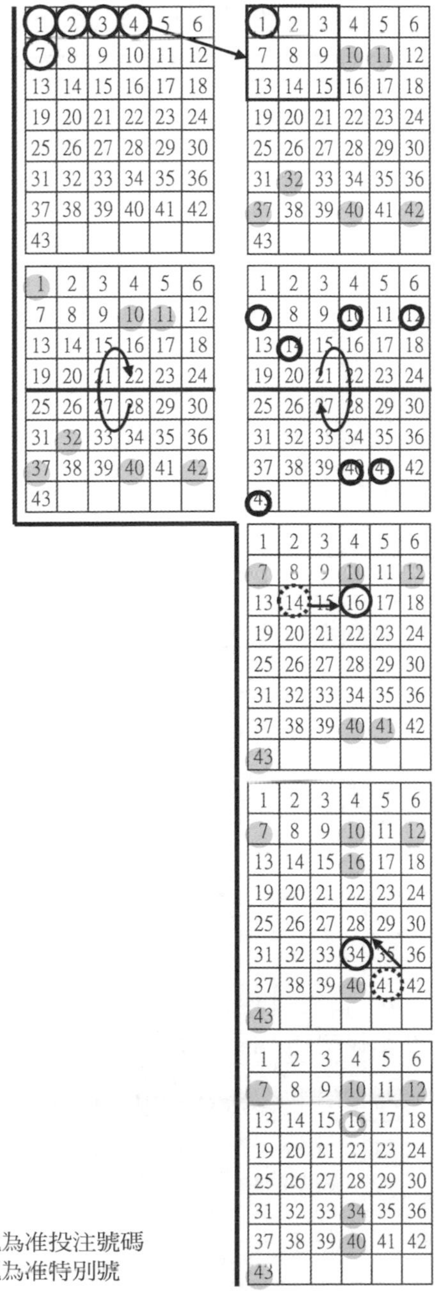

(1) 4＋3＋2＋1＋7＝17 倒
　　轉＝71
(2) 71＝2＋3＋7＋8＋9＋
　　13＋14＋15
陰陽變，出 1 取代 71

中繼號碼：1

第七步：
翻轉 7 個中繼號碼
中繼號碼翻轉後變成 7 個決勝
號碼（7，10，12，14，40，
41，43）

第八步：
任選　個號碼移位
選 14 移至 16

第九步：
任選一個號碼移位
選 41 移至 34

右圖棋盤上：
(1) 6 個實心圈圈號碼可視為准投注號碼
(2) 1 個空心圈圈號碼可視為准特別號

准投注號碼＝開獎號碼

頭獎注數：1

二獎注數：6

三獎注數：199

台日樂透彩第一期選取投注密碼與先發號碼比較表

	項目	台灣小樂透	日本 Loto6
一	棋盤	42 格棋盤 6×7 排列	43 格棋盤 6×7 排列 （43 排序在 38 與 37 中間）
	第一期參考號碼	參考 42 格棋盤上的 1	參考 43 格棋盤上的 1
二	圖示	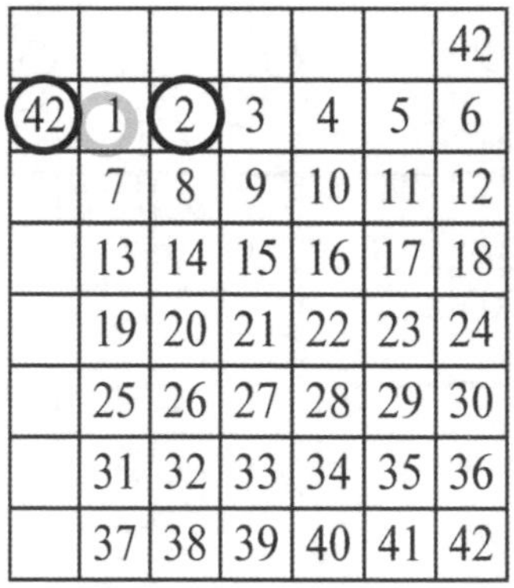	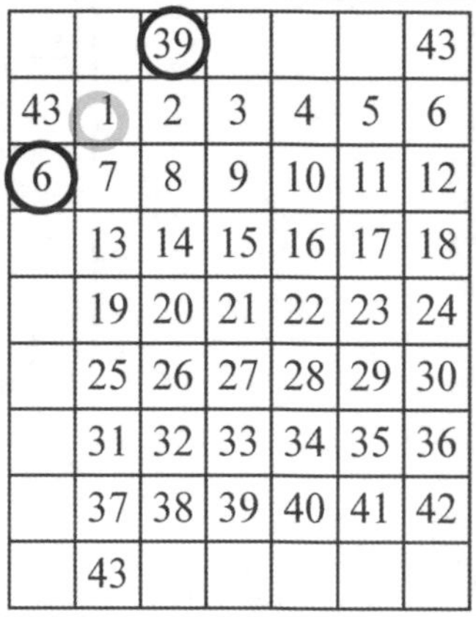
三	選號座標	2 & 42	39 & 6
四	投注密碼＝空心圈圈	(1)2 & 42 = 2 & 24 = 224 (2)224 = 1 + 2 + 3 + 4 + 5 + 6 + 12 + 18 + 24 + 30 + 36 + 42 + 41	(1)39 & 6 = 27 & 9 = 279 (2)279 = 36 + 42 + 41 + 40 + 39 + 38 + 43
五	先發號碼＝實心圈圈	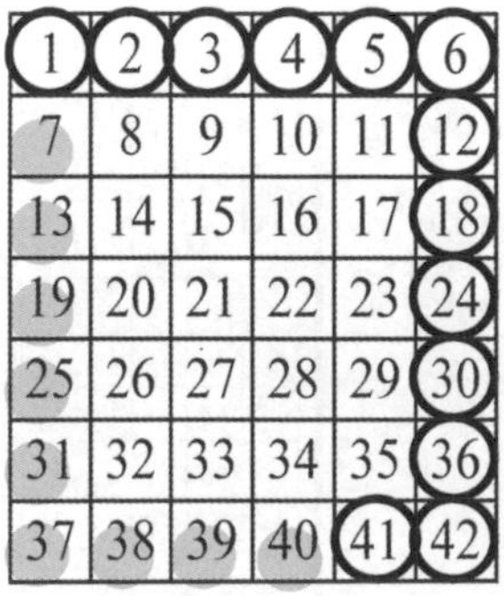	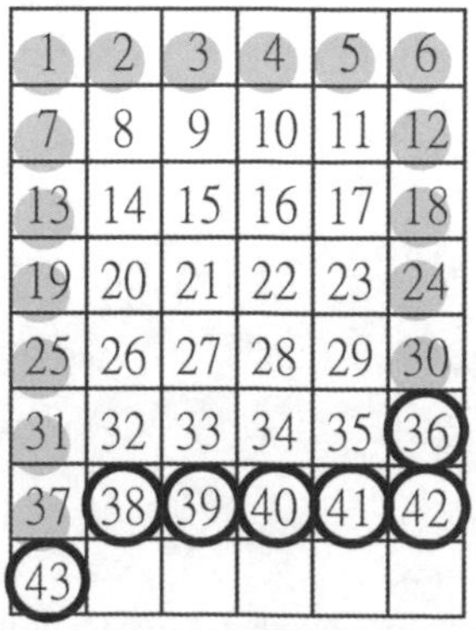
六	先發號碼分組	9 個共分成四組	16 個共分成四組
七	第一期開獎日期	2002/1/22	2000/10/05

歷史的見證(二)凡走過必留下痕跡—日本

　　日本樂透彩比台灣早兩年開始，於 2000 年下半年發行 Takarakuji Loto6 電腦彩券為 43 選 6。第一期開獎日是 10 月 5 日，當時每週星期四開獎一次，自 2011 年 4 月第 543 期起，每星期增加一次開獎，即每週星期一、四開獎。到 2014 年 5 月時已達 860 多期，頭獎自開始即設有上限，2000 年至 2014 年上限都是日幣四億円。

　　本節前面已提供 2013 年 10 月至 12 月共 21 期 Loto6 圖解給讀者參考，現在將 14 年前的 Loto6 第一期至第五期也提供給讀者，希望大家一起來做歷史的見證。

圖解日本 Loto6 樂透彩 2000 年第一期至第五期中獎號碼

期數	開獎日期	星期	Takarakuji Loto6 中獎號碼						特別號
001	10 月 05 日	四	2	8	10	13	27	30	39
002	10 月 12 日	四	1	9	16	20	21	43	5
003	10 月 19 日	四	1	5	15	31	36	38	13
004	10 月 26 日	四	16	18	26	27	34	40	13
005	11 月 02 日	四	9	15	21	23	27	28	43

圖解 2000/10/5 日本樂透彩第 001 期

獎號：2，8，10，13，27，30　特：39

本期是第一期，
故以 1 代為特別號
因號碼循環排列，
1 在 39 & 6 中間
選號座標：39 & 6

(1) 39 = 3×9 = 27
(2) 6 倒看 = 9
則 39 & 6 = 27 & 9 = 279
投注密碼：279

第一步：
在 43 棋盤外圍一圈上找出 279
且等於圓圈數字總和

第二步：
找出 16 個先發號碼取代 279
並分成 4 組

第三步：
第一組 30，24，18
轉換至 A 區

(1) 30 + 24 + 18 = 72
(2) 72 = 1 + 2 + 3 + 7 + 8 + 9 +
　　13 + 14 + 15
陰陽變，不出任何數取代 72

第四步：
第二組 12，6，5，
4，3，2，1，7，
13，19 轉換至 C 區

(1) 12 + 6 + 5 + 4 + 3 + 2 + 1 +
　　7 + 13 + 19 = 72 倒轉 = 27
陰陽互換，出 26、28 取代 27

中繼號碼：26，28

第五步：
第三組 25，31
轉換至 B 區

(1) 25 + 31 = 56 倒轉 = 65
(2) 65 = 4 + 6 + 10 + 12 + 16 +
　　17
陰陽變，出 5、11、18 取代 65

中繼號碼：5，11，18

第六步：
第四組 37 轉換至 C 區

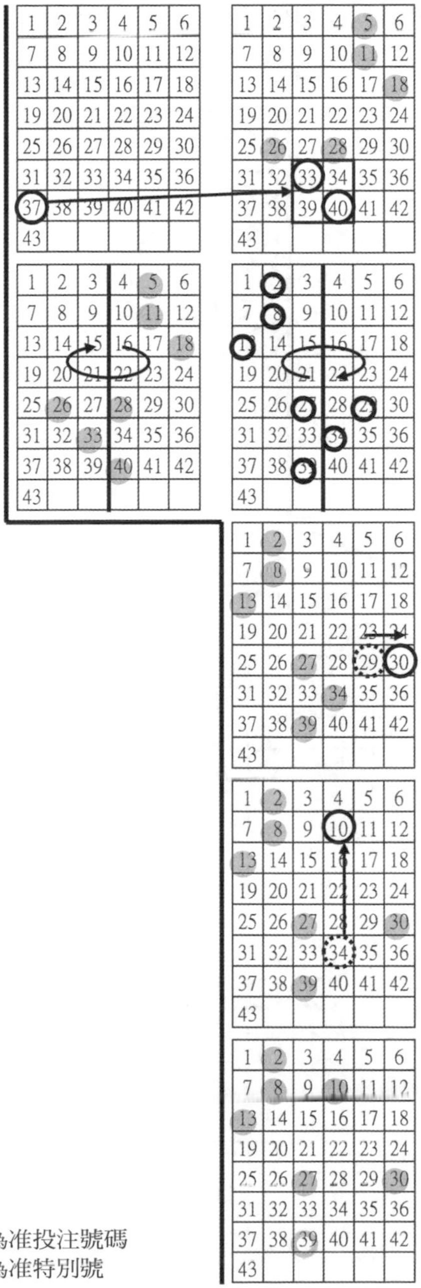

1	2	3	4	5	6
7	8	9	10	11	12
13	14	15	16	17	18
19	20	21	22	23	24
25	26	27	28	29	30
31	32	33	34	35	36
37	38	39	40	41	42
43					

1	2	3	4	5	6
7	8	9	10	11	12
13	14	15	16	17	18
19	20	21	22	23	24
25	26	27	28	29	30
31	32	33	34	35	36
37	38	39	40	41	42
43					

(1) 37 倒轉＝ 73
(2) 73 ＝ 34 ＋ 39
陰陽交叉，出 33、40
取代 34、39

中繼號碼：33，40

1	2	3	4	5	6
7	8	9	10	11	12
13	14	15	16	17	18
19	20	21	22	23	24
25	26	27	28	29	30
31	32	33	34	35	36
37	38	39	40	41	42
43					

1	2	3	4	5	6
7	8	9	10	11	12
13	14	15	16	17	18
19	20	21	22	23	24
25	26	27	28	29	30
31	32	33	34	35	36
37	38	39	40	41	42
43					

第七步：
翻轉 7 個中繼號碼
中繼號碼翻轉後變成 7 個
決勝號碼（2，8，13，27，
29，34，39）

1	2	3	4	5	6
7	8	9	10	11	12
13	14	15	16	17	18
19	20	21	22	23	24
25	26	27	28	29	30
31	32	33	34	35	36
37	38	39	40	41	42
43					

第八步：
任選　個號碼移位
選 29 移至 30

1	2	3	4	5	6
7	8	9	10	11	12
13	14	15	16	17	18
19	20	21	22	23	24
25	26	27	28	29	30
31	32	33	34	35	36
37	38	39	40	41	42
43					

第九步：
任選一個號碼移位
選 34 移至 10

1	2	3	4	5	6
7	8	9	10	11	12
13	14	15	16	17	18
19	20	21	22	23	24
25	26	27	28	29	30
31	32	33	34	35	36
37	38	39	40	41	42
43					

右圖棋盤上：
(1) 6 個實心圈圈號碼可視為准投注號碼
(2) 1 個空心圈圈號碼可視為准特別號

1	2	3	4	5	6
7	8	9	10	11	12
13	14	15	16	17	18
19	20	21	22	23	24
25	26	27	28	29	30
31	32	33	34	35	36
37	38	39	40	41	42
43					

准投注號碼＝開獎號碼

頭獎注數：2

二獎注數：2

三獎注數：262

圖解 2000/10/12 日本樂透彩第 002 期

獎號：1，9，16，20，21，43　特：5

上期特別號＝39
因號碼循環排列，
39 與 2、8 相連且在
33 & 14 中間
選號座標：33 & 14

(1) 33 ＝ 2 個 3 ＝ 32
(2) 14 ＝ 1 ＋ 4 ＝ 5
則 33 & 14 ＝ 32 & 5 ＝ 325
投注密碼：325

第一步：
在 43 棋盤外圍一圈上找出 325
且等於圈圈數字總和

第二步：
找出 6 個先發號碼取代 325
並分成 4 組

第三步：
第一組 18 轉換至
C 區

(1) 18 倒轉＝ 81
(2) 81 ＝ 26 ＋ 27 ＋ 28
陰陽互換，出 25、29
取代 26、27、28

中繼號碼：25，29

第四步：
第二組 24，30
轉換至 C 區

24 ＋ 30 ＝ 54 ＝ 5×4 ＝ 20
陰陽互換，出 19、21 取代 20

中繼號碼：19，21

自行相乘變換數值

第五步：
第三組 36 轉換至
A 區

(1) 36 倒轉＝ 63
(2) 63 ＝ 2 ＋ 3 ＋ 7 ＋ 9 ＋ 13 ＋ 14
　　＋ 15
陰陽變，出 1、8 取代 63

中繼號碼：1，8

第六步：
第四組 42，41 轉換至
B 區

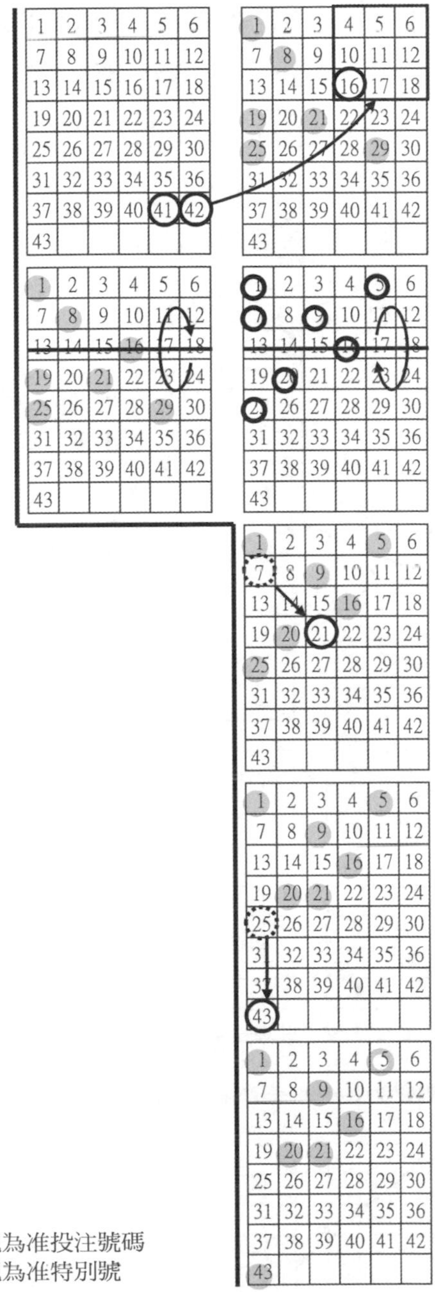

(1) 42 ＋ 41 ＝ 83
(2) 83 ＝ 4 ＋ 5 ＋ 6 ＋ 10 ＋ 11
　　＋ 12 ＋ 17 ＋ 18
陰陽變，出 16 取代 83

中繼號碼：16

第七步：
翻轉 7 個中繼號碼
中繼號碼翻轉後變成 7 個
決勝號碼（1，5，7，9，
16，20，25）

第八步：
仼選　個號碼移位
選 7 移至 21

第九步：
任選一個號碼移位
選 25 移至 43

右圖棋盤上：
(1) 6 個實心圈圈號碼可視為准投注號碼
(2) 1 個空心圈圈號碼可視為准特別號

准投注號碼＝開獎號碼

頭獎注數：0

二獎注數：7

三獎注數：195

圖解 2000/10/19 日本樂透彩第 003 期

獎號：1，5，15，31，36，38　特：13

上期特別號＝5
5 在 6 & 4 中間
選號座標：6 & 4

第一步：
在 43 棋盤外圍一圈上找出 243
且等於圓圈數字總和

(1) 6 ＝ 2×3 ＝ 23
(2) 4 保持不變
將 4 置入 23 中間＝ 2（4）3 ＝ 243
投注密碼：243

第二步：
找出 17 個先發號碼取代 243
並分成 4 組

第三步：
第一組 36 轉換至
A 區

(1) 36 倒轉＝ 63
(2) 63 ＝ 2 + 3 + 7 + 9 + 13 + 14
　　 + 15
陰陽變，出 1、8 取代 63

中繼號碼：1，8

第四步：
第二組 30，24，18，
12，6，5，4 轉換至
C 區

(1) 30 + 24 + 18 + 12 + 6 + 5 +
　　 4 ＝ 99
(2) 99 ＝ 32 + 33 + 34
陰陽互換，出 31、35
取代 32、33、34

中繼號碼：31，35

第五步：
第三組 3，2，1，
7，13，19 轉換至
C 區

(1) 3 + 2 + 1 + 7 + 13 + 19 ＝ 45
(2) 45 ＝ 20 + 25
陰陽交叉，出 19、26 取代 20、25

中繼號碼：19，26

第六步：
第四組 25，31，37
轉換至 B 區

(1) 25 ＋ 31 ＋ 37 ＝ 93
(2) 93 ＝ 4 ＋ 5 ＋ 10 ＋ 11 ＋
　　12 ＋ 16 ＋ 17 ＋ 18
陰陽變，出 6 取代 93

中繼號碼：6

第七步：
翻轉 7 個中繼號碼
中繼號碼翻轉後變成 7 個
決勝號碼（1，5，8，13，
26，31，36）

第八步：
任選一個號碼移位
選 8 移至 15

第九步：
任選一個號碼移位
選 26 移至 38

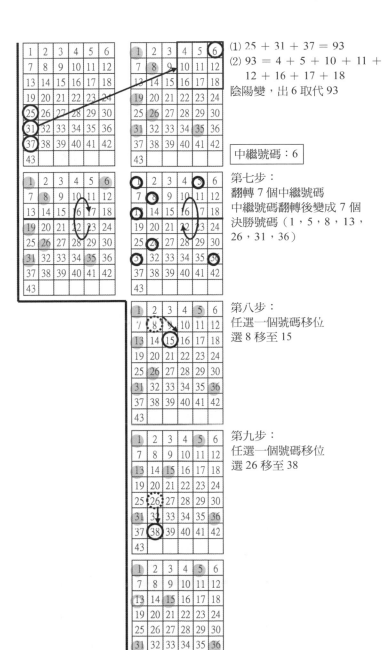

右圖棋盤上：
(1) 6 個實心圈圈號碼可視為准投注號碼
(2) 1 個空心圈圈號碼可視為准特別號

准投注號碼＝開獎號碼

頭獎注數：2

二獎注數：8

三獎注數：164

圖解 2000/10/26 日本樂透彩第 004 期

獎號：16，18，26，27，34，40　特：13

上期特別號＝ 13
因號碼循環排列，13
在 20 & 6 中間
選號座標：20 & 6

第一步：
在 43 棋盤外圍一圈上找出 290
且等於圓圈數字總和

(1) 6 倒看＝ 9
(2) 20 保持不變
將 9 置入 20 中間＝ 2（9）0 ＝ 290
投注密碼：290

第二步：
找出 15 個先發號碼取代 290
並分成 4 組

第三步：
第一組 18，12，6，
5，4，3，2，1，
7，13 轉換至 A 區

(1) 18 ＋ 12 ＋ 6 ＋ 5 ＋ 4 ＋ 3 ＋ 2
＋ 1 ＋ 7 ＋ 13 ＝ 71
(2) 71 ＝ 2 ＋ 3 ＋ 7 ＋ 8 ＋ 9 ＋ 13
＋ 14 ＋ 15
陰陽變，出 1 取代 71

中繼號碼：1

第四步：
第二組 19，25，31
轉換至 C 區

19 ＋ 25 ＋ 31 ＝ 75 ＝ 7×5 ＝ 35
陰陽互換，出 34、36 取代 35

自行相乘變換數值

中繼號碼：34，36

第五步：
第三組 37 轉換至
B 區

(1) 37 倒轉＝ 73
(2) 73 ＝ 4 ＋ 5 ＋ 6 ＋ 11 ＋ 12 ＋
17 ＋ 18
陰陽變，出 10、16 取代 73

中繼號碼：10，16

第六步：
第四組 43 轉換至 C 區

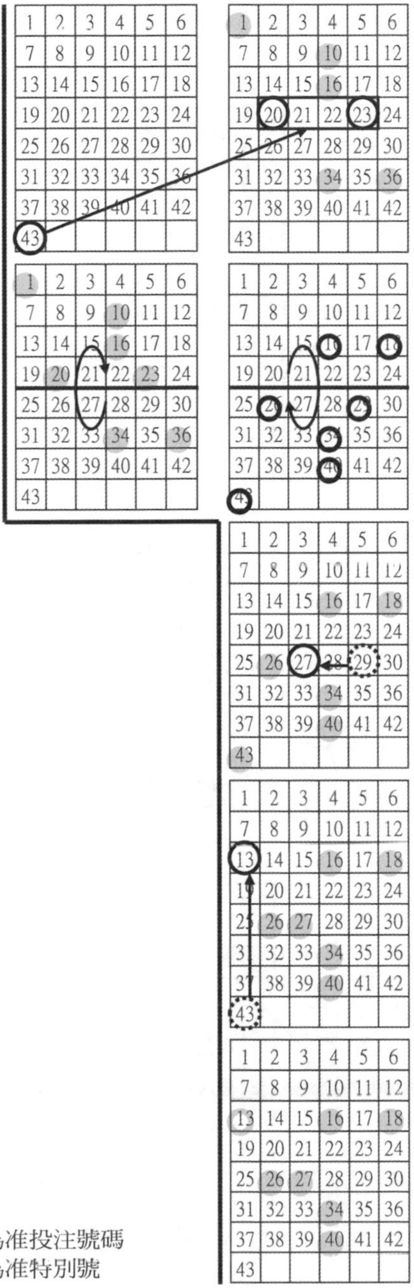

(1) 43 保持不變 = 43
(2) 43 = 21 + 22
陰陽互換，出 20、23
取代 21、22

中繼號碼：20，23

第七步：
翻轉 7 個中繼號碼
中繼號碼翻轉後變成 7 個
決勝號碼（16，18，26，
29，34，40，43）

第八步：
任選 一個號碼移位
選 29 移至 27

第九步：
任選一個號碼移位
選 43 移至 13

右圖棋盤上：
(1) 6 個實心圈圈號碼可視為准投注號碼
(2) 1 個空心圈圈號碼可視為准特別號

准投注號碼＝開獎號碼

頭獎注數：0

二獎注數：3

三獎注數：134

圖解 2000/11/2 日本樂透彩第 005 期

獎號：9，15，21，23，27，28　特：43

上期特別號＝ 13
因號碼循環排列，
13 與 18 相連且在
8 & 23 中間
選號座標：8 & 23

第一步：
在 43 棋盤外圍一圈上找出 264
且等於圓圈數字總和

(1) 8 ＝ 2×4 ＝ 24
(2) 23 ＝ 2×3 ＝ 6
將 6 置入 24 中間＝ 2（6）4 ＝ 264
投注密碼：264

第二步：
找出 7 個先發號碼取代 264
並分成 4 組

第三步：
第一組 24，30 轉換
至 C 區

(1) 24 ＋ 30 ＝ 54 ＝ 6×9 ＝ 69
(2) 69 ＝ 34 ＋ 35
陰陽互換，出 33、36 取代 34、35

自行相乘變換數值

中繼號碼：33，36

第四步：
第二組 36 轉換至
A 區

(1) 36 倒轉＝ 63
(2) 63 ＝ 1 ＋ 2 ＋ 3 ＋ 7 ＋ 8 ＋ 13
＋ 14 ＋ 15
陰陽變，出 9 取代 63

中繼號碼：9

第五步：
第三組 42，41
轉換至 B 區

(1) 42 ＋ 41 ＝ 83
(2) 83 ＝ 4 ＋ 5 ＋ 6 ＋ 10 ＋ 11 ＋
12 ＋ 17 ＋ 18
陰陽變，出 16 取代 83

中繼號碼：16

第六步：
第四組 40，39 轉換至
C 區

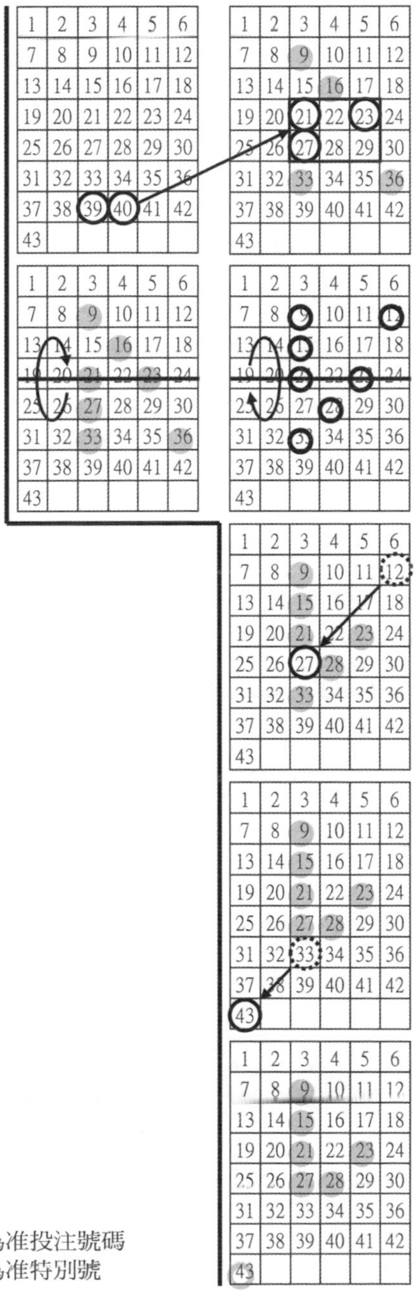

1	2	3	4	5	6
7	8	9	10	11	12
13	14	15	16	17	18
19	20	21	22	23	24
25	26	27	28	29	30
31	32	33	34	35	36
37	38	39	40	41	42
43					

1	2	3	4	5	6
7	8	9	10	11	12
13	14	15	16	17	18
19	20	21	22	23	24
25	26	27	28	29	30
31	32	33	34	35	36
37	38	39	40	41	42
43					

(1) 40 ＋ 39 = 79
(2) 79 = 22 + 28 + 29
陰陽互換，出 21、23、27
取代 22、28、29

中繼號碼：21，23，27

1	2	3	4	5	6
7	8	9	10	11	12
13	14	15	16	17	18
19	20	21	22	23	24
25	26	27	28	29	30
31	32	33	34	35	36
37	38	39	40	41	42
43					

1	2	3	4	5	6
7	8	9	10	11	12
13	14	15	16	17	18
19	20	21	22	23	24
25	26	27	28	29	30
31	32	33	34	35	36
37	38	39	40	41	42
43					

第七步：
翻轉 7 個中繼號碼
中繼號碼翻轉後變成 7 個決勝
號碼（9，12，15，21，23，
28，33）

1	2	3	4	5	6
7	8	9	10	11	12
13	14	15	16	17	18
19	20	21	22	23	24
25	26	27	28	29	30
31	32	33	34	35	36
37	38	39	40	41	42
43					

第八步：
任選一個號碼移位
選 12 移至 27

1	2	3	4	5	6
7	8	9	10	11	12
13	14	15	16	17	18
19	20	21	22	23	24
25	26	27	28	29	30
31	32	33	34	35	36
37	38	39	40	41	42
43					

第九步：
任選一個號碼移位
選 33 移全 43

右圖棋盤上：
(1) 6 個實心圈圈號碼可視為准投注號碼
(2) 1 個空心圈圈號碼可視為准特別號

1	2	3	4	5	6
7	8	9	10	11	12
13	14	15	16	17	18
19	20	21	22	23	24
25	26	27	28	29	30
31	32	33	34	35	36
37	38	39	40	41	42
43					

准投注號碼＝開獎號碼

頭獎注數：0

二獎注數：9

三獎注數：258

從愛國獎券到樂透 作弊從沒停過！

台灣彩券發行八年以來，鬧過電腦當機，賓果賓果遊戲也被人懷疑動手腳。但是台灣的彩券歷史，從民國三十九年開始發行的愛國獎券開始，這種彩券作弊的爭議就沒有斷過，偽造的愛國獎券還是層出不窮。雖然民眾嘴裡罵，但是從過去到現在，買彩券買希望的人潮始終沒有停過。

寧可被雷打到，也不能一次頭獎也沒中到，大家的心臟跟著彩球一起蹦蹦跳。大家都知道球是圓的，就怕人的心是黑的。這種賓果賓果，每五分鐘開獎一次，我們先賭一張。十秒鐘後，一翻兩瞪眼，十，九。老闆把彩券放到電腦讀一讀，你真的會瞪大眼，因為還不到十秒鐘，電腦已經宣判RRY。沒有中獎，下次再來。但是電視螢幕還在倒數，這十秒鐘在搞什麼鬼，我們的眼睛要相信誰。

威力彩，也被人罵「真無彩」。因為數學老師掐指一算，威力彩的玩法，中獎機率只有2208萬分之一，幾乎等於零。數學老師開始冷笑，大家的發財夢，從六十年前愛國獎券開賣的那天晚上開始，就沒有夢醒的一天。可以不睡覺，打地鋪，倒在獎券行外面，就?了買一張愛國獎券，下個幸福的賭注。可以不上班，通通擠在一起，等著一個一個坐在搖獎機旁邊的小姐，搖搖搖出最夢幻的數字。

拜託拜託，今天我就是有錢人，但是六十年前，一樣有壞人。有人偽造愛國獎券，要買獎券，你不只要帶錢，還要帶一個放大鏡，要看有沒有人手腳不乾淨，也要看自己有沒有那個命。六十年前，六十年後，買一個夢的人一樣那麼多，我要當一個好爸爸。也要當一個富爸爸。

節錄自【華視新聞】

Chapter

3

香港六合彩篇

投注香港六合彩選號規範與步驟

壹、開獎＆棋盤

一、開獎

香港六合彩原則上是每週星期二、四、六開獎，每期六合彩是先從1～49個號碼中選出6個中獎號碼，最後再追加選出1個號碼為特別號，因前後二組選號皆自同一個號碼箱中選出，故沒有選出相同號碼的機會。

二、棋盤

投注香港六合彩可使用49格基本棋盤（圖1）及向外延伸的棋盤（圖2）基本棋盤的設計，是以循環方式來排列號碼，即棋盤的上、下、左、右延伸出去仍可視同有號碼相連，如此設計是為了使特別號縱然出現在棋盤的四邊，仍可找出上下左右相鄰的號碼，也可因不同的選用，而能有多種不同的選號座標。

圖1：棋盤基本排列

延伸後

4 也在 46 & 11 中間

45 在 44 & 46 中間
45 也在 38 & 3 中間

2，8 在 45 & 14 中間

35，41 在 29 & 47 中間
圖2：延伸後的棋盤

總號數不同的樂透彩，例如6/45，6/50，6/52雖各有專屬棋盤，但號碼排列與六合彩完全相同，即第一行為1到7，依此類推。雖然第一行的號碼相同，但自第一行向上延伸的號碼就不同，例如6/49棋盤的號碼7正上面相鄰號碼是49，而6/45棋盤的號碼7正上面是45，因此不同樂透彩縱然特別號相同，但選號座標及投注密碼卻不一定相同。

貳、數值演變&陰陽變化規範

一、數值演變

相關的規範請參考台灣威力彩篇的數值演變。

二、陰陽變化

陰陽變化有三種，分別稱為：1.陰陽互換；2.陰陽交叉；3.陰陽變。

1. 陰陽互換：即空心圈圈號碼可取代實心圈圈號碼。

  (1)第一種：在棋盤上找出某區塊的所有實心圈圈號碼，而其數值
    和剛好等於投注密碼的數值，再以陰陽互換轉換成該區塊以外
    的所有空心圈圈號碼（即先發號碼）。

舉例：投注密碼＝963
$963 = 1 + 2 + 3 + 4 + 5 + 6 + 7 + 8 + 9 + 10 + \cdots\cdots + 32 + 33 + 34 + 36 + 37 + 38 + 39 + 40 + 43 + 44 + 45 + 46$
先發號碼＝35，41，42，47，48，49

963＝實心圈圈號碼和　　空心圈圈號碼＝先發號碼

  (2)第二種：在棋盤上找出二個區塊的所有實心圈圈號碼而其數值
    和剛好等於投注密碼的數值，再以陰陽互換轉換成該二個區塊
    之間所夾區塊上的所有空心圈圈號碼。

舉例：投注密碼＝1001
$1001 = 1 + 2 + 3 + 4 + 5 + 6 + 7 + 8 + 9 + 10 + \cdots\cdots + 26 + 27 + 28 + 36 + 37 + 38 + 39 + 40 + 41 + 42 + 43 + 44 + 45 + 46 + 47 + 48 + 49$
先發號碼＝29，30，31，32，33，34，35

1001＝實心圈圈號碼和　　空心圈圈號碼＝先發號碼

(3)第三種：在棋盤上找出某區塊的所有實心圈圈號碼，而其數值和剛好等於投注密碼的數值，再以陰陽互換轉換成緊臨該區塊邊緣虛擬直線外的一排空心圈圈號碼。

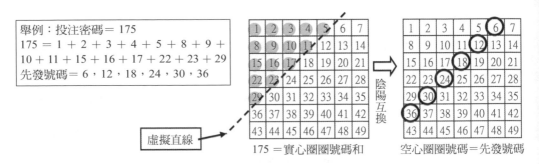

舉例：投注密碼 = 175
175 = 1＋2＋3＋4＋5＋8＋9＋
10＋11＋15＋16＋17＋22＋23＋29
先發號碼 = 6，12，18，24，30，36

虛擬直線

陰陽互換

175 = 實心圈圈號碼和

空心圈圈號碼 = 先發號碼

(4)第四種：一個至三個號碼之陰陽互換，香港六合彩在此項的規範與台灣威力彩相同，請參考台灣威力彩篇。

2. 陰陽交叉：香港六合彩在此項的規範與台灣威力彩相同，請參考台灣威力彩篇。

3. 陰陽變：將棋盤49格劃分為三個區，以 A、B、C 區表示，且有三種分法。

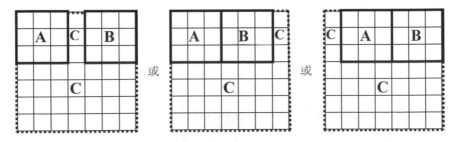

或　　　　或

(1)A & B區位於棋盤上最上面的三行，並以 3×3 方形框表示，而陰陽變是指將某二組先發號碼數值以陰陽互換觀念分別轉換到 A 或 B 區變成中繼號碼的取代方式。

(2)而 A & B 區的功用，是在該區用中繼號碼取代欲轉換的數值時，其中繼號碼的位置在方框內可任意選取而不受限制，甚至不需出任何中繼號碼，也可取代特定的數值，若轉入到 C 區內，至少需 2 或 3 個中繼號碼，且其相對位置必須合乎陰陽互換，或陰陽交叉排列才能轉換。

(3)方形框若採用位置不同，則同樣的數值和，會轉換成不同的中繼號碼。

舉例：先發號碼數值和＝ 63，若方形框的位置不同，會使取代的中繼號碼不同。

先發數值 63 出現在 A 區＝ 1 ＋ 3 ＋ 8 ＋ 9 ＋ 10 ＋ 15 ＋ 17 則在 A 區出中繼號碼 2，16 即可取代 63	先發數值 63 出現在 B 區＝ 4 ＋ 5 ＋ 11 ＋ 12 ＋ 13 ｜ 18 則在 B 區出中繼號碼 6，19，20 即可取代 63	先發數值 63 出現在 B 區＝ 5 ＋ 6 ＋ 7 ＋ 12 ＋ 14 ＋ 19 則在 B 區出中繼號碼 13，20，21 即可取代 63

(4)被取代的先發數值和（方框內隱性號碼和），則在 A 區不能大於該區 9 個號碼的數值和（即 81 或 90），在 B 區不能大於 99，在 C 區也不能大於 99。

(5)數值不能大於 99 是因為介於 1～99 的號碼，可以採用個位數與十位數倒轉來變換數值，例如 53 倒轉＝ 35 ＝ 7×5 ＝ 75 或 46 倒轉＝ 64 ＝ 8×8 ＝ 88。若大於 99 即為三位數，三位數倒轉後可能過大而無法在棋盤上表示，例如 108 倒轉＝ 801。

(6)無論 A 或 B 區，每一區最多只能出 3 個中繼號碼，來取代轉入該區的先發號碼數值和，A、B、C 三區總共應出 7 個中繼號碼，因有二組先發號碼數值須轉入 C 區，使 C 區至少應有 4 個中繼號碼，故 A 和 B 區總共不會超過 3 個中繼號碼。

(7) C 區雖讓兩組先發號碼分別轉入，但其中任一組為先發號碼數值和選用的隱性號碼及陰陽互換後的中繼號碼，另一組則不能重複使用。

參、投注號碼選取步驟簡述

一、選號座標

1. 投注香港六合彩可先參考前一期六合彩的特別號，先確認特別號在棋盤上的位置，再找出以特別號為對稱點的上下、左右或斜對角相鄰的 2 個號碼，此 2 個號碼本書稱為選號座標。

例如：下圖特別號＝ 17，而 17 左右相鄰號碼是 16 & 18，則 16 & 18 可選為選號座標，而 17 上下相鄰號碼是 10 & 24，則 10 & 24 也可選為選號座標，同理，11 & 23 或 9 & 25 也可選為選號座標。

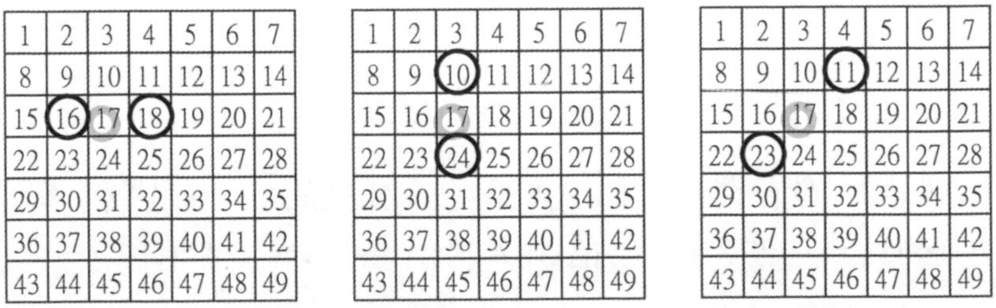

1	2	3	4	5	6	7
8	9	10	11	12	13	14
15	(16)	17	(18)	19	20	21
22	23	24	25	26	27	28
29	30	31	32	33	34	35
36	37	38	39	40	41	42
43	44	45	46	47	48	49

1	2	3	4	5	6	7
8	9	(10)	11	12	13	14
15	16	17	18	19	20	21
22	23	(24)	25	26	27	28
29	30	31	32	33	34	35
36	37	38	39	40	41	42
43	44	45	46	47	48	49

1	2	3	4	5	6	7
8	9	10	(11)	12	13	14
15	16	17	18	19	20	21
22	(23)	24	25	26	27	28
29	30	31	32	33	34	35
36	37	38	39	40	41	42
43	44	45	46	47	48	49

2. 若與特別號相鄰的號碼也是上期中獎號碼（如下頁圖的 16 & 18），則可連接該二個中獎號碼，再經直線延伸後的兩端號碼為選號座標，即下圖的 15 & 19 可選為選號座標。

選號座標的尾數若為 6 或 9，可倒看進行數值變換，如選號座標＝ 19 倒看＝ 16 ＝ 2×8 ＝ 28，再與另一組合併；16 倒看＝ 91 ＝ 9 ＋ 1 ＝ 10，再與另一組合併。

3. 同理 45 度斜對角的相鄰號碼若也是中獎號碼（如下圖的 25），可經對角直線延伸後取兩端號碼為選號座標，即下圖的 9 & 33 也可選為選號座標。

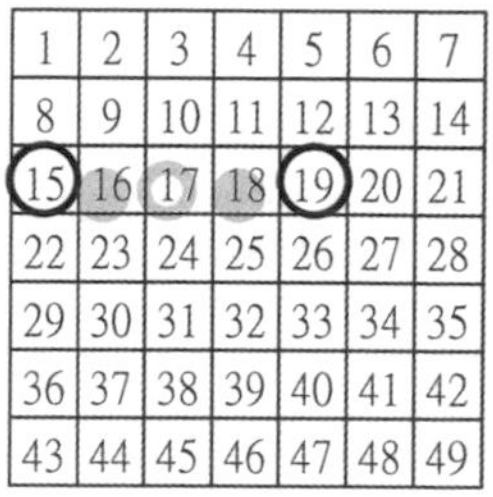

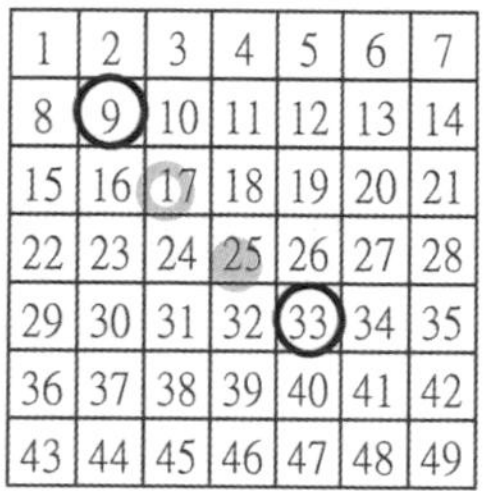

4. 從以上眾多的組別之中，只取一組為最終選號座標，再繼續做後面的演變。

二、投注密碼

1. 將最終選號座標的 2 個號碼各自經過自行相加或相乘後，再組合而得出一個數值，本書稱此數值為投注密碼，而組合方式如後述。

舉例：選號座標＝ 16 & 18，而可能的投注密碼如下：

(1)合併＝ 16 & 18 ＝（1 ＋ 6）& 18 ＝ 718 或 61 &（1 ＋ 8）＝ 619。

(2)交叉排列＝ 16 & 18 ＝ 16 &（1 ＋ 8）＝ 16 & 09 ＝ 1，0，6，9 ＝ 1069。

(3)置入中間＝ 16 & 18 ＝（1 ＋ 6）&（9×2）＝ 7 & 92 ＝ 9（7）2 ＝ 972。

(4)投注密碼的數值，必須能在棋盤上找到對應的圖形，否則不能採用。而上述的數值 619、1069、972，只是為了比較容易說明且理解而進行的簡單舉例，並不能真的在棋盤上找到其對應的圖形，請讀者不要誤以為該內容錯誤，至於實際值應該為多少，在後續的圖解中將有更詳細的說明。

2. 投注密碼的數值：

(1)會相等於棋盤上某一區塊的所有號碼和，而此區塊的範圍，是以該區塊的號碼，與非屬該區塊的剩餘號碼之間的邊界，可用一條虛擬直線清楚的來劃分。

(2)會相等於棋盤上二個區塊的所有號碼和，則此二個區塊的範圍，是以此二個區塊之間存有一塊矩形或梯形號碼，可清楚的在棋盤上來隔開該二個區塊。

(3)若上述(1)與(2)皆不能成立，則該投注密碼不成立，必須要重新轉換數值或改用另一組選號座標。

(4)同一個投注密碼，棋盤上有時也會有兩種不同位置的區塊皆合乎規範，例如 6/49 的 924。

(5)投注密碼的數字相同但排序不同，棋盤上有時也會有三種不同位置的區塊皆合乎規範，例如 6/49 的 1120、1102 及 1012。

三、先發號碼

1. 投注密碼轉換成棋盤上某區塊的號碼後，再用陰陽互換觀念，找出相關的先發號碼（即空心圈圈號碼）。

(1)前述 2 項(1)款的第一種先發號碼，即該區塊以外的所有剩餘號碼，2 項(1)款的第二種先發號碼，即在剩餘號碼內但緊鄰該區塊直線上的號碼。

(2)前述 2 項(2)款的先發號碼，即該二區塊之間所夾區塊上的所有號碼。

(3)相關的圖示請參考在本篇前面陰陽互換的圖示。

2. 再將所有先發號碼不受等量限制但須號碼相鄰方式分成四組，而每組最少要有一個號碼，且每組號碼的數值和必須≤99。

舉例一：

①	②	3	4	5	6	7
⑧	⑨	10	11	12	13	14
15	16	17	18	19	20	21
22	23	24	25	26	27	28
29	30	31	32	33	34	35
36	37	38	39	40	41	42
43	44	45	46	47	48	49

不受等量限制但須號碼相鄰且數值和≤99
第一組：44 ＋ 37 ＝ 81
第二組：30 ＋ 23 ＋ 16 ＋ 9 ＋ 2 ＋ 1 ＋ 8 ＝ 89
第三組：15 ＋ 22 ＋ 29 ＝ 66
第四組：36 ＋ 43 ＝ 79

舉例二：

1	②	③	4	5	6	⑦
8	⑨	⑩	11	12	13	14
15	16	17	18	19	20	21
22	23	24	25	26	27	28
29	30	31	32	33	34	35
36	37	38	39	40	41	42
43	44	45	46	47	48	49

不受等量限制但須號碼相鄰且數值和≤99
第一組：7 ＋ 14 ＝ 21
第二組：4 ＋ 5 ＋ 6 ＋ 11 ＋ 12 ＋ 13 ＝ 51
第三組：2 ＋ 3 ＋ 9 ＋ 10 ＝ 24
第四組：1 ＋ 8 ＝ 9

3. 先發號碼分成四組後，各組號碼的數值和，可先演變成新數值之後，再進行陰陽互換轉換成中繼號碼，其選擇的方式有下列五種：

(1)該組先發號碼數值和保持不變，即以原數值轉換。

(2)將該組數值和的個位數與十位數對調後再轉換（例如：24 變成42）。

(3) 2 的倍數與雙胞胎數值互換（例如：77 變成 27 或 72、29 變成99）。

(4)雙胞胎數值自行相加（例如：77 ＝ 7 ＋ 7 ＝ 14 或 16 ＝ 8 ＋ 8 ＝ 88）。

(5)不含 0 與 1 的雙位數，其個位數與十位數自行相乘（例如：59 － 5×9 ＝ 45 或 54 ＝ 6×9 ＝ 69 此類轉換成立），而 20 ＝ 2×0 ＝ 0 或 31 ＝ 3×1 ＝ 3 此類轉換不成立。

4. 四組可任意採用上述五款之一而不受限制，但最多只能有一組可採用第(4)款或第(5)款，即雙胞胎自行相加與自行相乘只能選用其中一種。

四、中繼號碼

1. 將前面四組先發號碼數值和用陰陽互換的觀念，分別轉換到棋盤上的 A、B 或 C 區內，A 及 B 區各有一組轉入，而 C 區有二組轉入，轉換後在棋盤上的新號碼即為中繼號碼。

2. 四組一共轉換成 7 個中繼號碼。

五、對稱翻轉

1. 在棋盤上先選取一個轉軸，將上述 7 個中繼號碼以轉軸為中心做對稱翻轉，又得出新的 7 個號碼即為決勝號碼，而轉軸有水平、垂直或 45 度角多種方式。

2. 翻轉後所得的 7 個決勝號碼，必須全部落在所採用的 49 格棋盤基本範圍內，不得落到棋盤基本範圍之外，否則此種翻轉方式不能採用。

3. 請參考後面的圖示。

六、直線移位

1. 再從前項 7 個決勝號碼中先後任選 2 個號碼（兩個恰恰好），各自經直線或 45 度斜線位移至另一個位置後，得到最終的 7 個號碼，而此二個位移路線不可相交，也不能越過另一個中獎號碼，但若移位後的新號碼成為特別號則不受此限。

2. 請參考後面的圖示。

3. 位移後最終的 7 個號碼，可選其中 6 個作為當期六合彩的准投注號碼，所餘的 1 個號碼可作為特別號。

4. 出現在 49 格棋盤最外圍一圈上的號碼，被選為特別號的機率較高，這種狀況屢見不鮮，在後續的圖解過程中，將會常常看到這種狀況不斷地反覆出現，請大家仔細觀察。

一、簡圖

第一步：將選號座標轉換成投注密碼

投注當期香港六合彩可用 49 格棋盤，並參考上一期六合彩的特別號

1. 特別號在棋盤的上下、左右或對角相鄰且對稱的 2 個號碼皆可為選號座標。
2. 若特別號的上下、左右或斜線上的相鄰號碼也是中獎號碼，則可連結該相鄰的 2 個或多個中獎號碼，經直線延伸後取兩端相鄰的號碼作為選號座標。
3. 由上述眾多選號座標中只取其一，經轉換後再找出投注密碼。

第二步：將投注密碼轉換成先發號碼

1. 投注密碼其數值大小。
　(1)等於某一區塊的所有號碼和，而此區塊與其他剩餘號碼之間，可成一條虛擬直線。
　(2)等於某二個區塊的所有號碼和，而此二個區塊被一塊矩形或梯形號碼組清楚隔開。
2. 上述區塊號碼再經陰陽互換，轉換成下列三種先發號碼，而三者取其一。
　(1)前項(1)的第一種先發號碼，是該區塊以外的所有剩餘號碼。前項(1)的第二種先發號碼，
　　是在剩餘區塊內但緊鄰該虛擬直線上的所有號碼。
　(2)前項(2)的先發號碼，是該二區塊之間所夾一個矩形或梯形區塊的所有號碼。
3. 將所有先發號碼不受等量限制但須位置相連或位置對稱方式分成四組。

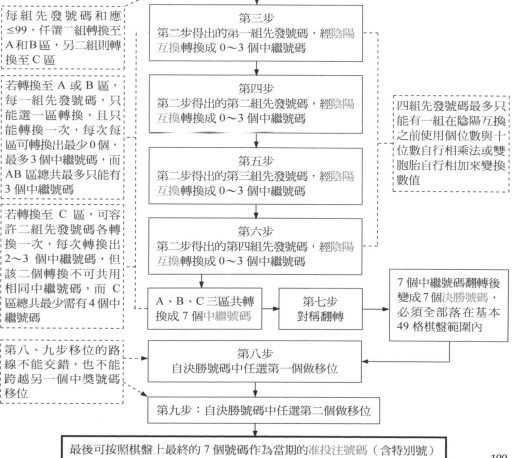

最後可按照棋盤上最終的 7 個號碼作為當期的准投注號碼（含特別號）

二、第一步至第六步舉例圖示

1. 舉例一：上期特別號 ＝ 46

上期特別號 ＝ 46
46 在 47 & 45 中間
選號座標 ＝ 47 & 45

(1) 47 倒轉 ＝ 74
(2) 45 ＝ 4 ＋ 5 ＝ 9
則 47 & 45 ＝ 74 & 9 ＝ 749
投注密碼 ＝ 749

第一步：
投注密碼＝區塊號碼和
749 等於圓圈數字總和

第二步：轉換成先發號碼
先發號碼 ＝ 7，13，19，25，31，37，43 並分成 4 組

第三步（第一組）

自行相乘變換數值

第一組 7，13 可轉換至任何一區，此次轉換至 C 區
(1) 7 ＋ 13 ＝ 20 ＝ 4×5 ＝ 45
(2) 45 ＝ 8 ＋ 15 ＋ 22
陰陽互換，出 1、29
取代 8、15、12

中繼號碼：1，29

第四步（第二組）

第二組 19 可轉換至任何一區，此次轉換至 B 區
(1) 19 倒轉 ＝ 91
(2) 91 ＝ 5 ＋ 7 ＋ 12 ＋ 13 ＋ 14 ＋ 19 ＋ 21
陰陽變，出 6、20 取代 91

中繼號碼：6，20

第五步（第三組）

第三組 25，31 可轉換至任何一區，此次轉換至 C 區
(1) 25 ＋ 31 ＝ 56
(2) 56 ＝ 24 ＋ 32
陰陽交叉，出 24、32
取代 25、31

中繼號碼：24，32

第六步（第四組）

第四組 37，43 可轉換至任何一區，此次轉換至 A 區
(1) 37 ＋ 43 ＝ 80
(2) 80 ＝ 2 ＋ 3 ＋ 4 ＋ 9 ＋ 11 ＋ 16 ＋ 17 ＋ 18
陰陽變，出 10 取代 80

中繼號碼：10

2. 舉例二：上期特別號＝ 25

上期特別號＝ 25
25 與 18 相連且
在 11 & 32 中間
選號座標
＝ 11 & 32

(1) 11 保持不變
(2) 32 ＝ 4×8 ＝ 48
則 11 & 32 ＝ 11 & 48 ＝ 1148
投注密碼＝ 1148

第一步：
投注密碼＝區塊號碼和
1148 等於圓圈數字總和

第二步：轉換成先發號碼
先發號碼＝ 8，9，10，11，
12，13，14 並分成 4 組

第三步（第一組）

第一組 14，13 可轉換至任何一
區，此次轉換至 C 區
(1) 14 ＋ 13 ＝ 27 倒轉＝ 72
(2) 72 ＝ 32 ＋ 40
陰陽交叉，出 33、39
取代 32、40

中繼號碼：33，39

第四步（第二組）

第二組 12，11 可轉換至任何一
區，此次轉換至 C 區
12 ＋ 11 ＝ 23
陰陽互換，出 22、24 取代 23

中繼號碼：22，24

第五步（第三組）

第三組 10，9 可轉換至任何一
區，此次轉換至 B 區
(1) 10 ＋ 9 ＝ 19 倒轉＝ 91
(2) 91 ＝ 5 ＋ 6 ＋ 11 ＋ 12 ＋
18 ＋ 19 ＋ 20
陰陽變，出 4、13 取代 91

中繼號碼：4，13

第六步（第四組）

第四組 8 可轉換至任何一區，
此次轉換至 A 區
(1) 8 ＝ 08 倒轉＝ 80
(2) 80 ＝ 2 ＋ 3 ＋ 8 ＋ 9 ＋ 10
＋ 15 ＋ 16 ＋ 17
陰陽變，出 1 取代 80

中繼號碼：1

3. 舉例三：上期特別號＝21

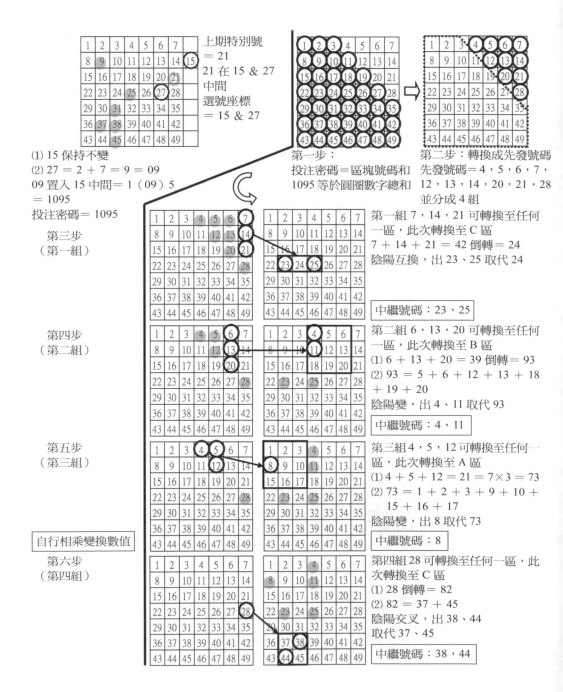

上期特別號
＝ 21
21 在 15 & 27
中間
選號座標
＝ 15 & 27

(1) 15 保持不變
(2) 27 = 2 + 7 = 9 = 09
09 置入 15 中間 = 1（09）5
= 1095
投注密碼 = 1095

第三步
（第一組）

第四步
（第二組）

第五步
（第三組）

自行相乘變換數值

第六步
（第四組）

第一步：
投注密碼＝區塊號碼和
1095 等於圓圈數字總和

第二步：轉換成先發號碼
先發號碼＝4，5，6，7，
12，13，14，20，21，28
並分成 4 組

第一組 7，14，21 可轉換至任何
一區，此次轉換至 C 區
7 + 14 + 21 = 42 倒轉 = 24
陰陽互換，出 23、25 取代 24

中繼號碼：23，25

第二組 6，13，20 可轉換至任何
一區，此次轉換至 B 區
(1) 6 + 13 + 20 = 39 倒轉 = 93
(2) 93 = 5 + 6 + 12 + 13 + 18
+ 19 + 20
陰陽變，出 4、11 取代 93

中繼號碼：4，11

第三組 4，5，12 可轉換至任何一
區，此次轉換至 A 區
(1) 4 + 5 + 12 = 21 = 7×3 = 73
(2) 73 = 1 + 2 + 3 + 9 + 10 +
15 + 16 + 17
陰陽變，出 8 取代 73

中繼號碼：8

第四組 28 可轉換至任何一區，此
次轉換至 C 區
(1) 28 倒轉 = 82
(2) 82 = 37 + 45
陰陽交叉，出 38、44
取代 37、45

中繼號碼：38，44

4. 舉例四：上期特別號＝ 26

上期特別號＝ 26
26 在 25 & 27
中間
選號座標
＝ 25 & 27

(1)25 ＝ 2×5 ＝ 10
(2)27 保持不變＝ 27
則 25 & 27 ＝ 10 & 27
＝ 1027
投注密碼＝ 1027

第一步：
投注密碼＝區塊號碼和
1027 等於圓圈數字總和

第二步：轉換成先發號碼
先發號碼＝ 3，4，5，11，
12，13，19，20，21，
27，28，35 並分成 4 組

第三步
（第一組）

第一組 21，13，5 可轉換至任何
一區，此次轉換至 B 區
(1) 21 ＋ 13 ＋ 5 ＝ 39 倒轉＝ 93
(2) 93 ＝ 5 ＋ 6 ＋ 12 ＋ 13 ＋ 18
＋ 19 ＋ 20
陰陽變，出 4，11 取代 93

中繼號碼：4，11

第四步
（第二組）

第二組 4，12，20，28 可轉換至
任何一區，此次轉換至 A 區
(1) 4 ＋ 12 ＋ 20 ＋ 28 ＝ 64
(2) 64 ＝ 1 ＋ 2 ＋ 3 ＋ 8 ＋ 9 ＋
10 ＋ 15 ＋ 16
陰陽變，出 17 取代 64

中繼號碼：17

第五步
（第三組）

第三組 35，27 轉換至任何一區，
此次轉換至 C 區
(1)35 ＋ 27 ＝ 62
(2)62 ＝ 28 ＋ 34
陰陽交叉，出 27，35
取代 28，34

中繼號碼：27，35

第六步
（第四組）

第四組 19，11，3 轉換至任何一
區，此次轉換至 C 區
19 ＋ 11 ＋ 3 ＝ 33
陰陽互換，出 26，40 取代 33

中繼號碼：26，40

三、第七步圖示

　　圖形翻轉：將 7 個中繼號碼藉由對稱翻轉而變成 7 個新的號碼，即為決勝號碼，而翻轉的轉軸有多種，但只選取一種，且翻轉後的 7 個決勝號碼，必須仍然能落在基本 49 棋盤範圍內，不可落在基本棋盤外。

　　舉例：

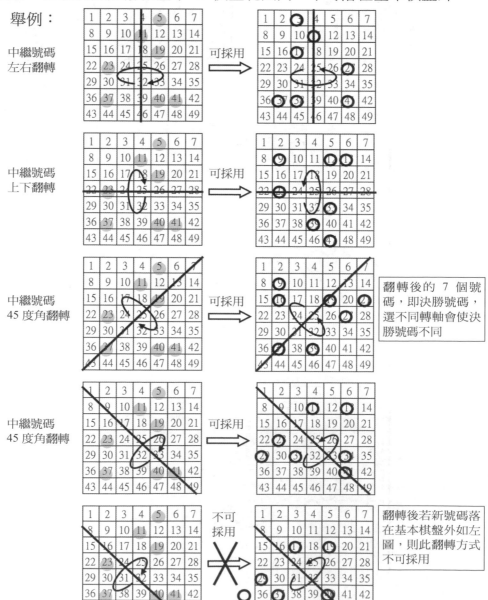

49 棋盤外

四、第八、九步圖示

直線位移：中繼號碼翻轉變成決勝號碼後，再從 7 個決勝號碼中，任選 2 個分別做水平、垂直或 45 度斜線位移後，得到的最終 7 個號碼，即可選為准投注號碼。

1. 直線移位：

(1)可選 16 移至 19　　(2)可選 16 移至 37　　(3)可選 16 移至 2

2. 45 度斜線移位：

(1)可選 16 移至 4　　(2)可選 16 移至 32　　(3) 16 不能移至 7 或 45

3. 移位限制：

(1)移位時，不能跨越另一個中獎號碼移位。

(2)此二個移位路線，無論直線或斜線，均不能相互交錯。

(3)若移位後的新號碼最終是特別號，則不受上述(1)或(2)的限制。

(4)原則上兩條移位路線不能相交，但也有下述例外且可接受的情形：

　①有些國家的 6/49 樂透彩，其正選的 6 個獎號與最後選出的特別號，是先後從不同的號碼櫃中選出，所以會有出現同號的

現象；若這兩個相同號碼都是最後分別從別的號碼移入同一位置，當然會發生移位路線相交。

②有些國家的樂透彩只正選 6 個獎號而沒有特別號，因此需要向前一期借用一個號碼湊成 7 個；此兩期是自不同日期搖出，也會出現同號的現象，故也會發生移位路線相交的情形。

移位路線，不能跨越另一個中獎號碼，例如 20 或 40，即此種跨越移位不可採用

二個移位路線，不能相互交錯，即此二個交叉移位，至少有一個不可採用

五、第十步：移除借用的號碼

寰宇樂透彩的選號規範，必須要有 7 個號碼參與演變轉換，而有一些國家的樂透彩只開 6 個號碼，也沒有特別號或是先開出 5 個號碼，最後再追加一個特別號，換言之，開出的獎號每期總共就只有 6 個。

1. 只開出 6 個獎號的樂透彩，大多是以當期的 6 個獎號向上期獎號中，借用一個號碼來湊成 7 個號碼。

2. 當期的選號座標即參考該借來的號碼。

3. 若當期的 6 個獎號之一與借用號碼相同，仍當作 2 個獨立號碼。

4. 最後從 7 個獎號中，移除向上期借來的號碼（即第十步），剩下 6 個獎號即為當期的中獎號碼。

5. 香港六合彩沒有上述的第十步。

圖解香港六合彩 2013 年 1，2 月中獎號碼

期數	開獎日期	星期	六合彩中獎號碼						特別號
001	1 月 03 日	四	17	25	32	33	46	48	39
002	1 月 08 日	二	14	19	20	21	29	49	7
003	1 月 10 日	四	2	9	24	34	41	45	48
004	1 月 13 日	日	3	6	19	21	31	49	7
005	1 月 15 日	二	3	4	7	24	27	31	13
006	1 月 17 日	四	2	8	14	25	43	44	11
007	1 月 19 日	六	3	12	19	21	31	48	26
008	1 月 22 日	二	2	4	20	22	30	37	1
009	1 月 24 日	四	1	2	3	9	20	49	24
010	1 月 26 日	六	2	29	41	42	45	48	5
011	1 月 29 日	二	8	20	26	36	44	47	28
012	1 月 31 日	四	16	22	27	35	38	46	32
013	2 月 03 日	日	2	17	23	39	47	48	22
014	2 月 05 日	二	5	19	31	32	34	45	13
015	2 月 07 日	四	3	8	12	18	22	33	37
016	2 月 09 日	六	4	8	10	35	46	47	32
017	2 月 14 日	四	11	16	24	27	36	48	47
018	2 月 16 日	六	3	12	30	35	37	38	18
019	2 月 19 日	二	5	18	19	32	40	44	34
020	2 月 21 日	四	11	14	21	22	32	49	7
021	2 月 23 日	六	12	19	23	30	35	36	15
022	2 月 26 日	二	1	4	15	16	18	36	21
023	2 月 28 日	四	10	11	23	26	28	30	17

圖解 2013/1/3 香港六合彩第 001 期

獎號：17，25，32，33，46，48　特：39

上期特別號＝45
因號碼循環排列，
45 在 39 & 2 中間
選號座標：39 & 2

第一步：
在 49 棋盤上找出 1102
且等於圓圈數字總和

(1)39 ＝ 3 ＋ 9 ＝ 12 ＝ 2 個 1 ＝ 11
(2)2 ＝ 02
則 39 & 2 ＝ 12 & 02 ＝ 11 & 02 ＝ 1102
投注密碼＝ 1102

第二步：
找出 9 個先發號碼取代
1102 並分成 4 組

第三步：
第一組 4，12，20，
28 轉換至 A 區

(1) 4 ＋ 12 ＋ 20 ＋ 28 ＝ 64
(2) 64 ＝ 1 ＋ 2 ＋ 3 ＋ 8 ＋
9 ＋ 10 ＋ 15 ＋ 16
陰陽變，出 17 取代 64

中繼號碼：17

第四步：
第二組 21，14 轉換
至 C 區

21 ＋ 14 ＝ 35
陰陽互換，出 28，42
取代 35

中繼號碼：28，42

第五步：
第三組 6 轉換至 C 區

(1) 6 ＝ 06 倒轉 ＝ 60
(2) 60 ＝ 26 ＋ 34
陰陽交叉，出 27，33
取代 26，34

中繼號碼：27，33

第六步：
第四組 5，13
轉換至 B 區

自行相乘
變換數值

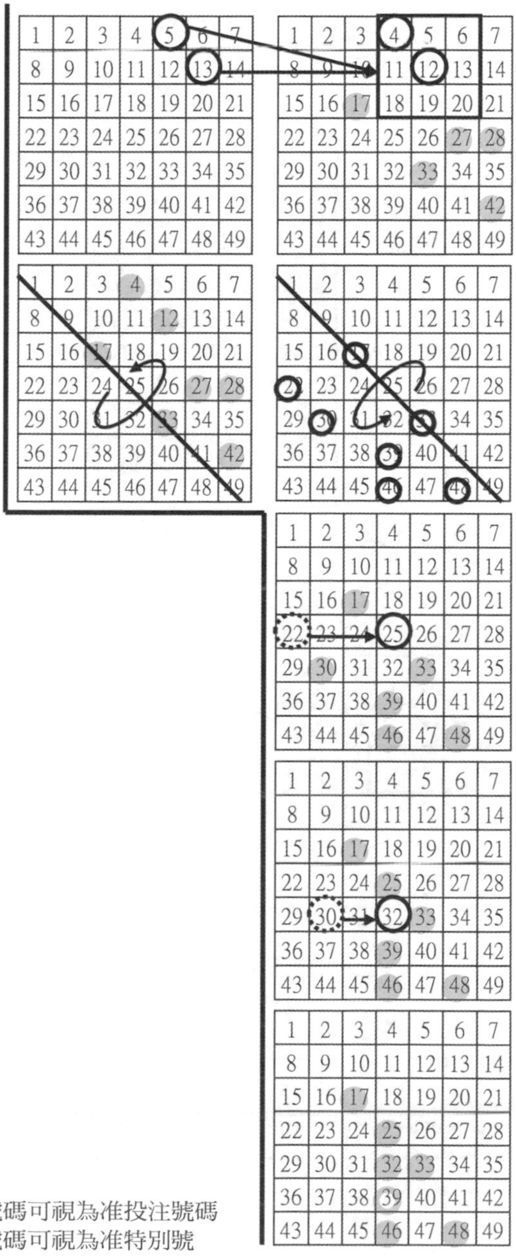

(1) 5 ＋ 13 ＝ 18 ＝ 9×2 ＝ 92
(2) 92 ＝ 5 ＋ 6 ＋ 11 ＋ 13 ＋
18 ＋ 19 ＋ 20
陰陽變，出 4，12 取代 92

中繼號碼：4，12

第七步：
翻轉 7 個中繼號碼
中繼號碼翻轉後變成 7 個
決勝號碼（17，22，30，
33，39，46，48）

第八步：
任選一個號碼移位
選 22 移至 25

第九步：
任選一個號碼移位
選 30 移至 32

准投注號碼＝開獎號碼

右圖棋盤上：
(1) 6 個實心圈圈號碼可視為准投注號碼
(2) 1 個空心圈圈號碼可視為准特別號

頭獎注數：0

二獎注數：1.5

三獎注數：165.5

圖解 2013/1/8 香港六合彩第 002 期

獎號：14，19，20，21，29，49　特：7

上期特別號＝ 39
因號碼循環排列，
39 與 25、32、46
相連且在 18 & 4 中間
選號座標：18 & 4

第一步：
在 49 棋盤上找出 994
且等於圓圈數字總和

(1) 18 倒轉＝ 81 ＝ 9×9 ＝ 99
(2) 4 保持不變
則 18 & 4 ＝ 81 & 4 ＝ 99 & 4 ＝ 994
投注密碼：994

第二步：
找出 21 個先發號碼
取代 994 並分成 4 組

第三步：
第一組 15，16，
17，18，19 轉換
至 B 區

(1) 15 ＋ 16 ＋ 17 ＋ 18 ＋
　　19 ＝ 85
(2) 85 ＝ 4 ＋ 11 ＋ 13 ＋
　　18 ＋ 19 ＋ 20
陰陽變，出 5、6、12
取代 85

中繼號碼：5、6、12

第四步：
第二組 20，21 轉換
至 C 區

20 ＋ 21 ＝ 41 倒轉＝ 14
陰陽互換，出 7、21
取代 14

中繼號碼：7，21

第五步：
第三組 14，7，6，
5，4，3，2，1 轉換
至 C 區

14 ＋ 7 ＋ 6 ＋ 5 ＋ 4 ＋ 3
＋ 2 ＋ 1 ＋ 42 ＝ 2 個 4 ＝
44
陰陽互換，出 43、45
取代 44

中繼號碼：43，45

第六步：
第四組 8，9，
10，11，12，
13 轉換至 A 區

自行相乘
變換數值

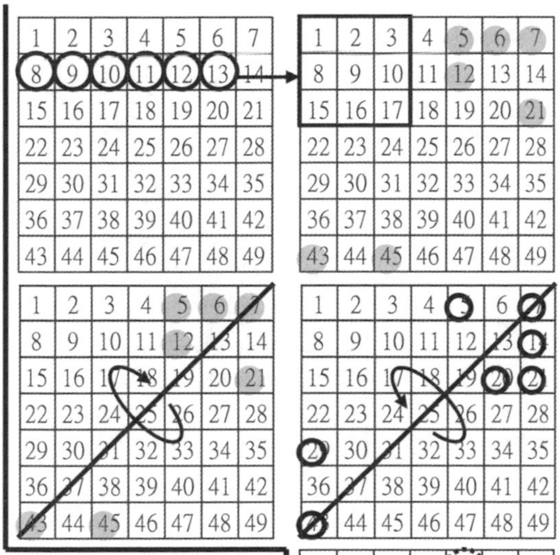

(1) 8 ＋ 9 ＋ 10 ＋ 11 ＋ 12 ＋
13 ＝ 63 ＝ 6×3 ＝ 18 倒轉
＝ 81

(2) 81 ＝ 1 ＋ 2 ＋ 3 ＋ 8 ＋ 9 ＋
10 ＋ 15 ＋ 16 ＋ 17
陰陽變，不出任何數取代 81

第七步：
翻轉 7 個中繼號碼
中繼號碼翻轉後變成 7 個
決勝號碼（5，7，14，20，
21，29，43）

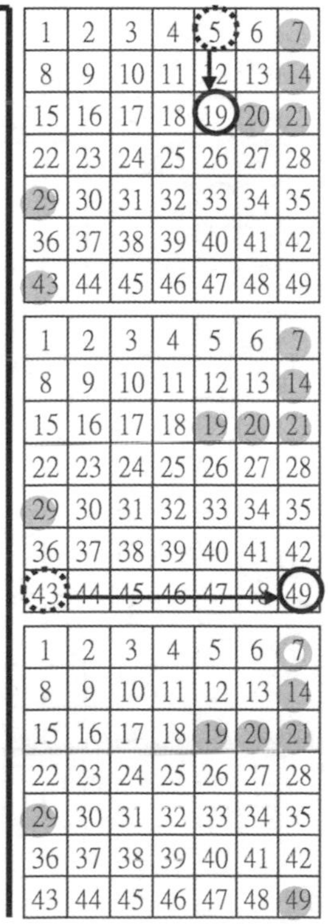

第八步：
任選一個號碼移位
選 5 移至 19

第九步：
任選一個號碼移位
選 43 移至 49

右圖棋盤上：
(1) 6 個實心圈圈號碼可視為准投注號碼
(2) 1 個空心圈圈號碼可視為准特別號

准投注號碼＝開獎號碼

頭獎注數：2（前面連續槓龜七次）

二獎注數：7

三獎注數：230

圖解 2013/1/10 香港六合彩第 003 期

獎號：2，9，24，34，41，45　特：48

上期特別號＝7
因號碼循環排列，
7 在 6 & 8 中間
選號座標：6 & 8

第一步：
在 49 棋盤上找出 924
且等於圓圈數字總和

(1) 6 倒看＝9
(2) 8 ＝ 2×4 ＝ 24
則 6 & 8 ＝ 9 & 24 ＝ 924
投注密碼：924

第二步：
找出 6 個先發號碼
取代 924 並分成 4 組

第三步：
第一組 6，12 轉換
至 A 區

(1) 6 ＋ 12 ＝ 18 倒轉＝ 81
(2) 81 ＝ 1 ＋ 2 ＋ 3 ＋ 8 ＋
9 ＋ 10 ＋ 15 ＋ 16 ＋ 17
陰陽變，不出任何數取代
81

第四步：
第二組 18 轉換至
B 區

(1) 18 倒轉＝ 81
(2) 81 ＝ 6 ＋ 7 ＋ 13 ＋ 14
＋ 20 ＋ 21
陰陽變，出 5、12、19
取代 81

中繼號碼：5，12，19

第五步：
第三組 24，30 轉換
至 C 區

24 ＋ 30 ＝ 54 倒轉＝ 45
陰陽互換，出 44、46 取代
45

中繼號碼：44，46

第六步：
第四組 36 轉換
至 C 區

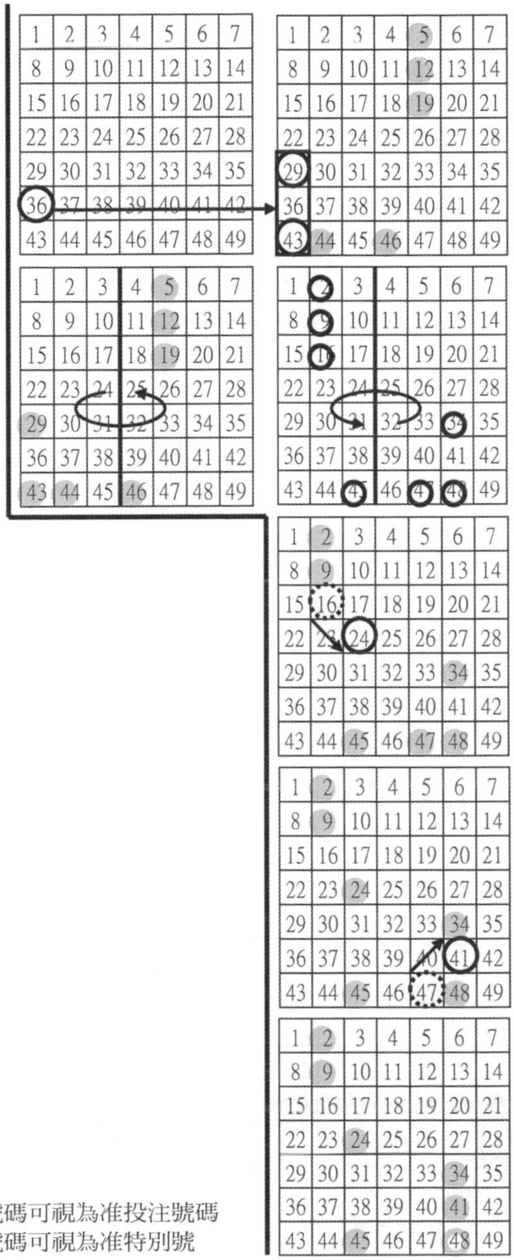

36 保持不變
陰陽變，出 29、43 取代 36

1	2	3	4	5	6	7
8	9	10	11	12	13	14
15	16	17	18	19	20	21
22	23	24	25	26	27	28
29	30	31	32	33	34	35
36	37	38	39	40	41	42
43	44	45	46	47	48	49

1	2	3	4	5	6	7
8	9	10	11	12	13	14
15	16	17	18	19	20	21
22	23	24	25	26	27	28
29	30	31	32	33	34	35
36	37	38	39	40	41	42
43	44	45	46	47	48	49

中繼號碼：29，43

第七步：
翻轉 7 個中繼號碼
中繼號碼翻轉後變成 7 個
決勝號碼（2，9，16，34，
45，47，48）

1	2	3	4	5	6	7
8	9	10	11	12	13	14
15	16	17	18	19	20	21
22	23	24	25	26	27	28
29	30	31	32	33	34	35
36	37	38	39	40	41	42
43	44	45	46	47	48	49

1	2	3	4	5	6	7
8	9	10	11	12	13	14
15	16	17	18	19	20	21
22	23	24	25	26	27	28
29	30	31	32	33	34	35
36	37	38	39	40	41	42
43	44	45	46	47	48	49

第八步：
任選一個號碼移位
選 16 移至 24

1	2	3	4	5	6	7
8	9	10	11	12	13	14
15	16	17	18	19	20	21
22	23	24	25	26	27	28
29	30	31	32	33	34	35
36	37	38	39	40	41	42
43	44	45	46	47	48	49

第九步：
任選一個號碼移位
選 47 移至 41

1	2	3	4	5	6	7
8	9	10	11	12	13	14
15	16	17	18	19	20	21
22	23	24	25	26	27	28
29	30	31	32	33	34	35
36	37	38	39	40	41	42
43	44	45	46	47	48	49

右圖棋盤上：
(1) 6 個實心圈圈號碼可視為准投注號碼
(2) 1 個空心圈圈號碼可視為准特別號

1	2	3	4	5	6	7
8	9	10	11	12	13	14
15	16	17	18	19	20	21
22	23	24	25	26	27	28
29	30	31	32	33	34	35
36	37	38	39	40	41	42
43	44	45	46	47	48	49

准投注號碼＝開獎號碼

頭獎注數：0

二獎注數：0

三獎注數：73

圖解 2013/1/13 香港六合彩第 004 期

獎號：3，6，19，21，31，49　特：7

上期特別號＝ 48
因號碼循環排列，
48 與 41、34 相連且
在 6 & 27 中間
選號座標：6 & 27

第一步：
在 49 棋盤上找出 998
且等於圓圈數字總和

(1) 6 倒看＝ 9
(2) 27 倒轉＝ 72 ＝ 9×8 ＝ 98
則 6 & 27 ＝ 9 & 72 ＝ 9 & 98 ＝ 998
投注密碼：998

第二步：
找出 11 個先發號碼
取代 998 並分成 4 組

第三步：
第一組 35，27 轉換
至 A 區

(1) 35 ＋ 27 ＝ 62 ＝ 2 個 6
　＝ 66
(2) 66 ＝ 1 ＋ 2 ＋ 3 ＋ 8 ＋
　9 ＋ 10 ＋ 16 ＋ 17
陰陽變，出 15 取代 66

中繼號碼：15

第四步：
第二組 19 轉換至
B 區

(1) 19 倒轉＝ 91
(2) 91 ＝ 5 ＋ 6 ＋ 12 ＋ 13
　＋ 14 ＋ 20 ＋ 21
陰陽變，出 7、19 取代 91

中繼號碼：7，19

第五步：
第三組 11，3，2，
10，18，26 轉換至
C 區

(1) 11 ＋ 3 ＋ 2 ＋ 10 ＋ 18
　＋ 26 ＝ 70
(2) 70 ＝ 32 ＋ 38
陰陽交叉，出 31、39
取代 32、38

中繼號碼：31，39

第六步：
第四組 34，42
轉換至 C 區

自行相乘
變換數值

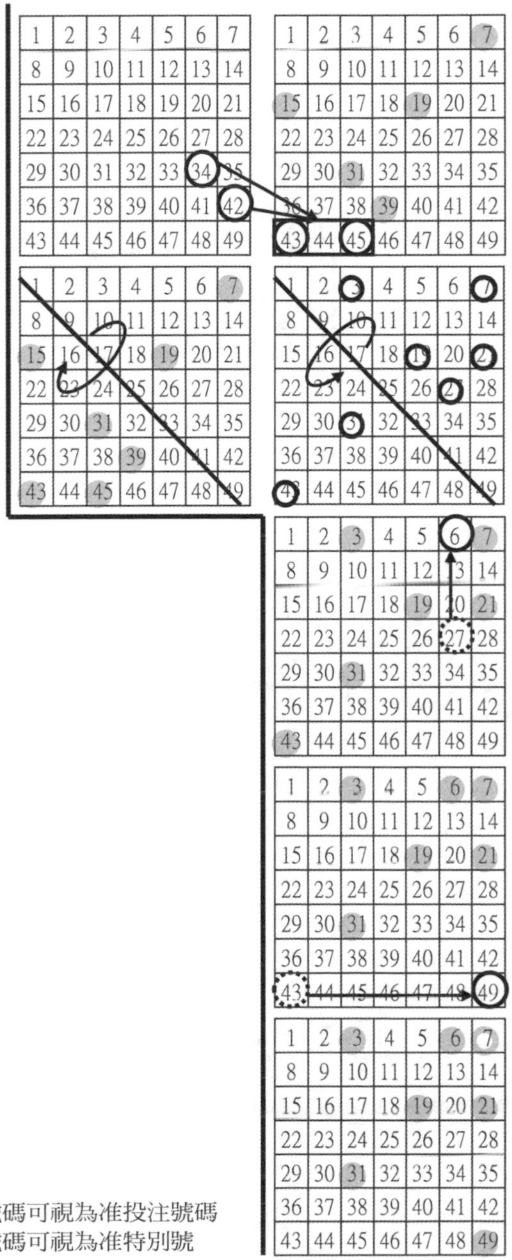

34 ＋ 42 ＝ 76 ＝ 7×6 ＝ 42 ＝
2 個 4 ＝ 44
陰陽互換，出 43、45 取代 44

中繼號碼：43，45

第七步：
翻轉 7 個中繼號碼
中繼號碼翻轉後變成 7 個
決勝號碼（3，7，19，21，
27，31，43）

第八步：
任選一個號碼移位
選 27 移至 6

第九步：
任選一個號碼移位
選 43 移至 49

右圖棋盤上：
(1) 6 個實心圈圈號碼可視為准投注號碼
(2) 1 個空心圈圈號碼可視為准特別號

准投注號碼＝開獎號碼

頭獎注數：0

二獎注數：1.5

三獎注數：50

圖解 2013/1/15 香港六合彩第 005 期

獎號：3，4，7，24，27，31　特：13

上期特別號＝ 7
因號碼循環排列，
7 在 49 & 14 中間
選號座標：49 & 14

第一步：
在 49 棋盤上找出 1014
且等於圓圈數字總和

(1) 49 倒看＝ 64 ＝ 6 ＋ 4 ＝ 10
(2) 14 保持不變
則 49 & 14 ＝ 64 & 14 ＝ 10 & 14 ＝ 1014
投注密碼：1014

第二步：
找出 11 個先發號碼
取代 1014 並分成 4 組

第三步：
第一組　5，6，11，
12，17，18

(1) 5 ＋ 6 ＋ 11 ＋ 12 ＋ 17
＋ 18 ＝ 69 倒轉＝ 96
(2) 96 ＝ 4 ＋ 5 ＋ 6 ＋ 11
＋ 13 ＋ 18 ＋ 19 ＋ 20
陰陽變，出 12 取代 96

中繼號碼：12

第四步：
第二組 23，24 轉換
至 C 區

(1) 23 ＋ 24 ＝ 47 倒轉＝
74
(2) 74 ＝ 34 ＋ 40
陰陽交叉，出 33、41
取代 34、40

中繼號碼：33，41

第五步：
第三組 30 轉換至
C 區

30 保持不變
陰陽互換，出 23、37
取代 30

中繼號碼：23，37

第六步：
第四組 29，36
轉換至 A 區

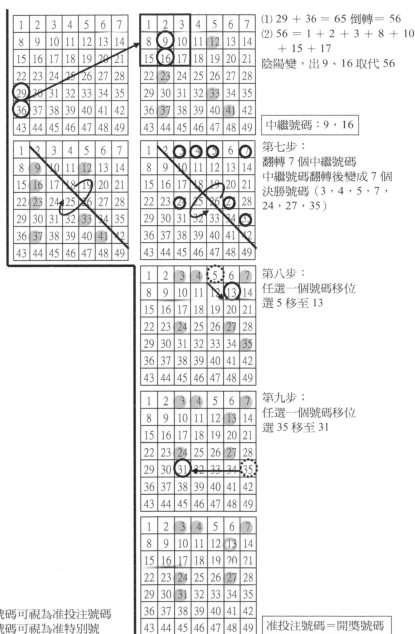

(1) 29 ＋ 36 ＝ 65 倒轉＝ 56

(2) 56 ＝ 1 ＋ 2 ＋ 3 ＋ 8 ＋ 10
　　＋ 15 ＋ 17
陰陽變，出 9、16 取代 56

中繼號碼：9，16

第七步：
翻轉 7 個中繼號碼
中繼號碼翻轉後變成 7 個
決勝號碼（3，4，5，7，
24，27，35）

第八步：
任選一個號碼移位
選 5 移至 13

第九步：
任選一個號碼移位
選 35 移至 31

右圖棋盤上：
(1) 6 個實心圈圈號碼可視為准投注號碼
(2) 1 個空心圈圈號碼可視為准特別號

准投注號碼＝開獎號碼

頭獎注數：1（ $ 20,079,730 ）

二獎注數：3

三獎注數：125.5

圖解 2013/1/17 香港六合彩第 006 期

獎號：2，8，14，25，43，44　特：11

上期特別號＝13
13 在 6 & 20 中間
選號座標：6 & 20

第一步：
在 49 棋盤上找出 322
且等於圓圈數字總和

(1) 6 ＝ 3×2 ＝ 32
(2) 20 倒轉 ＝ 02 ＝ 2
則 6 & 20 ＝ 32 & 02 ＝ 32 & 2 ＝ 322
投注密碼：322

第二步：
找出 7 個先發號碼
取代 322 並分成 4 組

第三步：
第一組 42 轉換至
C 區

42 保持不變
陰陽互換，出 35、49
取代 42

中繼號碼：35，49

第四步：
第二組 41，40 轉換
至 C 區

41 + 40 ＝ 81 倒轉 ＝ 18
陰陽互換，出 11、25
取代 18

中繼號碼：11，25

第五步：
第三組 39，38 轉換
至 B 區

(1) 39 + 38 ＝ 77 ＝ 2 個 7
＝ 72 ＝ 9×8 ＝ 98
(2) 98 ＝ 5 + 7 + 12 + 14
+ 19 + 20 + 21
陰陽變，出 6、13 取代 98

自行相乘變換數值

中繼號碼：6，13

第六步：
第四組 37，36
轉換至 A 區

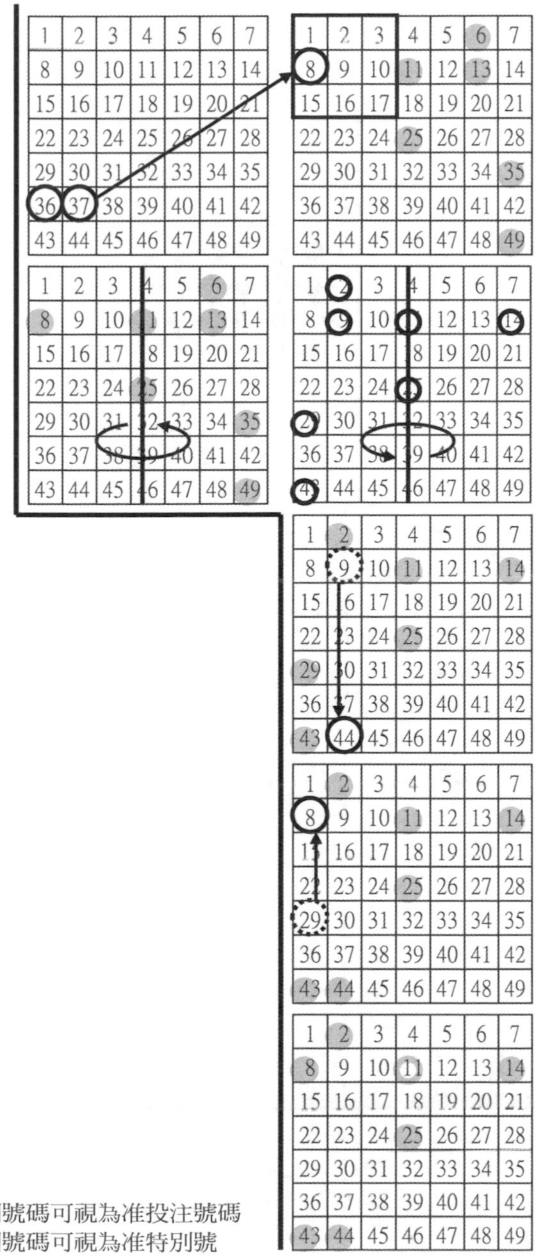

(1) 37 ＋ 36 ＝ 73
(2) 73 ＝ 1 ＋ 2 ＋ 3 ＋ 9 ＋ 10
　　＋ 15 ＋ 16 ＋ 17
陰陽變，出 8 取代 73

中繼號碼：8

第七步：
翻轉 7 個中繼號碼
中繼號碼翻轉後變成 7 個
決勝號碼（2，9，11，14，
25，29，43）

第八步：
任選一個號碼移位
選 9 移至 44

第九步：
任選一個號碼移位
選 29 移至 8

右圖棋盤上：
(1) 6 個實心圈圈號碼可視為准投注號碼
(2) 1 個空心圈圈號碼可視為准特別號

准投注號碼＝開獎號碼

頭獎注數：0

二獎注數：0

三獎注數：32.5

圖解 2013/1/19 香港六合彩第 007 期

獎號：3，12，19，21，31，48　特：26

(1) 10 保持不變
(2) 12 = 6 + 6 = 66
則 10 & 12 = 10 & 66 = 1066
投注密碼：1066

上期特別號 = 11
11 在 10 & 12 中間
選號座標：10 & 12

第一步：
在 49 棋盤上找出 1066
且等於圓圈數字總和

第二步：
找出 9 個先發號碼
取代 1066 並分成 4 組

第三步：
第一組 4，12，20，
28 轉換至 A 區

(1) 4 + 12 + 20 + 28 = 64
(2) 64 = 1 + 2 + 3 + 8 +
9 + 10 + 15 + 16
陰陽變，出 17 取代 64

中繼號碼：17

第四步：
第二組 35 轉換至
C 區

(1) 35 保持不變
(2) 35 = 14 + 21
陰陽互換，出 7、28 取代
14、21

中繼號碼：7，28

第五步：
第三組 27 轉換至
B 區

(1) 27 = 2 個 7 = 77
(2) 77 = 4 + 5 + 6 + 11
+ 13 + 18 + 20
陰陽變，出 12、19
取代 77

中繼號碼：12，19

第六步：
第四組 3，11，
19 轉換至 C 區

3 + 11 + 19 = 33
陰陽互換，出 26、40 取代 33

中繼號碼：26，40

第七步：
翻轉 7 個中繼號碼
中繼號碼翻轉後變成 7 個決勝
號碼（3，12，19，21，24，
26，40）

第八步：
任選一個號碼移位
選 24 移至 31

第九步：
任選一個號碼移位
選 40 移至 48

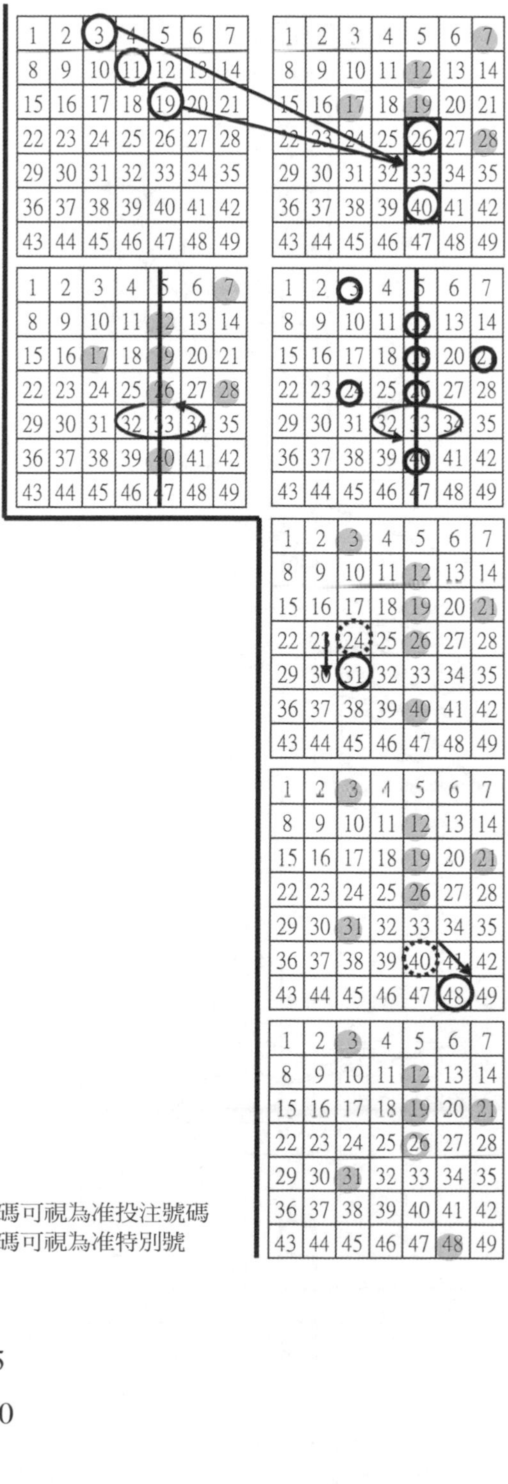

右圖棋盤上：
⑴ 6 個實心圈圈號碼可視為准投注號碼
⑵ 1 個空心圈圈號碼可視為准特別號

准投注號碼＝開獎號碼

頭獎注數：0

二獎注數：1.5

三獎注數：100

圖解 2013/1/22 香港六合彩第 008 期

獎號：2，4，20，22，30，37　特：1

上期特別號 = 26
26 在 25 & 27 中間
選號座標：25 & 27

第一步：
在 49 棋盤上找出 1014
且於圓圈數字總和

(1) 25 = 2×5 = 10
(2) 27 = 2×7 = 14
則 25 & 27 = 10 & 14 = 1014
投注密碼：1014

第二步：
找出 11 個先發號碼
取代 1014 並分成 4 組

第三步：
第一組 6，12，18
轉換至 B 區

自行相乘變換數值

(1) 6 + 12 + 18 = 36 倒
　　轉 = 63 = 7×9 = 79
(2) 79 = 4 + 5 + 6 + 12
　　+ 13 + 19 + 20
陰陽變，出 11、18
取代 79
中繼號碼：11，18

第四步：
第二組 24，30 轉換
至 C 區

24 + 30 = 54 倒轉 = 45
陰陽互換，出 44、46 取
代 45
中繼號碼：44，46

第五步：
第三組 36，29 轉換
至 C 區

(1) 29 + 36 = 65
(2) 65 = 22 + 43
陰陽互換，出 22、43
取代 29、36
中繼號碼：22，43

第六步：
第四組 23，17，
11，5 轉換至 A 區

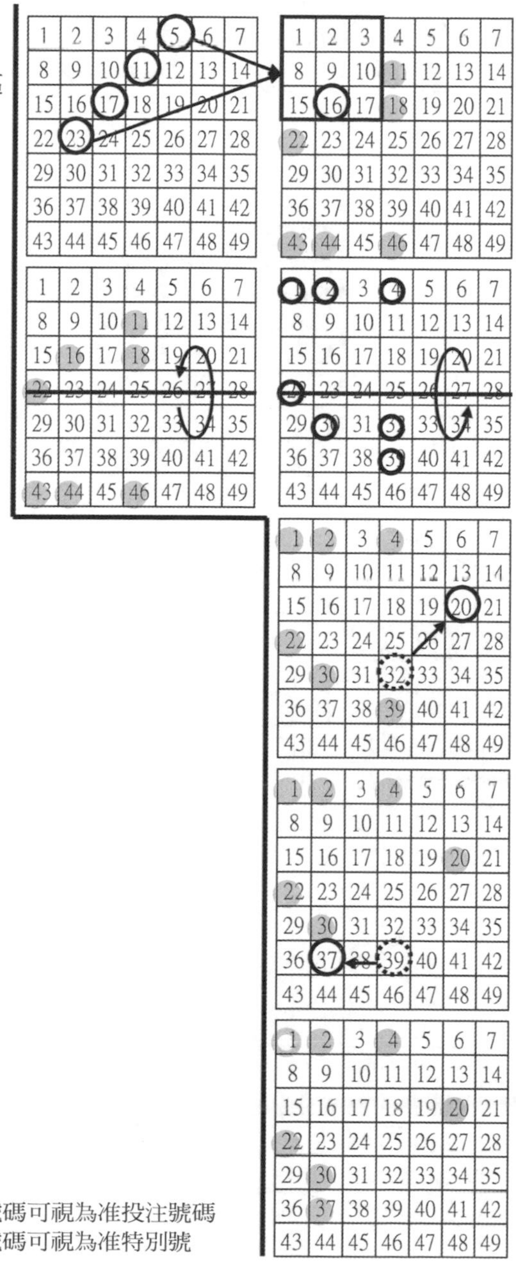

(1) 23 ＋ 17 ＋ 11 ＋ 5 － 56 倒
　　轉 ＝ 65
(2) 65 ＝ 1 ＋ 2 ＋ 3 ＋ 8 ＋ 9 ＋
　　10 ＋ 15 ＋ 17
陰陽變，出 16 取代 65

中繼號碼：16

第七步：
翻轉 7 個中繼號碼
中繼號碼翻轉後變成 7 個
決勝號碼（1，2，4，22，
30，32，39）

第八步：
任選一個號碼移位
選 32 移至 20

第九步：
任選一個號碼移位
選 39 移至 37

右圖棋盤上：
(1) 6 個實心圈圈號碼可視為准投注號碼
(2) 1 個空心圈圈號碼可視為准特別號

准投注號碼＝開獎號碼

頭獎注數：0

二獎注數：1

三獎注數：72

圖解 2013/1/24 香港六合彩第 009 期

獎號：1，2，3，9，20，49　特：24

上期特別號 = 1
因為號碼循環排列，
1 在 9 & 42 中間
選號座標：9 & 42

第一步：
在 49 棋盤上找出 994
且等於圓圈數字總和

(1) 9 保持不變 = 9
(2) 42 倒轉 = 24 = 4×6 = 46 倒看 = 94
則 9 & 42 = 9 & 46 = 9 & 94 = 994
投注密碼 = 994

第二步：
找出 21 個先發號碼
取代 994 並分成 4 組

第三步：
第一組 15，8，1，2，
3，4，5，6，7，14 轉
換至 A 區

(1) 15 + 8 + 1 + 2 + 3 +
4 + 5 + 6 + 7 + 14 =
65
(2) 65 = 1 + 2 + 3 + 8 +
9 + 10 + 15 + 17
陰陽變，出 16 取代 65

中繼號碼：16

第四步：
第二組 21，20
轉換至 C 區

21 + 20 = 41 倒轉 = 14
= 2×7 = 27 陰陽互換，
出 26，28 取代 27

中繼號碼：26，28

自行相乘變換數值

第五步：
第三組 19，18，17，
16，9，10 轉換至 B
區

(1) 19 + 18 + 17 + 16 +
9 + 10 = 89
(2) 89 = 4 + 5 + 11 + 12
+ 18 + 19 + 20
陰陽變，出 6，13 取代 89

中繼號碼：6，13

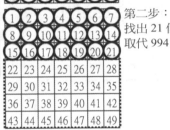

第六步：
第四組 11，12，
13 轉換至 C 區

11 + 12 + 13 = 36
陰陽互換，出 29，43 取代 36

中繼號碼：29，43

第七步：
中繼號碼翻轉後變成 7 個
決勝號碼（2，9，20，22，
24，35，49）

第八步：
任選一個號碼移位
選 22 移至 1

第九步：
任選一個號碼移位
選 35 移至 3

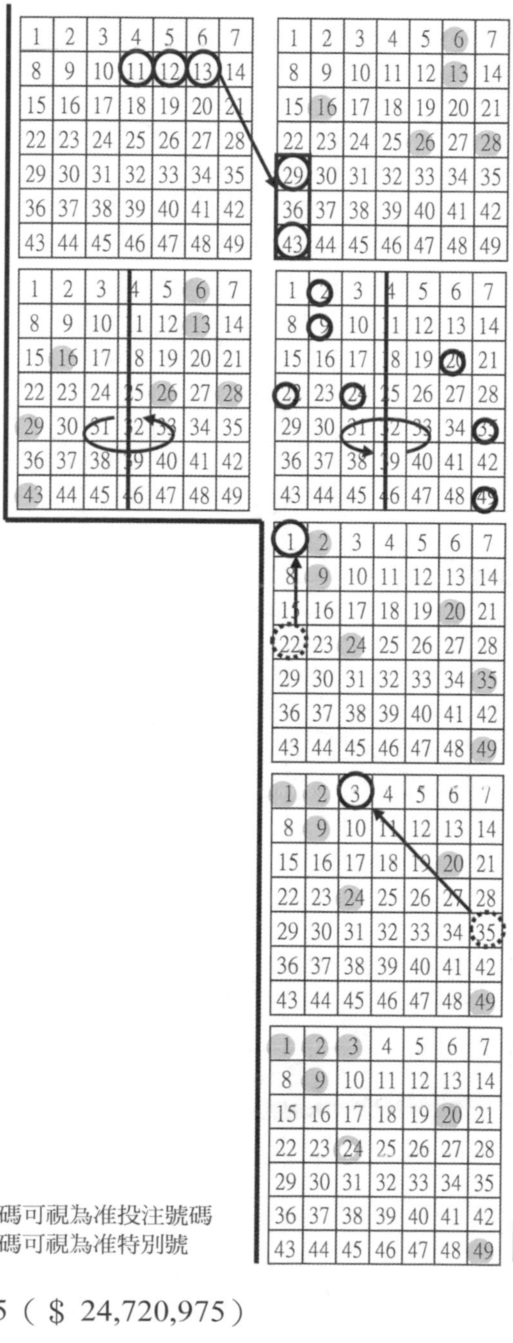

右圖棋盤上：
(1) 6 個實心圈圈號碼可視為准投注號碼
(2) 1 個空心圈圈號碼可視為准特別號

准投注號碼＝開獎號碼

頭獎注數：1.5（ $ 24,720,975）

二獎注數：9

三獎注數：233

圖解 2013/1/26 香港六合彩第 010 期

獎號：2，29，41，42，45，48　特：5

上期特別號 = 24
24 在 32 & 16 中間
選號座標：32 & 16

第一步：
在 49 棋盤上找出 910
且等於圓圈數字總和

(1) 32 = 3×2 = 6 倒看 = 9
(2) 16 倒看 = 91 = 9 + 1 = 10
則 32 & 16 = 6 & 91 = 9 & 10 = 910
投注密碼：910

第二步：
找出 14 個先發號碼
取代 910 並分成 4 組

第三步：
第一組 44，37 轉換
至 B 區

(1) 44 + 37 = 81 倒轉
= 18 = 9×2 = 92
(2) 92 = 4 + 6 + 12 + 13
+ 18 + 19 + 20
陰陽變，出 5、11 取代 92

中繼號碼：5，11

自行相乘變換數值

第四步：
第二組 30，23，
16，9，2，1，8
轉換至 C 區

(1) 30 + 23 + 16 + 9 + 2
+ 1 + 8 = 89
(2) 89 = 44 + 45
陰陽互換，出 43、46
取代 44、45

中繼號碼：43，46

第五步：
第三組 15，22，29
轉換至 C 區

(1) 15 + 22 + 29 = 66
(2) 66 = 29 + 37
陰陽交叉，出 30、36
取代 29、37

中繼號碼：30，36

第六步：
第四組 36，43
轉換至 A 區

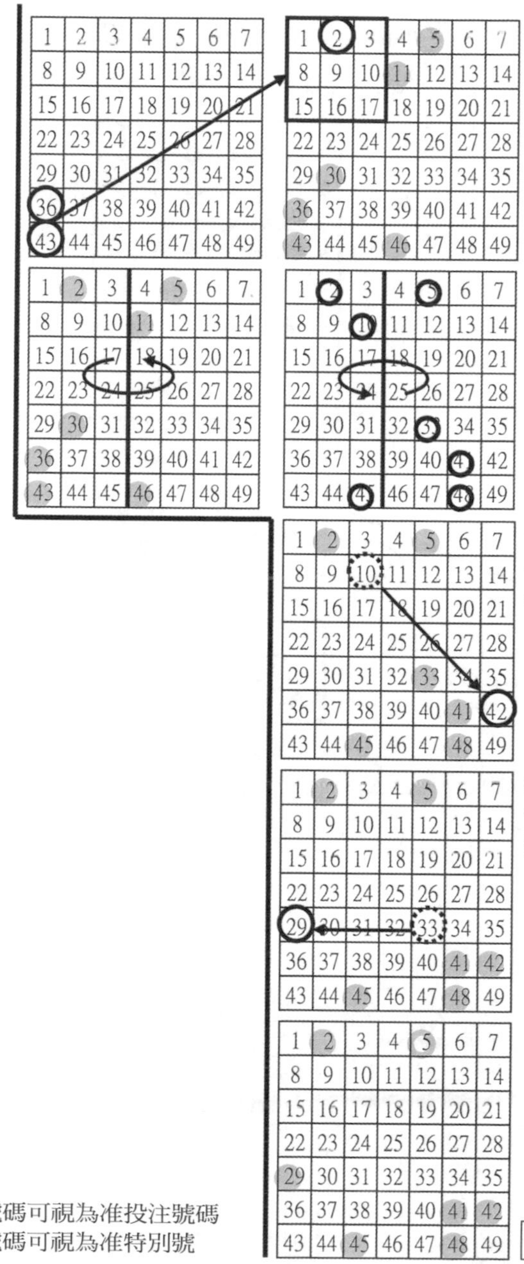

(1) 36 ＋ 43 ＝ 79
(2) 79 ＝ 1 ＋ 3 ＋ 8 ＋ 9 ＋ 10
　　＋ 15 ＋ 16 ＋ 17
　　陰陽變，出 2 取代 79

中繼號碼：2

第七步：
翻轉 7 個中繼號碼
中繼號碼翻轉後變成 7 個
決勝號碼（2，5，10，33，
41，45，48）

第八步：
任選一個號碼移位
選 10 移至 42

第九步：
任選一個號碼移位
選 33 移至 29

右圖棋盤上：
(1) 6 個實心圈圈號碼可視為准投注號碼
(2) 1 個空心圈圈號碼可視為准特別號

准投注號碼＝開獎號碼

頭獎注數：1（＄8,000,000）

二獎注數：1.5

三獎注數：49.5

圖解 2013/1/29 香港六合彩第 011 期

獎號：8，20，26，36，44，47　特：28

上期特別號 = 5
5 在 4 & 6 中間
選號座標：4 & 6

第一步：
在 49 棋盤上找出 406
且等於圓圈數字總和

(1) 4 保持不變
(2) 6 = 06
則 4 & 6 = 4 & 06 = 406
投注密碼：406

第二步：
找出 7 個先發號碼
取代 406 並分成 4 組

第三步：
第一組 35 轉換至
A 區

(1) 35 = 5×7 = 57
(2) 57 = 1 + 2 + 3 + 8 + 10 + 16 + 17
陰陽變，出 9、15 取代 57
中繼號碼：9，15

自行相乘變換數值

第四步：
第二組 34，33 轉換
至 C 區

(1) 34 + 33 = 67 倒轉 = 76
(2) 76 = 34 + 42
陰陽交叉，出 35、41
取代 34、42
中繼號碼：35，41

第五步：
第三組 32，31 轉換
至 C 區

32 + 31 = 63 倒轉 = 36
陰陽互換，出 29、43 取
代 36
中繼號碼：29，43

第六步：
第四組 30，29
轉換至 B 區

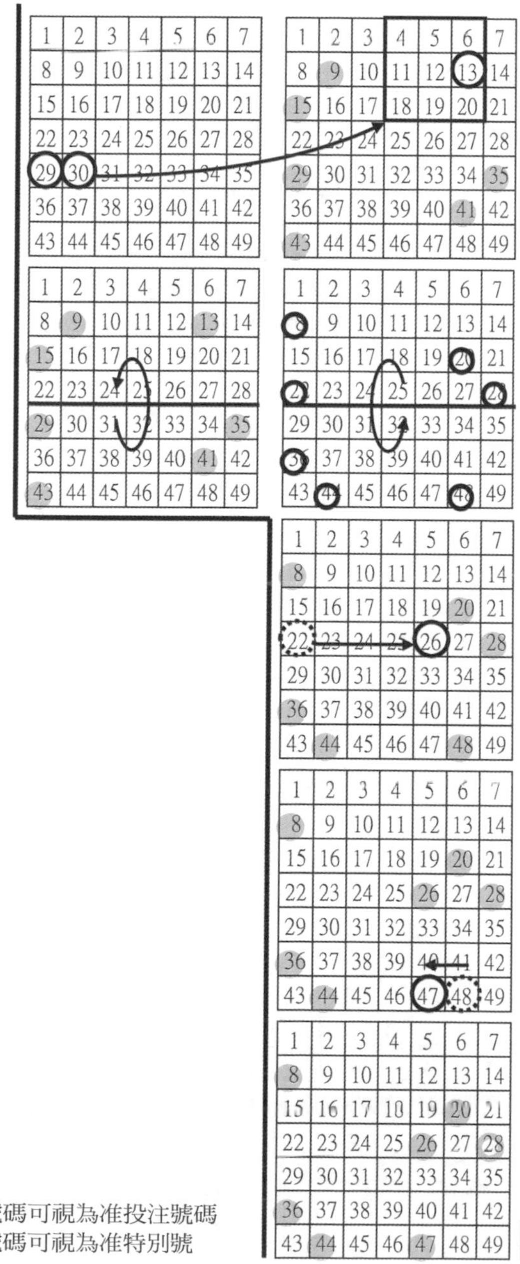

(1) 30 ＋ 29 ＝ 59 倒轉 ＝ 95
(2) 95 ＝ 4 ＋ 5 ＋ 6 ＋ 11 ＋ 12
＋ 18 ＋ 19 ＋ 20
陰陽變，出 13 取代 95

中繼號碼：13

第七步：
翻轉 7 個中繼號碼
中繼號碼翻轉後變成 7 個決勝
號碼（8，20，22，28，36，
44，48）

第八步：
任選一個號碼移位
選 22 移至 26

第九步：
任選一個號碼移位
選 48 移至 47

右圖棋盤上：
(1) 6 個實心圈圈號碼可視為准投注號碼
(2) 1 個空心圈圈號碼可視為准特別號

准投注號碼＝開獎號碼

頭獎注數：0

二獎注數：1

三獎注數：38.5

圖解 2013/1/31 香港六合彩第 012 期

獎號：16，22，27，35，38，46　特：32

上期特別號＝28
因號碼循環排列，
28 在 27 & 29 中間
選號座標：27 & 29

第一步：
在 49 棋盤上找出 1148
且等於圓圈數字總和

(1) 27 ＝ 2×7 ＝ 14
(2) 29 ＝ 2×9 ＝ 18
將 14 置入 18 中間＝1（14）8 ＝ 1148
投注密碼：1148

第二步：
找出 7 個先發號碼
取代 1148 並分成 4 組

第三步：
第一組 13，14 轉換
至 B 區

(1) 14 ＋ 13 ＝ 27 ＝ 2 個 7
　 ＝ 77
(2) 77 ＝ 5 ＋ 6 ＋ 7 ＋ 12
　 ＋ 13 ＋ 14 ＋ 20
陰陽變，出 19、21
取代 77

中繼號碼：19，21

第四步：
第二組 12 轉換至
C 區

(1) 12 ＝ 6 ＋ 6 ＝ 66
(2) 66 ＝ 29 ＋ 37
陰陽交叉，出 30、36
取代 29、37

雙胞胎自行相加

中繼號碼：30，36

第五步：
第三組 11，10 轉換
至 C 區

11 ＋ 10 ＝ 21 ＝ 2 個 1 ＝
11
陰陽互換，出 4、18 代 11

中繼號碼：4，18

第六步：
第四組 9，8 轉
換至 A 區

(1) 9 ＋ 8 ＝ 17 倒轉－ 71
(2) 71 ＝ 1 ＋ 2 ＋ 3 ＋ 8 ＋ 9 ＋
　　15 ＋ 16 ＋ 17
陰陽變，出 10 取代 71

中繼號碼：10

第七步：
翻轉 7 個中繼號碼
中繼號碼翻轉後變成 7 個決勝
號碼（8，16，32，33，35，
38，46）

第八步：
任選一個號碼移位
選 8 移至 22

第九步：
任選一個號碼移位
選 33 移至 27

右圖棋盤上：
(1) 6 個實心圈圈號碼可視為准投注號碼
(2) 1 個空心圈圈號碼可視為准特別號

准投注號碼＝開獎號碼

頭獎注數：1（ $ 12,240,970 ）

二獎注數：9.5

三獎注數：150

圖解 2013/2/3 香港六合彩第 013 期

獎號：2，17，23，39，47，48　特：22

上期特別號＝ 32
32 在 25 & 39 中間
選號座標：25 & 39

第一步：
在 49 棋盤上找出 1027
且等於圓圈數字總和

(1) 25 ＝ 2×5 ＝ 10
(2) 39 ＝ 3×9 ＝ 27
則 25 & 39 ＝ 10 & 27 ＝ 1027
投注密碼＝ 1027

第二步：
找出 12 個先發號碼
取代 1027 並分成 4 組

第三步：
第一組 21，13，5
轉換至 B 區

(1) 21 ＋ 13 ＋ 5 ＝ 39 倒
　　轉＝ 93
(2) 93 ＝ 5 ＋ 6 ＋ 12 ＋ 13
　　＋ 18 ＋ 19 ＋ 20
　　陰陽變，出 4，11 取代 93

中繼號碼：4，11

第四步：
第二組 4，12，20，
28 轉換至 A 區

(1) 4 ＋ 12 ＋ 20 ＋ 28 ＝ 64
(2) 64 ＝ 1 ＋ 2 ＋ 3 ＋ 8 ＋
　　9 ＋ 10 ＋ 15 ＋ 16
　　陰陽變，出 17 取代 64

中繼號碼：17

第五步：
第三組 35，27 轉換
至 C 區

(1) 35 ＋ 27 ＝ 62
(2) 62 ＝ 28 ＋ 34
　　陰陽交叉，出 27，35
　　取代 28，34

中繼號碼：27，35

第六步：
第四組 19，
11，3 轉換至
C 區

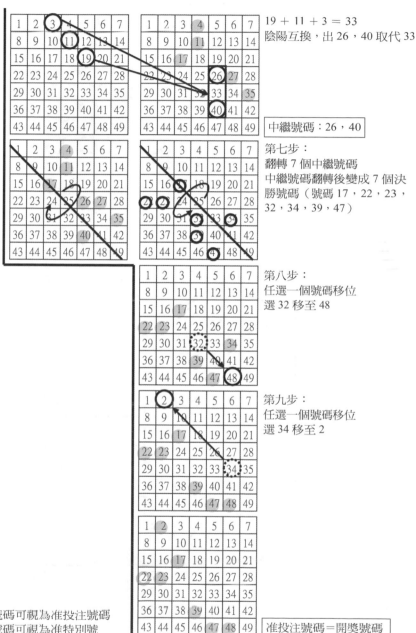

$19 + 11 + 3 = 33$
陰陽互換，出 26，40 取代 33

中繼號碼：26，40

第七步：
翻轉 7 個中繼號碼
中繼號碼翻轉後變成 7 個決
勝號碼（號碼 17，22，23，
32，34，39，47）

第八步：
任選一個號碼移位
選 32 移至 48

第九步：
任選一個號碼移位
選 34 移至 2

右圖棋盤上：
⑴ 6 個實心圈圈號碼可視為准投注號碼
⑵ 1 個空心圈圈號碼可視為准特別號

准投注號碼＝開獎號碼

頭獎注數：0

二獎注數：0

三獎注數：43.5

圖解 2013/2/5 香港六合彩第 014 期

獎號：5，19，31，32，34，45　特：13

上期特別號＝ 22
因號碼循環排列，
22 與 23 相連且在
24 & 21 中間
選號座標：24 & 21

第一步：
在 49 棋盤上找出 630
且等於圓圈數字總和

(1) 24 ＝ 2 ＋ 4 ＝ 6
(2) 21 ＝ 2 ＋ 1 ＝ 3 ＝ 03 倒轉 ＝ 30
則 24 & 21 ＝ 6 & 03 ＝ 6 & 30 ＝ 630
投注密碼：630

第二步：
找出 7 個先發號碼
取代 630 並分成 4 組

第三步：
第一組 42 轉換至
C 區

42 保持不變
陰陽互換，出 35、49
取代 42

中繼號碼：35，49

第四步：
第二組 41，40 轉換
至 A 區

(1) 41 ＋ 40 ＝ 81
(2) 81 ＝ 1 ＋ 2 ＋ 3 ＋ 8 ＋
　　9 ＋ 10 ＋ 15 ＋ 16 ＋ 17
陰陽變，不出任何數
取代 81

第五步：
第三組 39，38 轉換
至 C 區

39 ＋ 38 ＝ 77 ＝ 2 個 7 ＝
27
陰陽互換，出 26、28
代 27

中繼號碼：26，28

第六步：
第四組 37，36
轉換至 B 區

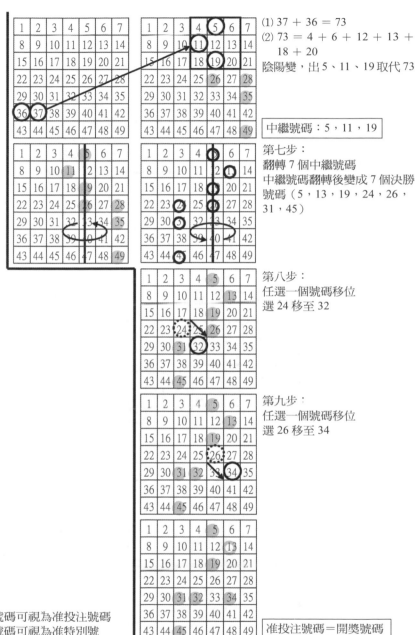

(1) 37 ＋ 36 ＝ 73
(2) 73 ＝ 4 ＋ 6 ＋ 12 ＋ 13 ＋
18 ＋ 20
陰陽變，出 5、11、19 取代 73

中繼號碼：5，11，19

第七步：
翻轉 7 個中繼號碼
中繼號碼翻轉後變成 7 個決勝
號碼（5，13，19，24，26，
31，45）

第八步：
任選一個號碼移位
選 24 移至 32

第九步：
任選一個號碼移位
選 26 移至 34

右圖棋盤上：
(1) 6 個實心圈圈號碼可視為准投注號碼
(2) 1 個空心圈圈號碼可視為准特別號

准投注號碼＝開獎號碼

頭獎注數：0.5（＄ 7,845,220）

二獎注數：1

三獎注數：59

圖解 2013/2/7 香港六合彩第 015 期

獎號：3，8，12，18，22，33　特：37

上期特別號＝ 13
因循環排列，13 與
5 相連且在 46 & 21
中間
選號座標：46 & 21

(1) 46 ＝ 4 ＋ 6 ＝ 10
(2) 21 倒轉 ＝ 12
將 12 置入 10 中間＝ 1（12）0 ＝ 1120
投注密碼：1120

第一步：
在 49 棋盤上找出 1120
且等於圓圈數字總和

第二步：
找出 14 個先發號碼
取代 1120 並分成 4 組

第三步：
第一組 1，2，3，
4，5，6，7 轉換
至 C 區

(1) 1 ＋ 2 ＋ 3 ＋ 4 ＋ 5 ＋
6 ＋ 7 ＝ 28 倒轉 ＝ 82
(2) 82 ＝ 23 ＋ 29 ＋ 30
陰陽互換，出 22、36、
37 取代 23、29、30

中繼號碼：22，36，37

第四步：
第二組 14，13 轉換
至 B 區

(1) 14 ＋ 13 ＝ 27 倒轉 ＝
72 ＝ 8×9 ＝ 89
(2) 89 ＝ 4 ＋ 5 ＋ 6 ＋ 11
＋ 12 ＋ 13 ＋ 18 ＋ 20
陰陽變，出 19 取代 89

中繼號碼：19

自行相乘變換數值

第五步：
第三組 12，11 轉換
至 C 區

12 ＋ 11 ＝ 23 ＝ 2 個 3 ＝
33
陰陽互換，出 32、34
代 33

中繼號碼：32，34

第六步：
第四組10，9，
8轉換至A區

(1) 10＋9＋8＝27 倒轉＝72
(2) 72＝1＋2＋3＋8＋10＋15＋16＋17
陰陽變，出9取代72

中繼號碼：9

第七步：
翻轉7個中繼號碼
中繼號碼翻轉後變成7個
決勝號碼（8，9，18，20，
22，33，37）

第八步：
任選一個號碼移位
選9移至3

第九步：
任選一個號碼移位
選20移至12

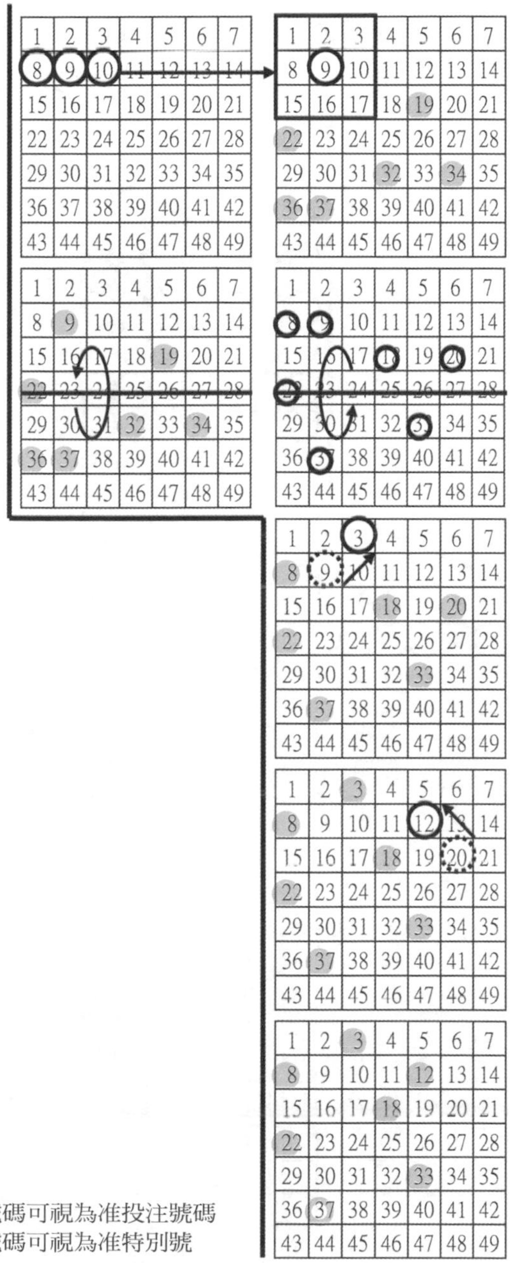

右圖棋盤上：
(1) 6個實心圈圈號碼可視為准投注號碼
(2) 1個空心圈圈號碼可視為准特別號

准投注號碼＝開獎號碼

頭獎注數：1（ $ 10,304,580）

二獎注數：5

三獎注數：246.5

圖解 2013/2/9 香港六合彩第 016 期

獎號：4，8，10，35，46，47　特：32

上期特別號＝ 37
37 在 29 & 45 中間
選號座標：29 & 45

第一步：
在 49 棋盤上找出 1120
且等於圓圈數字總和

(1) 29 ＝ 2 ＋ 9 ＝ 11
(2) 45 ＝ 4×5 ＝ 20
則 29 & 45 ＝ 11 & 20 ＝ 1120
投注密碼：1120

第二步：
找出 14 個先發號碼
取代 1120 並分成 4 組

第三步：
第一組 1，2，3，
4，5，6，7

(1) 1 ＋ 2 ＋ 3 ＋ 4 ＋ 5 ＋
6 ＋ 7 ＝ 28 ＝ 2 個 8 ＝
88
(2) 88 ＝ 4 ＋ 5 ＋ 6 ＋ 11
＋ 12 ＋ 13 ＋ 18 ＋ 19
陰陽變，出 20 取代 88

中繼號碼：20

第四步：
第二組 14 轉換至
C 區

14 倒轉 ＝ 41
陰陽互換，出 34、48 取
代 41

中繼號碼：34，48

第五步：
第三組 13，12，11
轉換至 A 區

(1) 13 ＋ 12 ＋ 11 ＝ 36 倒
轉 ＝ 63
(2) 63 ＝ 1 ＋ 2 ＋ 8 ＋ 9 ＋
10 ＋ 16 ＋ 17
陰陽變，出 3、15 代 63

中繼號碼：3，15

第六步：
第四組10，9，
8 轉換至 C 區

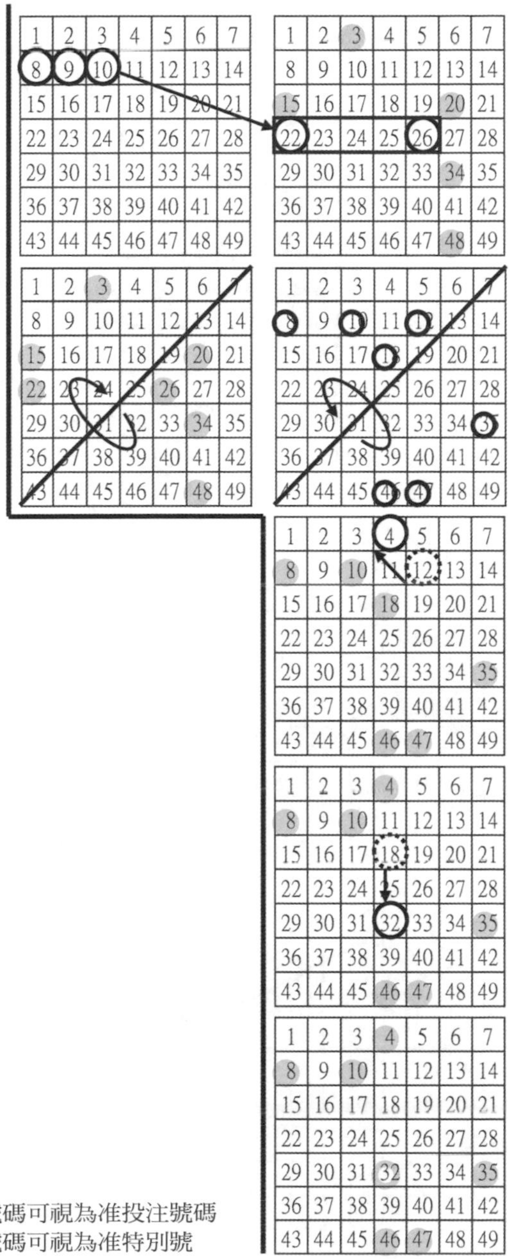

(1) 10 ＋ 9 ＋ 8 ＝ 27 倒轉 ＝ 72
(2) 72 ＝ 23 ＋ 24 ＋ 25
　陰陽互換，出 22、26 取代
　23、24、25

中繼號碼：22，26

第七步：
翻轉 7 個中繼號碼
中繼號碼翻轉後變成 7 個決勝
號碼（8，10，12，18，35，
46，47）

第八步：
任選一個號碼移位
選 12 移至 4

第九步：
任選一個號碼移位
選 18 移至 32

右圖棋盤上：
(1) 6 個實心圈圈號碼可視為准投注號碼
(2) 1 個空心圈圈號碼可視為准特別號

准投注號碼＝開獎號碼

頭獎注數：0

二獎注數：0

三獎注數：47.5

圖解 2013/2/14 香港六合彩第 017 期

獎號：11，16，24，27，36，48　特：47

上期特別號＝ 32
32 在 25 & 39 中間
選號座標：25 & 39

第一步：
在 49 棋盤上找出 1027
且等於圓圈數字總和

(1) 25 ＝ 2×5 ＝ 10
(2) 39 ＝ 3×9 ＝ 27
則 25 & 39 ＝ 10 & 27 ＝ 1027
投注密碼＝ 1027

第二步：
找出 12 個先發號碼
取代 1027 並分成 4 組

第三步：
第一組 35，28，21
轉換至 B 區

(1) 35 ＋ 28 ＋ 21 ＝ 84
(2) 84 ＝ 4 ＋ 5 ＋ 11 ＋ 12
＋ 13 ＋ 19 ＋ 20
陰陽變，出 6，18 取代 84

中繼號碼：6，18

第四步：
第二組 13，20，
27，19 轉換至 C
區

(1) 13 ＋ 20 ＋ 27 ＋ 19 ＝
79 ＝ 7×9 ＝ 63
(2) 63 ＝ 31 ＋ 32
陰陽互換，出 30，33
取代 31，32

中繼號碼：30，33

自行相乘變換數值

第五步：
第三組 12，5 轉換
至 A 區

(1) 12 ＋ 5 ＝ 17 倒轉 ＝ 71
(2) 71 ＝ 1 ＋ 2 ＋ 3 ＋ 8 ＋
9 ＋ 15 ＋ 16 ＋ 17
陰陽變，出 10 取代 71

中繼號碼：10

第六步：
第四組 4，11，
3 轉換至 C 區

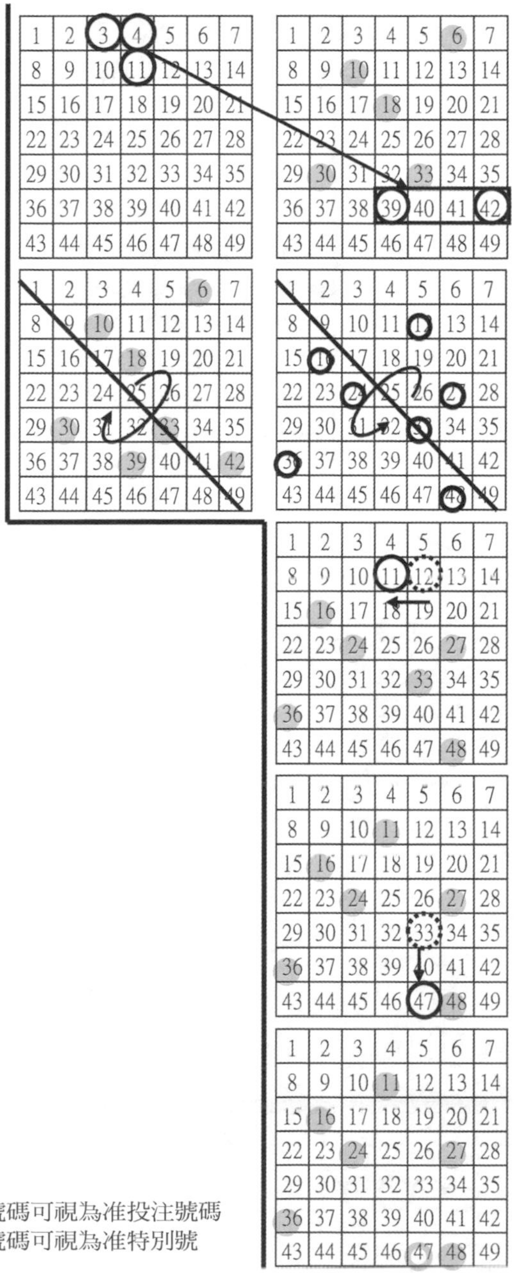

(1) 4 ＋ 11 ＋ 3 ＝ 18 倒轉 ＝ 81
(2) 81 ＝ 40 ＋ 41
陰陽互換，出 39，42
取代 40，41

中繼號碼：39，42

第七步：
翻轉 7 個中繼號碼
中繼號碼翻轉後變成 7 個決
勝號碼（號碼 12，16，24，
27，33，36，48）

第八步：
任選一個號碼移位
選 12 移至 11

第九步：
任選一個號碼移位
選 33 移至 47

右圖棋盤上：
(1) 6 個實心圈圈號碼可視為准投注號碼
(2) 1 個空心圈圈號碼可視為准特別號

准投注號碼＝開獎號碼

頭獎注數：2（$ 56,885,140）

二獎注數：5.5

三獎注數：239

圖解 2013/2/16 香港六合彩第 018 期

獎號：3，12，30，35，37，38　特：18

上期特別號 ＝ 47
因為號碼循環排列，
47 在 6 & 39 中間
選號座標：6 & 39

第一步：
在 49 棋盤上找出 994
且等於圓圈數字總和

(1) 6 倒看 ＝ 9
(2) 39 倒看 ＝ 36 ＝ 9×4 ＝ 94
則 6 & 39 ＝ 9 & 36 ＝ 9 & 94 ＝ 994
投注密碼 ＝ 994

第二步：
找出 21 個先發號碼
取代 994 並分成 4 組

第三步：
第一組 7，6，5，
4，3，2，1 轉換
至 B 區

(1) 7 ＋ 6 ＋ 5 ＋ 4 ＋ 3 ＋
2 ＋ 1 ＝ 28 ＝ 2 個 8 ＝
88
(2) 88 ＝ 4 ＋ 5 ＋ 6 ＋ 11
＋ 12 ＋ 13 ＋ 18 ＋ 19
陰陽變，出 20 取代 88

中繼號碼：20

第四步：
第二組 8，9，10，
11，12，13，14 轉
換至 C 區

8 ＋ 9 ＋ 10 ＋ 11 ＋ 12 ＋
13 ＋ 14 ＝ 77 ＝ 2 個 7 ＝
27
陰陽互換，出 26，28
取代 27

中繼號碼：26，28

第五步：
第三組 21，20，19，
18 轉換至 A 區

(1) 21 ＋ 20 ＋ 19 ＋ 18 ＝
78
(2) 78 ＝ 1 ＋ 2 ＋ 8 ＋ 9 ＋
10 ＋ 15 ＋ 16 ＋ 17
陰陽變，出 3 取代 78

中繼號碼：3

第六步：
第四組17，16，
15 轉換至 C 區

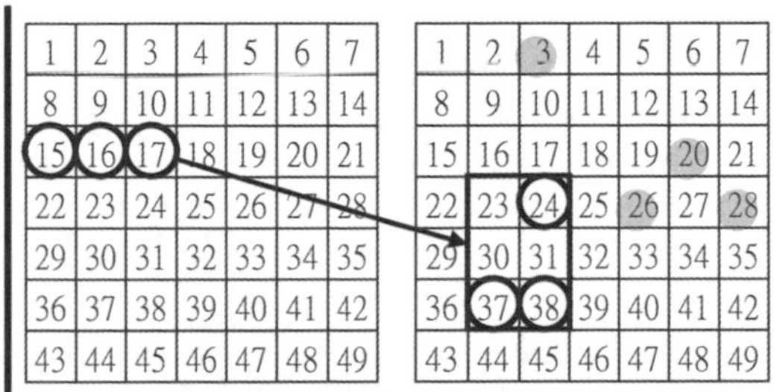

1	2	3	4	5	6	7
8	9	10	11	12	13	14
15	16	17	18	19	20	21
22	23	24	25	26	27	28
29	30	31	32	33	34	35
36	37	38	39	40	41	42
43	44	45	46	47	48	49

1	2	3	4	5	6	7
8	9	10	11	12	13	14
15	16	17	18	19	20	21
22	23	24	25	26	27	28
29	30	31	32	33	34	35
36	37	38	39	40	41	42
43	44	45	46	47	48	49

(1) 17 ＋ 16 ＋ 15 ＝ 48 倒轉＝
  84
(2) 84 ＝ 23 ＋ 30 ＋ 31
陰陽互換，出 24，37，38
取代 23，30，31

中繼號碼：24，37，38

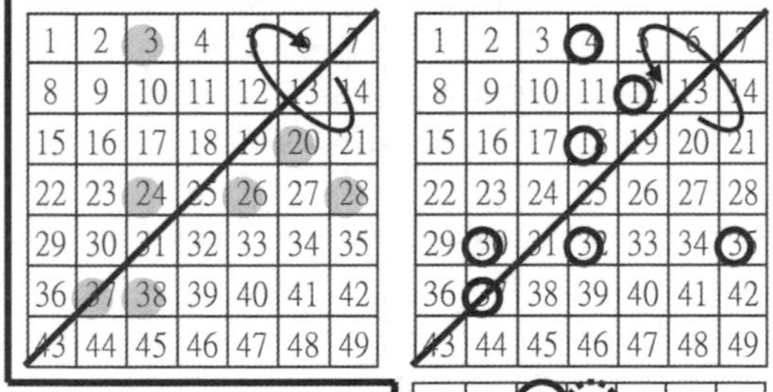

1	2	3	4	5	6	7
8	9	10	11	12	13	14
15	16	17	18	19	20	21
22	23	24	25	26	27	28
29	30	31	32	33	34	35
36	37	38	39	40	41	42
43	44	45	46	47	48	49

1	2	3	4	5	6	7
8	9	10	11	12	13	14
15	16	17	18	19	20	21
22	23	24	25	26	27	28
29	30	31	32	33	34	35
36	37	38	39	40	41	42
43	44	45	46	47	48	49

第七步：
翻轉 7 個中繼號碼
中繼號碼翻轉後變成 7 個決勝
號碼（號碼 4，12，18，30，
32，35，37）

1	2	3	4	5	6	7
8	9	10	11	12	13	14
15	16	17	18	19	20	21
22	23	24	25	26	27	28
29	30	31	32	33	34	35
36	37	38	39	40	41	42
43	44	45	46	47	48	49

第八步：
任選一個號碼移位
選 4 移至 3

1	2	3	4	5	6	7
8	9	10	11	12	13	14
15	16	17	18	19	20	21
22	23	24	25	26	27	28
29	30	31	32	33	34	35
36	37	38	39	40	41	42
43	44	45	46	47	48	49

第九步：
任選一個號碼移位
選 32 移至 38

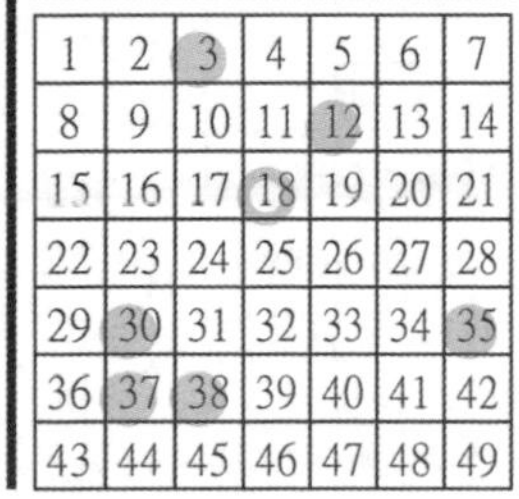

1	2	3	4	5	6	7
8	9	10	11	12	13	14
15	16	17	18	19	20	21
22	23	24	25	26	27	28
29	30	31	32	33	34	35
36	37	38	39	40	41	42
43	44	45	46	47	48	49

右圖棋盤上：
(1) 6 個實心圈圈號碼可視為准投注號碼
(2) 1 個空心圈圈號碼可視為准特別號

1	2	3	4	5	6	7
8	9	10	11	12	13	14
15	16	17	18	19	20	21
22	23	24	25	26	27	28
29	30	31	32	33	34	35
36	37	38	39	40	41	42
43	44	45	46	47	48	49

准投注號碼＝開獎號碼

頭獎注數：0

二獎注數：0.5

三獎注數：44

圖解 2013/2/19 香港六合彩第 019 期

獎號：5，18，19，32，40，44　特：34

上期特別號 = 18
18 與 12 相連且在
6 & 24 中間
選號座標：6 & 24

第一步：
在 49 棋盤上找出 924
且等於圓圈數字總和

(1) 6 倒看 = 9
(2) 24 保持不變
則 6 & 24 = 9 & 24 = 924
投注密碼：924

第二步：
找出 6 個先發號碼
取代 924 並分成 4 組

第三步：
第一組 6，12 轉換
至 A 區

(1) 6 + 12 = 18 倒轉 = 81
(2) 81 = 1 + 2 + 3 + 8 +
9 + 10 + 15 + 16 + 17
陰陽變，不出任何取代 81

第四步：
第二組 18 轉換至
B 區

(1) 18 倒轉 = 81
(2) 81 = 6 + 11 + 12 +
13 + 19 + 20
陰陽變，出 4、5、18
取代 81

中繼號碼：4，5，18

第五步：
第三組 24 轉換至
C 區

24 保持不變
陰陽變，出 23、25
取代 24

中繼號碼：23，25

第六步：
第四組 30，36
轉換至 C 區

(1) 30 ＋ 36 ＝ 66 ＝ 2 個 6 ＝ 62
(2) 62 ＝ 27 ＋ 35
陰陽交叉，出 28、34
取代 27、35

中繼號碼：28，34

第七步：
翻轉 7 個中繼號碼
中繼號碼翻轉後變成 7 個決勝
號碼（5，16，18，19，23，
34，40）

第八步：
任選一個號碼移位
選 16 移至 32

第九步：
任選一個號碼移位
選 23 移至 44

右圖棋盤上：
(1) 6 個實心圈圈號碼可視為准投注號碼
(2) 1 個空心圈圈號碼可視為准特別號

准投注號碼＝開獎號碼

頭獎注數：1（＄15,530,600）

二獎注數：2.5

三獎注數：62.5

圖解 2013/2/21 香港六合彩第 020 期

獎號：11，14，21，22，32，49　特：7

上期特別號＝34
34 與 40 相連且在
46 & 28 中間
選號座標：46 & 28

第一步：
在 49 棋盤上找出 1088
且等於圓圈數字總和

(1) 46 ＝ 4 ＋ 6 ＝ 10
(2) 28 ＝ 2 個 8 ＝ 88
則 46 & 28 ＝ 10 & 88 ＝ 1088
投注密碼＝ 1088

第二步：
找出 9 個先發號碼
取代 1088 並分成 4 組

第三步：
第一組 29 轉換至
B 區

(1) 29 ＝ 2 個 9 ＝ 99
(2) 99 ＝ 12 ＋ 13 ＋ 14 ＋
　　19 ＋ 20 ＋ 21
陰陽變，出 5，6，7
取代 99

中繼號碼：5，6，7

第四步：
第二組 23，17，11
轉換至 C 區

(1) 23 ＋ 17 ＋ 11 ＝ 51
(2) 51 ＝ 25 ＋ 26
陰陽互換，出 24，27
取代 25，26

中繼號碼：24，27

第五步：
第三組 5，4 轉換至
A 區

(1) 5 ＋ 4 ＝ 9 ＝ 09 倒轉
　　＝ 90
(2) 90 ＝ 2 ＋ 3 ＋ 4 ＋ 9 ＋
　　10 ＋ 11 ＋ 16 ＋ 17 ＋
　　18
陰陽變，不出任何數來取
代 90

第六步：
第四組 10，16，
22 轉換至 C 區

10 ＋ 16 ＋ 22 ＝ 48
陰陽互換，出 47，49 取代 48

中繼號碼：47，49

第七步：
翻轉 7 個中繼號碼
中繼號碼翻轉後變成 7 個決勝
號碼（號碼 1，7，11，14，
15，21，32）

第八步：
任選一個號碼移位
選 1 移至 49

第九步：
任選一個號碼移位
選 15 移至 22

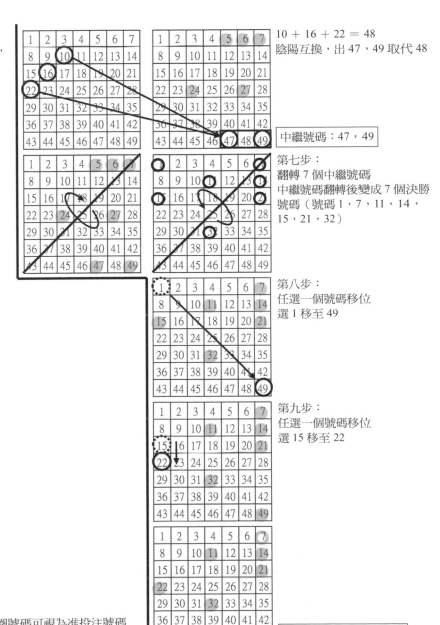

右圖棋盤上：
(1) 6 個實心圈圈號碼可視為准投注號碼
(2) 1 個空心圈圈號碼可視為准特別號

准投注號碼＝開獎號碼

頭獎注數：1（＄ 8,000,000）

二獎注數：3.5

三獎注數：41

圖解 2013/2/23 香港六合彩第 021 期

獎號：12，19，23，30，35，36　　特：15

上期特別號＝ 7
因號碼循環排列，
7 在 6 & 8 中間
選號座標：6 & 8

第一步：
在 49 棋盤上找出 924
且等於圓圈數字總和

(1) 6 倒看＝ 9
(2) 8 ＝ 2×4 ＝ 24
則 6 & 8 ＝ 9 & 24 ＝ 924
投注密碼：924

第二步：
找出 14 個先發號碼
取代 924 並分成 4 組

第三步：
第一組 20，21，28，
27 轉換至 B 區

(1) 20 ＋ 21 ＋ 28 ＋ 27 ＝
96
(2) 96 ＝ 5 ＋ 6 ＋ 7 ＋ 12
＋ 13 ＋ 14 ＋ 19 ＋ 20
陰陽變，出 21 取代 96

中繼號碼：21

第四步：
第二組 26，25，24
轉換至 A 區

(1) 26 ＋ 25 ＋ 24 ＝ 75 倒
轉＝ 57
(2) 57 ＝ 1 ＋ 2 ＋ 3 ＋ 9 ＋
10 ＋ 15 ＋ 17
陰陽變，出 8、16 取代 57

中繼號碼：8，16

第五步：
第三組 23，22 轉換
至 C 區

(1) 23 ＋ 22 ＝ 45 倒轉＝ 54
(2) 54 ＝ 24 ＋ 30
陰陽交叉，出 23、31
取代 24、30

中繼號碼：23，31

第六步：
第四組 15，16，
17，18，19 轉換
至 C 區

自行相乘
變換數值

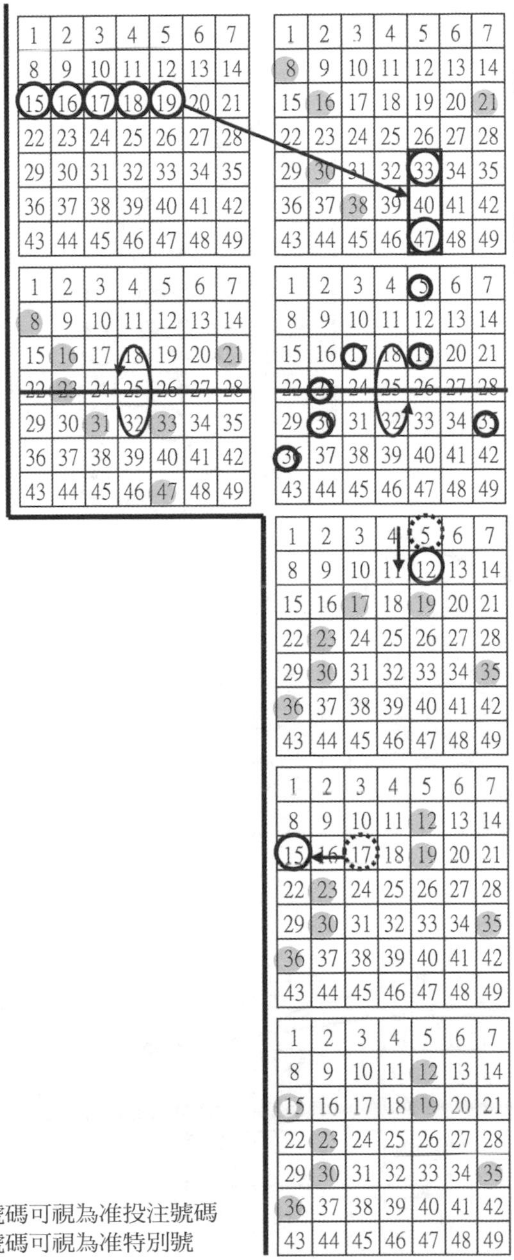

$15 + 16 + 17 + 18 + 19 = 85$
$= 8 \times 5 = 40$
陰陽互換，出 33、47 取代 40

中繼號碼：33，47

第七步：
翻轉 7 個中繼號碼
中繼號碼翻轉後變成 7 個決勝
號碼（5，17，19，23，30，
35，36）

第八步：
任選一個號碼移位
選 5 移至 12

第九步：
任選一個號碼移位
選 17 移至 15

右圖棋盤上：
(1) 6 個實心圈圈號碼可視為准投注號碼
(2) 1 個空心圈圈號碼可視為准特別號

准投注號碼＝開獎號碼

頭獎注數：0

二獎注數：0

三獎注數：49

圖解 2013/2/26 香港六合彩第 022 期

獎號：1，4，15，16，18，36　特：21

上期特別號＝ 15
因為號碼循環排列，
15 在 16 & 14 中間
選號座標：16 & 14

第一步：
在 49 棋盤上找出 1014
且等於圓圈數字總和

(1) 16 倒看＝ 91 ＝ 9 ＋ 1 ＝ 10
(2) 14 保持不變＝ 14
16 & 14 ＝ 91 & 14 ＝ 10 & 14 ＝ 1014
投注密碼＝ 1014

第二步：
找出 11 個先發號碼
取代 1014 並分成 4 組

第三步：
第一組 36，30 轉換
至 A 區

(1) 36 ＋ 30 ＝ 66
(2) 66 ＝ 1 ＋ 2 ＋ 3 ＋ 8 ＋
9 ＋ 10 ＋ 16 ＋ 17
陰陽變，出 15 取代 66

中繼號碼：15

第四步：
第二組 24，18 轉換
至 C 區

(1) 24 ＋ 18 ＝ 42 ＝ 7×6
＝ 76
(2) 76 ＝ 35 ＋ 41
陰陽交叉，出 34，42
取代 35，41

自行相乘變換數值

中繼號碼：34，42

第五步：
第三組 12 轉換至
C 區

12 ＝ 2 個 1 ＝ 11
陰陽互換，出 4，18
取代 11

中繼號碼：4，18

第六步：
第四組 6，5，11，17，23，29 轉換至 B 區

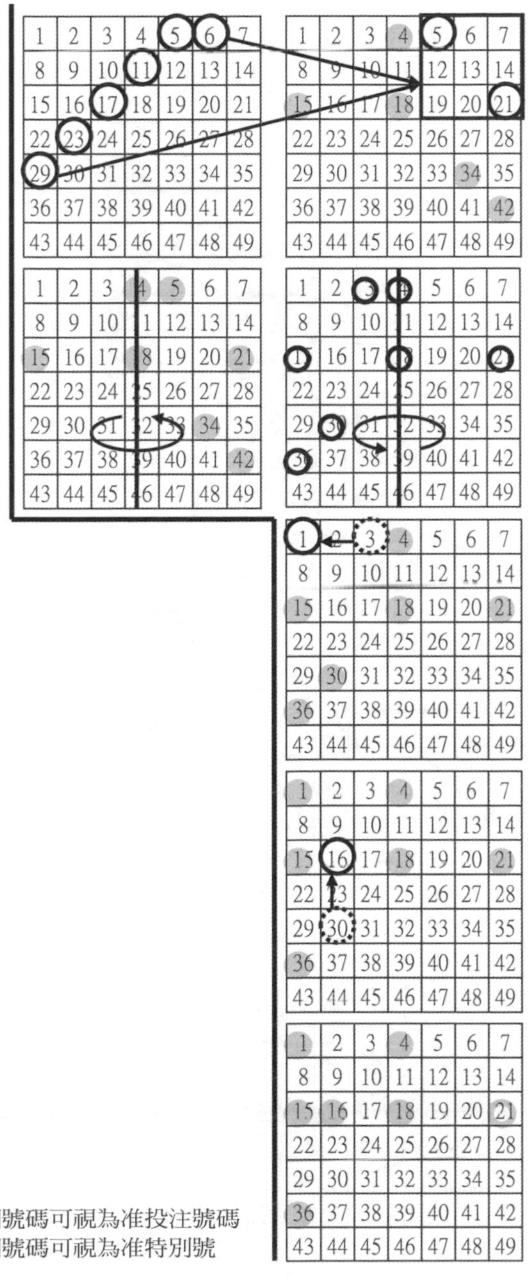

(1) 6 + 5 + 11 + 17 + 23 + 29 = 91

(2) 91 = 6 + 7 + 12 + 13 + 14 + 19 + 20

陰陽變，出 5，21 取代 91

中繼號碼：5，21

第七步：
翻轉 7 個中繼號碼
中繼號碼翻轉後變成 7 個決勝號碼（號碼 3，4，15，18，21，30，36）

第八步：
任選一個號碼移位
選 3 移至 1

第九步：
任選一個號碼移位
選 30 移至 16

右圖棋盤上：
(1) 6 個實心圈圈號碼可視為准投注號碼
(2) 1 個空心圈圈號碼可視為准特別號

准投注號碼＝開獎號碼

頭獎注數：0

二獎注數：1

三獎注數：85

圖解 2013/2/28 香港六合彩第 023 期

獎號：10，11，23，26，28，30　特：17

上期特別號＝ 21
21 在 28 & 14 中間
選號座標：28 & 14

第一步：
在 49 棋盤上找出 1050
且等於圓圈數字總和

(1) 28 = 2 + 8 = 10
(2) 14 = 1 + 4 = 5 = 05
將 05 置入 10 中間＝ 1（05）0 = 1050
投注密碼：1050

第二步：
找出 15 個先發號碼
取代 1050 並分成 4 組

第三步：
第一組 1，8，15，
22，29，23 轉換至
C 區

(1) 1 + 8 + 15 + 22 + 29
+ 23 = 98
(2) 98 = 23 + 24 + 25 +
26
陰陽互換，出 22、27
取代 23、24、25、26

中繼號碼：22，27

第四步：
第二組 17，11，5
轉換至 C 區

17 + 11 + 5 = 33 = 2 個
3 = 32
陰陽互換，出 31、33
取代 32

中繼號碼：31，33

第五步：
第三組 4，3，2，9
轉換至 A 區

(1) 4 + 3 + 2 + 9 = 18 倒
轉 = 81
(2) 81 = 1 + 2 + 3 + 8 +
9 + 10 + 15 + 16 + 17
陰陽變，不出任和數
取代 81

第六步：
第四組 16，10
轉換至 B 區

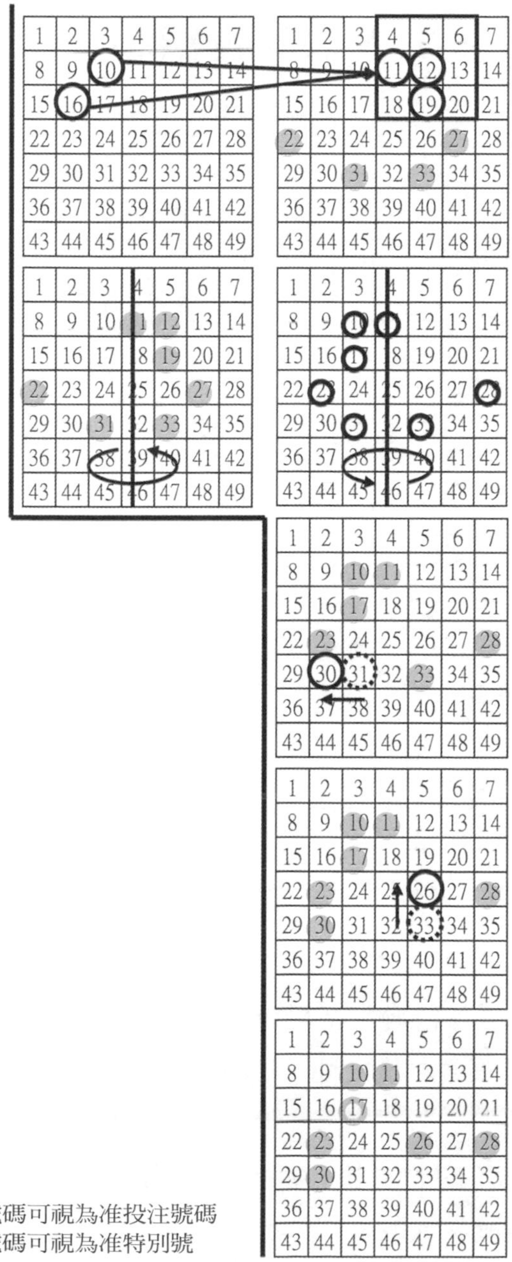

(1) 16 ＋ 10 ＝ 26 ＝ 2 個 6 ＝ 66
(2) 66 ＝ 4 ＋ 5 ＋ 6 ＋ 13 ＋ 18
＋ 20
陰陽變，出 11、12、19
取代 66

中繼號碼：11，12，19

第七步：
翻轉 7 個中繼號碼
中繼號碼翻轉後變成 7 個
決勝號碼（10，11，17，23，
28，31，33）

第八步：
任選一個號碼移位
選 31 移至 30

第九步：
任選一個號碼移位
選 33 移至 26

右圖棋盤上：
(1) 6 個實心圈圈號碼可視為准投注號碼
(2) 1 個空心圈圈號碼可視為准特別號

准投注號碼＝開獎號碼

頭獎注數：0

二獎注數：0

三獎注數：116.5

近十年香港六合彩十大最高總派彩

前十名	金額（港幣）	開獎日期	得獎注數
第一高頭彩獎金	13,352 萬	2011 年 05 月 20 日	三注分得
第二高頭彩獎金	12,397 萬	2012 年 09 月 22 日	二注半分得
第三高頭彩獎金	9,095 萬	2013 年 12 月 10 日	一注獨得
第四高頭彩獎金	8,611 萬	2012 年 01 月 31 日	一注獨得
第五高頭彩獎金	8,396 萬	2013 年 09 月 19 日	一注獨得
第六高頭彩獎金	8,268 萬	2013 年 01 月 08 日	二注分得
第七高頭彩獎金	8,158 萬	2013 年 07 月 21 日	二注分得
第八高頭彩獎金	7,482 萬	2013 年 06 月 11 日	一注獨得
第九高頭彩獎金	7,108 萬	2012 年 10 月 23 日	一注獨得
第十高頭彩獎金	7,022 萬	2013 年 07 月 11 日	一注獨得

圖解香港六合彩近 10 年最高總派彩前四名中獎號碼

開獎日期	頭彩	六合彩中獎號碼						特別號
2011 年 05 月 20 日	最高	13	15	18	30	32	48	8
2012 年 09 月 22 日	次高	2	13	33	35	38	49	40
2013 年 12 月 10 日	第三高	1	8	17	30	36	46	16
2012 年 01 月 31 日	第四高	22	27	28	29	42	46	49

新型攪珠機

六合彩十大最高總派彩皆發生在最近三年，也是在 2010 年 11 月 9 日換用美國製造的新型攪珠機之後，而 11/9 派彩的結果是頭獎摃龜，二獎有 3 注。

觀察六合彩近年來各期的獎號，都能用本書的選號規範來圖解及說明。現在僅以換用新型攪珠機的前後兩期為範例作概略說明：

1. 2010/11/4 開獎時仍使用舊型攪珠機，選號座標是參考 11/2 的特別號 15。

(1)15 在 16 & 14 中間，選號座標＝ 16 & 14。

(2)投注密碼＝ 16 & 14 ＝ 91 & 5 ＝ 10 & 50 ＝ 1050。

(3)15 個先發號碼的區塊及圖形請參考第 252 頁六合彩 2013/2/28 的
圖示。

(4)將先發號碼分成四組：

第一組：29，22，15，8，1，2，3，4，5 轉換成中繼號碼 19。

第二組：11，17 轉換成中繼號碼 2。

第三組：23，16 轉換成中繼號碼 25，27，32。

第四組：9，10 轉換成中繼號碼 44，47。

(5)經過上下翻轉後，選 2 移位至 9，選 18 移位至 17。

(6)當期獎號：5，9，25，27，33，44；特別號：17。

2. 2010/11/9 開獎時已換用新型攪珠機，選號座標是參考 11/4 的特別
號 17。

(1)17 與獎號 9，25，33 相連，在 1 & 41 中間，選號座標＝ 1 & 41。

(2)投注密碼＝ 1 & 41 ＝ 01&14 ＝ 10 & 27 ＝ 1027。

(3)12 個先發號碼的區塊及圖形請參考第 232 頁六合彩 2013/2/3 的
圖示。

(4)將先發號碼分成四組：

第一組：5，13，21 轉換成中繼號碼 32，46。

第二組：28，35 轉換成中繼號碼 29，43。

第三組：27 轉換成中繼號碼 1，3。

第四組：19，11，3，4，12，20 轉換成中繼號碼 21。

(5)經過上下翻轉後，選 1 移位至 41，選 35 移位至 49。

(6)當期獎號：4，15，41，43，45，49；特別號：18。

　　顯而易見選號規範必須遵守，而換用新型攪珠機只是換湯不換藥，
目的是用來解除彩友的疑慮，讓他們願意繼續履行「迷財稅」的義務。

圖解 2011/5/20 香港六合彩最高總派彩

獎號：13，15，18，30，32，48　特：8

上期特別號 = 31
31 在 25 & 37 中間
選號座標：25 & 37

(1) 25 = 2×5 = 10
(2) 37 = 3×7 = 21 倒轉 = 12
將 12 置入 10 中間 = 1（12）0 = 1120
投注密碼：1120

第一步：
在 49 棋盤上找出 1120
且等於圓圈數字總和

第二步：
找出 14 個先發號碼
取代 1120 並分成 4 組

第三步：
第一組 1，2，3，
4，5，6，7 轉換至
B 區

(1) 1 + 2 + 3 + 4 + 5 +
6 + 7 = 28 倒轉 = 82
(2) 82 = 5 + 6 + 7 + 12
+ 13 + 19 + 20
陰陽變，出 14、21
取代 82

中繼號碼：14，21

第四步：
第二組 14，13，12
轉換至 C 區

14 + 13 + 12 = 39
陰陽互換，出 32、46
取代 39

中繼號碼：32，46

第五步：
第三組 11 轉換至
C 區

11 = 2 個 1 = 21 = 3×7
= 37
陰陽互換，出 30、44
取代 37

自行相乘變換數值

中繼號碼：30，34

第六步：
第四組10，9，
8轉換至A區

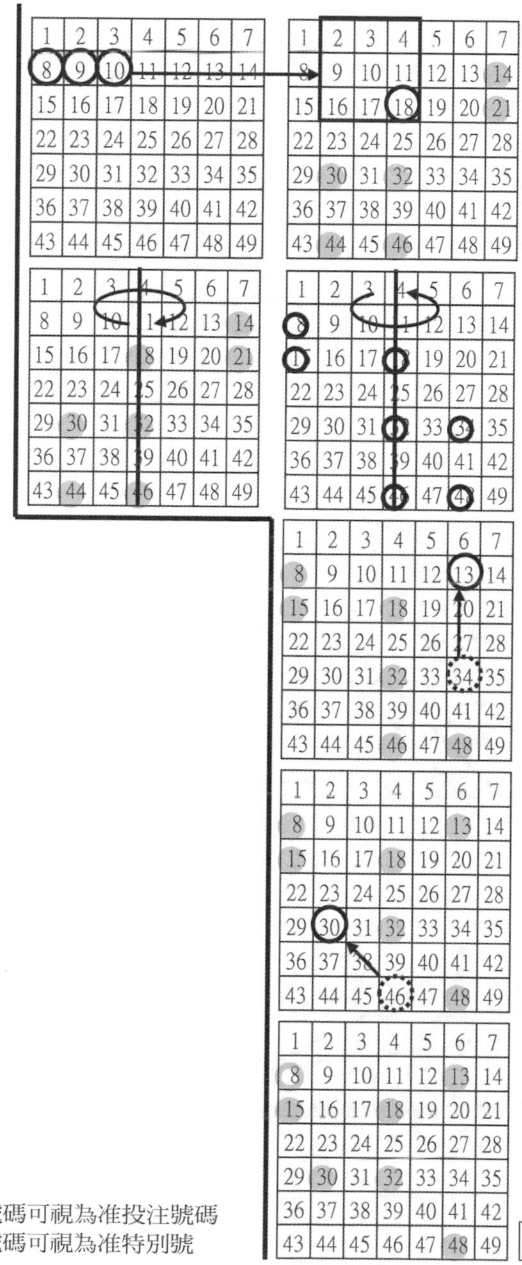

(1) 10＋9＋8＝27 倒轉＝72
(2) 72＝2＋3＋4＋9＋10
＋11＋16＋17
陰陽變，出18取代72

中繼號碼：18

第七步：
翻轉7個中繼號碼
中繼號碼翻轉後變成7個決勝
號碼（8，15，18，32，34，
46，48）

第八步：
任選一個號碼移位
選34移至13

第九步：
任選一個號碼移位
選46移至30

右圖棋盤上：
(1) 6個實心圈圈號碼可視為准投注號碼
(2) 1個空心圈圈號碼可視為准特別號

准投注號碼＝開獎號碼

頭獎注數：3（＄133,528,650）前面連七期槓龜

二獎注數：11.5

三獎注數：481.5

圖解 2012/9/22 香港六合彩次高總派彩

獎號：2，13，33，35，38，49　特：40

上期特別號 = 39
39 在 47 & 31 中間
選號座標：47 & 31

第一步：
在 49 棋盤上找出 1014
且等於圓圈數字總和

(1) 47 = 4 + 7 = 11
(2) 31 = 3 + 1 = 4 = 04
將 11 & 04 交叉排列 = 1，0，1，4 = 1014
投注密碼：1014

第二步：
找出 11 個先發號碼
取代 1014 並分成 4 組

第三步：
第一組 6，12 轉換
至 A 區

(1) 6 + 12 = 18 倒轉 = 81
(2) 81 = 2 + 3 + 4 + 10
　　+ 11 + 16 + 17 + 18
陰陽變，出 9 取代 81

中繼號碼：9

第四步：
第二組 18，24，30
轉換至 C 區

18 + 24 + 30 = 72 倒轉
= 27 = 3×9 = 39
陰陽互換，出 38、40 取
代 39

自行相乘變換數值

中繼號碼：38，40

第五步：
第三組 36 轉換至
C 區

36 保持不變
陰陽互換，出 29、43 取
代 36

中繼號碼：29，43

第六步：
第四組 29，23，
17，11，5 轉換
至 B 區

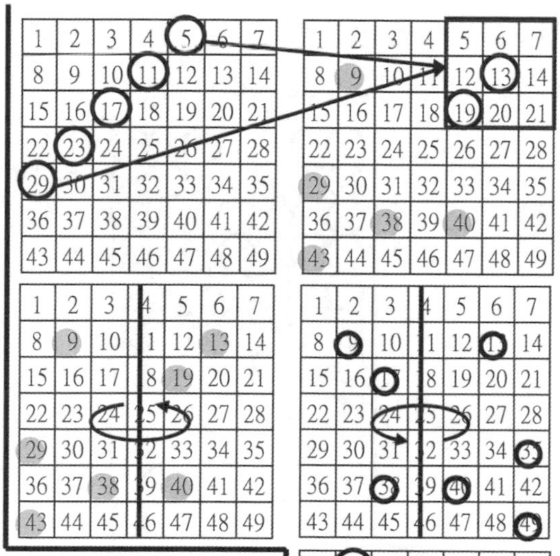

(1) 29 ＋ 23 ＋ 17 ＋ 11 ＋ 5 ＝
85
(2) 85 ＝ 5 ＋ 6 ＋ 7 ＋ 12 ＋ 14
＋ 20 ＋ 21
陰陽變，出 13、19 取代 85

中繼號碼：13，19

第七步：
翻轉 7 個中繼號碼
中繼號碼翻轉後變成 7 個決勝
號碼（9，13，17，35，38，
40，49）

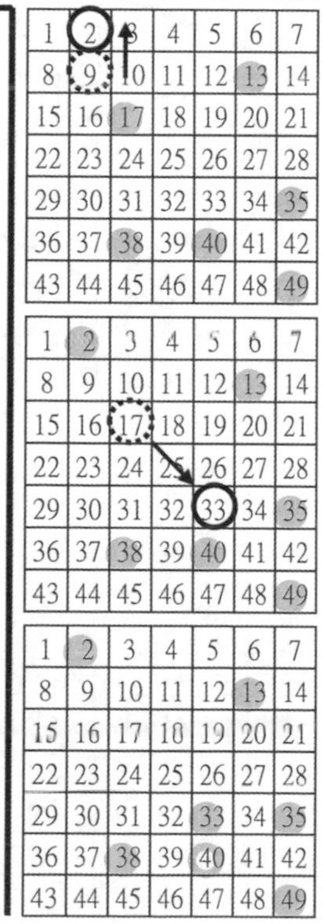

第八步：
任選一個號碼移位
選 9 移至 2

第九步：
任選一個號碼移位
選 17 移至 33

右圖棋盤上：
(1) 6 個實心圈圈號碼可視為准投注號碼
(2) 1 個空心圈圈號碼可視為准特別號

准投注號碼＝開獎號碼

頭獎注數：2.5（＄123,979,670）前面連三期槓龜

二獎注數：11.5

三獎注數：505

圖解 2013/12/10 香港六合彩第三高總派彩

獎號：1，8，17，30，36，46　特：16

上期特別號 = 20
20 在 28 & 12 中間
選號座標：28 & 12

第一步：
在 49 棋盤上找出 1066
且等於圓圈數字總和

(1) 28 = 2 + 8 = 10
(2) 12 = 6 + 6 = 66
則 28 & 12 = 10 & 66 = 1066
投注密碼：1066

第二步：
找出 9 個先發號碼
取代 1066 並分成 4 組

第三步：
第一組 28，35 轉換
至 B 區

自行相乘變換數值

(1) 28 + 35 = 63 = 7×9
= 79
(2) 79 = 5 + 7 + 12 + 14
+ 20 + 21
陰陽變，出 6、13、19
取代 79

中繼號碼：6，13，19

第四步：
第二組 20，27 第二
組轉換至 C 區

(1) 20 + 27 = 47 倒轉 =
74
(2) 74 = 34 + 40
陰陽交叉，出 33、41
取代 34、40

中繼號碼：33，41

第五步：
第三組 12，19 轉換
至 C 區

12 + 19 = 31
陰陽互換，出 24、38
取代 31

中繼號碼：24，38

第六步：
第四組 3，4，
11 轉換至 A 區

(1) 3 ＋ 4 ＋ 11 ＝ 18 倒轉 ＝ 81
(2) 81 ＝ 1 ＋ 2 ＋ 3 ＋ 8 ＋ 9 ＋
　　 10 ＋ 15 ＋ 16 ＋ 17
陰陽變，不出任何數取代 81

第七步：
翻轉 7 個中繼號碼
中繼號碼翻轉後變成 7 個
決勝號碼（1，8，16，25，
30，36，39）

第八步：
任選一個號碼移位
選 25 移至 17

第九步：
任選一個號碼移位
選 39 移至 46

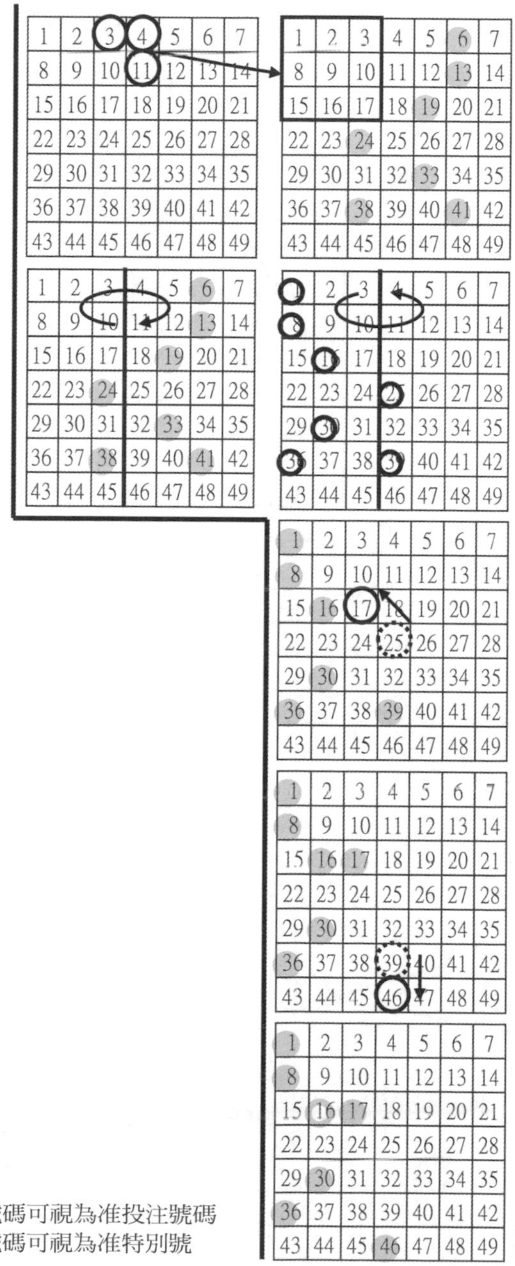

右圖棋盤上：
(1) 6 個實心圈圈號碼可視為准投注號碼
(2) 1 個空心圈圈號碼可視為准特別號

准投注號碼＝開獎號碼

頭獎注數：1（ $ 90,951,590）前面連七期槓龜

二獎注數：5.5

三獎注數：222

圖解 2012/1/31 香港六合彩第四高總派彩

獎號：22，27，28，29，42，46　特：49

上期特別號 = 15
因號碼循環排列，
15 在 16 & 14 中間
選號座標：16 & 14

第一步：
在 49 棋盤上找出 1014
且等於圓圈數字總和

(1) 16 倒看 = 91 = 9 + 1 = 10
(2) 14 保持不變
則 16 & 14 = 91 & 14 = 10 & 14 = 1014
投注密碼：1014

第二步：
找出 11 個先發號碼
取代 1014 並分成 4 組

第三步：
第一組 36 轉換至
A 區

(1) 36 = 6×6 = 66
(2) 66 = 1 + 2 + 3 + 8 +
9 + 10 + 16 + 17
陰陽變，出 15 取代 66

自行相乘變換數值

中繼號碼：15

第四步：
第二組 30，24，18
轉換至 C 區

(1) 30 + 24 + 18 = 72
(2) 72 = 23 + 24 + 25
陰陽互換，出 22、26
取代 23、24、25

中繼號碼：22，26

第五步：
第三組 12 轉換至
C 區

12 倒轉 = 21
陰陽互換，出 14、28 取
代 21

中繼號碼：14，28

第六步：
第四組 6，5，
11，17，23，
29 轉換至 B 區

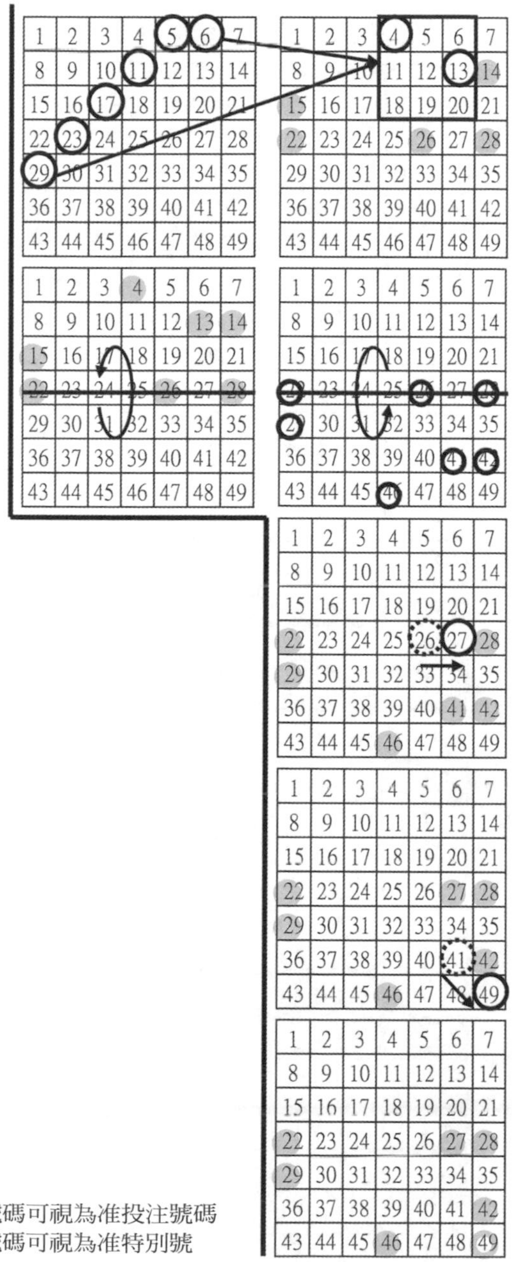

(1) 6 ＋ 5 ＋ 11 ＋ 17 ＋ 23 ＋
　　29 ＝ 91
(2) 91 ＝ 5 ＋ 6 ＋ 11 ＋ 12 ＋
　　18 ＋ 19 ＋ 20
陰陽變，出 4、13 取代 91

中繼號碼：4，13

第七步：
翻轉 7 個中繼號碼
中繼號碼翻轉後變成 7 個
決勝號碼（22，26，28，
29，41，42，46）

第八步：
任選一個號碼移位
選 26 移至 27

第九步：
任選一個號碼移位
選 41 移至 49

右圖棋盤上：
(1) 6 個實心圈圈號碼可視為准投注號碼
(2) 1 個空心圈圈號碼可視為准特別號

准投注號碼＝開獎號碼

頭獎注數：1（ ＄ 86,112,100）前面連四期槓龜

二獎注數：6.5

三獎注數：306

6/49 樂透彩常被採用的（非全部）投注密碼及其在 49 格棋盤上的圖形

1120　　1022　　994

910　　924　　1050

1051　　962　　963

1066　　1027　　1007

歷史的見證(三)凡走過必留下痕跡─香港

　　香港於 1975 年開始以樂透型彩券取代原先的馬票。1976 年為增加中彩難度及派彩，開彩方法改變為 36 選 6 及一個特別號，並正式命名為六合彩，開彩次數也增加為每週開二次。之後又多次增加選擇的總號數，到了 2002 年 7 月，投注方式進一步改為 49 選 6 且每週二、四、六開獎三次，直到目前未變。

　　在此將六合彩在 2002 年 7 月起改為 49 選 6 之後的最前面五期，提供圖解給讀者參考，希望大家來做歷史的見證。

圖解香港六合彩 49 選 6 第一期至第五期（2002 年）中獎號碼

期數	開獎日期	星期	香港六合彩中獎號碼						特別號
001	7 月 02 日	二	4	26	31	33	36	38	28
002	7 月 04 日	四	5	32	34	38	39	49	8
003	7 月 06 日	六	10	20	21	33	40	44	34
004	7 月 09 日	二	10	20	26	28	35	48	13
005	7 月 11 日	四	14	19	23	36	44	46	7

　　2002 年 7 月 2 日開出的第一期 49 選 6 六合彩，其實際公布的期數是當年的第 52 期，而前面最末期的 47 選 6 六合彩是第 51 期。也因為繼續沿用 6/47 的期數，所以第 52 期 6/49 的六合彩，是參考第 51 期 6/47 六合彩的特別號 34，而不是參考 1。

圖解 2002/7/2 香港六合彩 6/49 第一期

獎號：4，26，31，33，36，38　特：28

上期特別號 = 34
因為號碼循環排列，
34 與 41 相連且在
1 & 27 中間
選號座標：1 & 27

第一步：
在 49 棋盤上找出 1027
且等於圓圈數字總和

(1) 1 = 01 倒轉 = 10
(2) 27 保持不變 = 27
則 1 & 27 = 10 & 27 = 1027
投注密碼 = 1027

第二步：
找出 12 個先發號碼
取代 1027 並分成 4 組

第三步：
第一組 5，13
轉換至 A 區

(1) 5 + 13 = 18 倒轉 = 81
(2) 81 = 1 + 2 + 3 + 8 +
9 + 10 + 15 + 16 + 17
陰陽變，不出任何數來取
代 81

第四步：
第二組 21，
28，20，12
轉換至 B 區

(1) 21 + 28 + 20 + 12 =
81
(2) 81 = 6 + 11 + 12 +
13 + 19 + 20
陰陽變，出 4，5，18
取代 81

中繼號碼：4，5，18

第五步：
第三組 4，3，11，
19 轉換至 C 區

4 + 3 + 11 + 19 = 37
陰陽互換，出 30，44
取代 37

中繼號碼：30，44

第六步：
第四組 27，35
轉換至 C 區

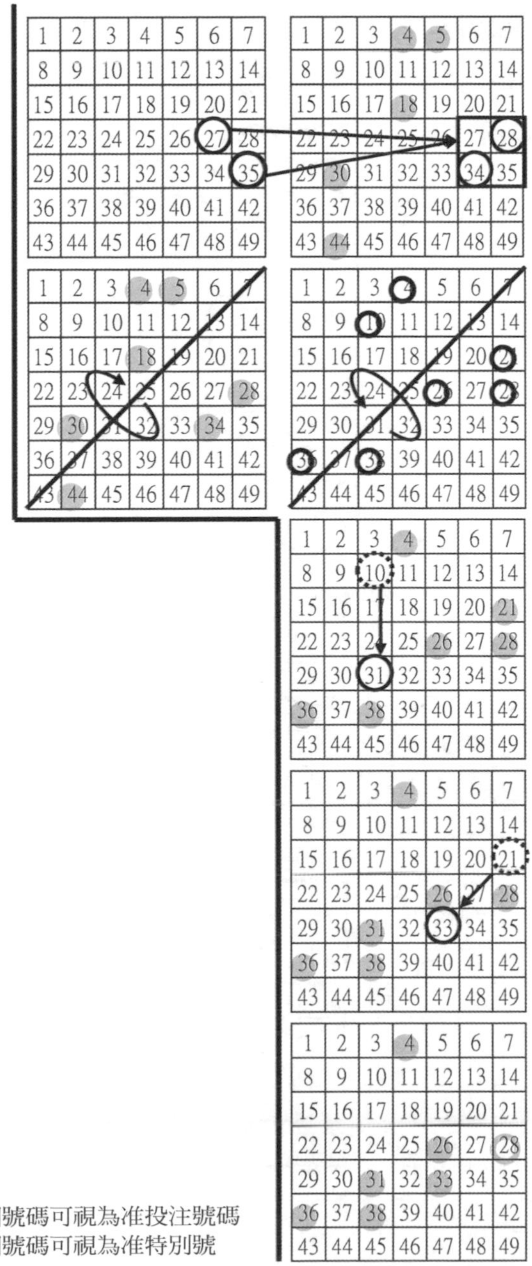

1	2	3	4	5	6	7
8	9	10	11	12	13	14
15	16	17	18	19	20	21
22	23	24	25	26	27	28
29	30	31	32	33	34	35
36	37	38	39	40	41	42
43	44	45	46	47	48	49

1	2	3	4	5	6	7
8	9	10	11	12	13	14
15	16	17	18	19	20	21
22	23	24	25	26	27	28
29	30	31	32	33	34	35
36	37	38	39	40	41	42
43	44	45	46	47	48	49

(1) 27 + 35 = 62
(2) 62 = 27 + 35
陰陽交叉，出 28，34
取代 27，35

中繼號碼：28，34

第七步：
翻轉 7 個中繼號碼
中繼號碼翻轉後變成 7 個決勝
號碼（號碼 4，10，21，26，
28，36，38）

1	2	3	4	5	6	7
8	9	10	11	12	13	14
15	16	17	18	19	20	21
22	23	24	25	26	27	28
29	30	31	32	33	34	35
36	37	38	39	40	41	42
43	44	45	46	47	48	49

1	2	3	4	5	6	7
8	9	10	11	12	13	14
15	16	17	18	19	20	21
22	23	24	25	26	27	28
29	30	31	32	33	34	35
36	37	38	39	40	41	42
43	44	45	46	47	48	49

第八步：
任選一個號碼移位
選 10 移至 31

1	2	3	4	5	6	7
8	9	10	11	12	13	14
15	16	17	18	19	20	21
22	23	24	25	26	27	28
29	30	31	32	33	34	35
36	37	38	39	40	41	42
43	44	45	46	47	48	49

第九步：
任選一個號碼移位
選 21 移至 33

1	2	3	4	5	6	7
8	9	10	11	12	13	14
15	16	17	18	19	20	21
22	23	24	25	26	27	28
29	30	31	32	33	34	35
36	37	38	39	40	41	42
43	44	45	46	47	48	49

右圖棋盤上：
(1) 6 個實心圈圈號碼可視為准投注號碼
(2) 1 個空心圈圈號碼可視為准特別號

1	2	3	4	5	6	7
8	9	10	11	12	13	14
15	16	17	18	19	20	21
22	23	24	25	26	27	28
29	30	31	32	33	34	35
36	37	38	39	40	41	42
43	44	45	46	47	48	49

准投注號碼＝開獎號碼

圖解 2002/7/4 香港六合彩 6/49 第二期

獎號：5，32，34，38，39，49　特：8

上期特別號＝28
因為號碼循環排列，
28 在 27 & 29 中間
選號座標：27 & 29

(1) 27 ＝ 2 ＋ 7 ＝ 9
(2) 29 倒看＝ 62
則 27 & 29 ＝ 9 & 62 ＝ 962
投注密碼＝ 962

第一步：
在 49 棋盤上找出 962
且等於圓圈數字總和

第二步：
找出 15 個先發號碼
取代 962 並分成 4 組

第三步：
第一組 36，30，
24 轉換至 B 區

(1) 36 ＋ 30 ＋ 24 ＝ 90
(2) 90 ＝ 5 ＋ 6 ＋ 12 ＋ 13
　＋ 14 ＋ 19 ＋ 21
陰陽變，出 7，20 取代 90

中繼號碼：7，20

第四步：
第二組 18，12，6，
5，4，10，16 轉換
至 A 區

(1) 18 ＋ 12 ＋ 6 ＋ 5 ＋ 4
　＋ 10 ＋ 16 ＝ 71
(2) 71 ＝ 1 ＋ 2 ＋ 3 ＋ 8 ＋
　9 ＋ 15 ＋ 16 ＋ 17
陰陽變，出 10 取代 71

中繼號碼：10

第五步：
第三組 22，29，23，
17 轉換至 C 區

(1) 22 ＋ 29 ＋ 23 ＋ 17 ＝
　91
(2) 91 ＝ 45 ＋ 46
陰陽互換，出 44，47
取代 45，46

中繼號碼：44，47

第六步：
第四組 11 轉換
至 C 區

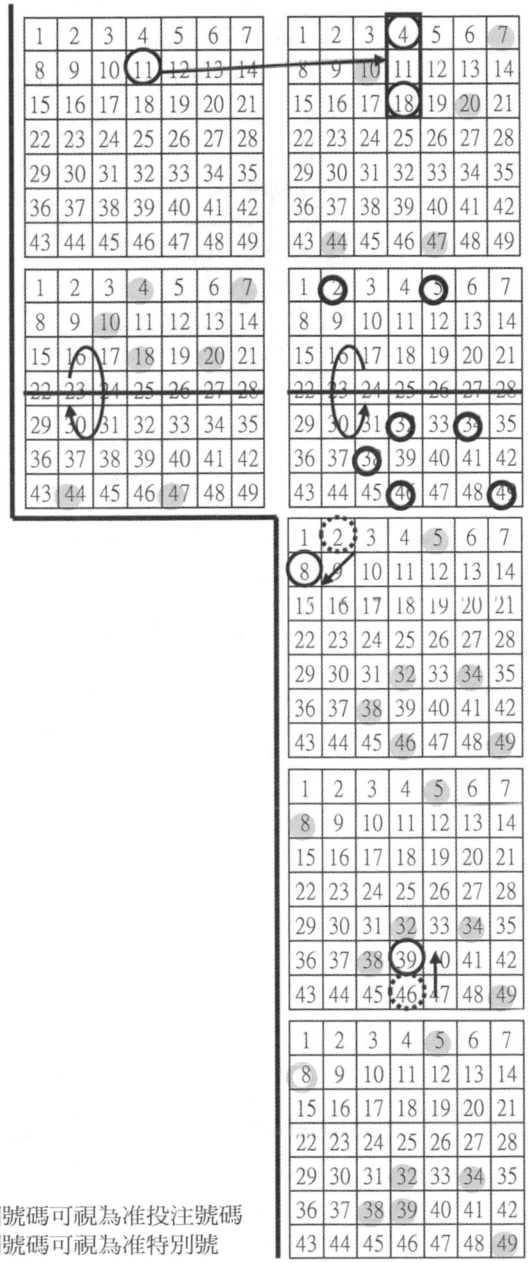

1	2	3	4	5	6	7
8	9	10	11	12	13	14
15	16	17	18	19	20	21
22	23	24	25	26	27	28
29	30	31	32	33	34	35
36	37	38	39	40	41	42
43	44	45	46	47	48	49

1	2	3	4	5	6	7
8	9	10	11	12	13	14
15	16	17	18	19	20	21
22	23	24	25	26	27	28
29	30	31	32	33	34	35
36	37	38	39	40	41	42
43	44	45	46	47	48	49

11 保持不變＝ 11
陰陽互換，出 4，18 取代 11

中繼號碼：4，18

第七步：
翻轉 7 個中繼號碼
中繼號碼翻轉後變成 7 個決勝
號碼（號碼 2，5，32，34，
38，46，49）

1	2	3	4	5	6	7
8	9	10	11	12	13	14
15	16	17	18	19	20	21
22	23	24	25	26	27	28
29	30	31	32	33	34	35
36	37	38	39	40	41	42
43	44	45	46	47	48	49

1	2	3	4	5	6	7
8	9	10	11	12	13	14
15	16	17	18	19	20	21
22	23	24	25	26	27	28
29	30	31	32	33	34	35
36	37	38	39	40	41	42
43	44	45	46	47	48	49

第八步：
任選一個號碼移位
選 2 移至 8

1	2	3	4	5	6	7
8	9	10	11	12	13	14
15	16	17	18	19	20	21
22	23	24	25	26	27	28
29	30	31	32	33	34	35
36	37	38	39	40	41	42
43	44	45	46	47	48	49

第九步：
任選一個號碼移位
選 46 移至 39

1	2	3	4	5	6	7
8	9	10	11	12	13	14
15	16	17	18	19	20	21
22	23	24	25	26	27	28
29	30	31	32	33	34	35
36	37	38	39	40	41	42
43	44	45	46	47	48	49

右圖棋盤上：
(1) 6 個實心圈圈號碼可視為准投注號碼
(2) 1 個空心圈圈號碼可視為准特別號

1	2	3	4	5	6	7
8	9	10	11	12	13	14
15	16	17	18	19	20	21
22	23	24	25	26	27	28
29	30	31	32	33	34	35
36	37	38	39	40	41	42
43	44	45	46	47	48	49

准投注號碼＝開獎號碼

圖解 2002/7/6 香港六合彩 6/49 第三期

獎號：10，20，21，33，40，44　特：34

上期特別號 = 8
因號碼循環排列，
8 與 49 相連且在
16 & 41 中間
選號座標：16 & 41

(1) 16 倒看 = 91 = 9 + 1 = 10
(2) 41 倒轉 = 14 = 2×7 = 27
則 16 & 41 = 10 & 27 = 1027
投注密碼：1027

第一步：
在 49 棋盤上找出 1027
且等於圓圈數字總和

第二步：
找出 12 個先發號碼
取代 1027 並分成 4 組

第三步：
第一組 21，28，35
轉換至 B 區

(1) 21 + 28 + 35 = 84
(2) 84 = 5 + 6 + 7 + 12
　　+ 14 + 19 + 21
陰陽變，出 13、20
取代 84

中繼號碼：13，20

第四步：
第二組 27 轉換至
A 區

(1) 27 倒轉 = 72
(2) 72 = 2 + 3 + 4 + 9 +
　　10 + 11 + 16 + 17
陰陽變，出 18 取代 72

中繼號碼：18

第五步：
第三組 13，20 轉換
至 C 區

13 + 20 = 33 = 2 個 3 =
32
陰陽互換，出 25、39 取代 32

中繼號碼：25，39

第六步：
第四組 3，4，
5，11，12，19
轉換至 C 區

(1) 3 ＋ 4 ＋ 5 ＋ 11 ＋ 12 ＋ 19
　　＝ 54
(2) 54 ＝ 23 ＋ 31
　　陰陽交叉，出 24、30
　　取代 23、31

中繼號碼：24，30

第七步：
翻轉 7 個中繼號碼
中繼號碼翻轉後變成 7 個
決勝號碼（20，21，31，
33，34，40，46）

第八步：
任選一個號碼移位
選 31 移至 10

第九步：
任選一個號碼移位
選 46 移至 44

右圖棋盤上：
(1) 6 個實心圈圈號碼可視為准投注號碼
(2) 1 個空心圈圈號碼可視為准特別號

准投注號碼＝開獎號碼

圖解 2002/7/9 香港六合彩 6/49 第四期

獎號：10，20，26，28，35，48　特：13

上期特別號 = 34
34 與 40 相連且在
46 & 28 中間
選號座標：46 & 28

第一步：
在 49 棋盤上找出 1061
且等於圓圈數字總和

(1) 46 = 4 + 6 = 10
(2) 28 = 2×8 = 16 倒轉 = 61
則 46 & 28 = 10 & 16 = 10 & 61 = 1061
投注密碼：1061

第二步：
找出 12 個先發號碼
取代 1061 並分成 4 組

第三步：
第一組 3，4，5，11
轉換至 C 區

3 + 4 + 5 + 11 = 23
陰陽互換，出 22、24
取代 23

中繼號碼：22，24

第四步：
第二組 17，23，29
轉換至 B 區

(1) 17 + 23 + 29 = 69 倒
轉 = 96
(2) 96 = 4 + 5 + 6 + 11
+ 13 + 18 + 19 + 20
陰陽變，出 12 取代 96

中繼號碼：12

第五步：
第三組 9，15，22
轉換至 A 區

(1) 9 + 15 + 22 = 46 倒
轉 = 64
(2) 64 = 1 + 2 + 3 + 10
+ 15 + 16 + 17
陰陽變，出 8、9 取代 64

中繼號碼：8，9

第六步：
第四組 10，16
轉換至 C 區

(1) 10 ＋ 16 ＝ 26 ＝ 2 個 6 ＝ 66

(2) 66 ＝ 30 ＋ 36
陰陽交叉，出 29、37
取代 30、36

中繼號碼：29，37

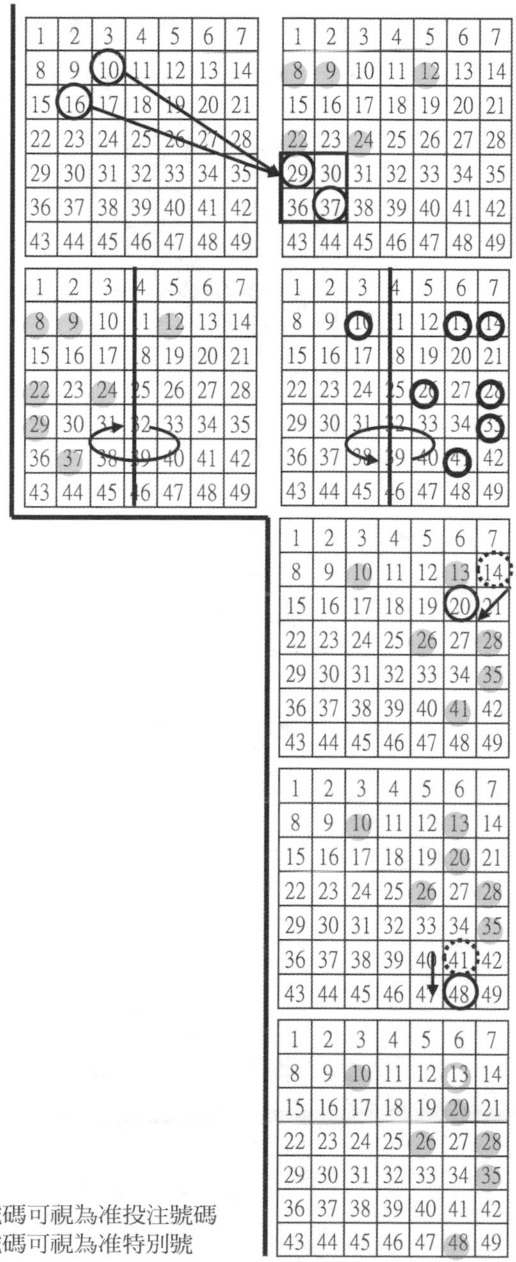

第七步：
翻轉 7 個中繼號碼
中繼號碼翻轉後變成 7 個
決勝號碼（10，13，14，
26，28，35，41）

第八步：
任選一個號碼移位
選 14 移至 20

第九步：
任選一個號碼移位
選 41 移至 48

右圖棋盤上：
(1) 6 個實心圈圈號碼可視為准投注號碼
(2) 1 個空心圈圈號碼可視為准特別號

准投注號碼＝開獎號碼

273

圖解 2002/7/11 香港六合彩 6/49 第五期

獎號：14，19，23，36，44，46　特：7

上期特別號＝ 13
13 與 20 相連且在
27 & 6 中間
選號座標：27 & 6

第一步：
在 49 棋盤上找出 963
且等於圓圈數字總和

(1) 27 ＝ 9×3 ＝ 93
(2) 6 保持不變
將 6 置入 93 中間＝ 9（6）3 ＝ 963
投注密碼：963

第二步：
找出 6 個先發號碼
取代 963 並分成 4 組

第三步：
第一組 35，42 轉換
至 A 區

(1) 35 ＋ 42 ＝ 77 ＝ 2 個 7
　 ＝ 72
(2) 72 ＝ 2 ＋ 3 ＋ 9 ＋ 10
　 ＋ 15 ＋ 16 ＋ 17
陰陽變，出 1，8 取代 72

中繼號碼：1，8

第四步：
第二組 49 轉換至
C 區

(1) 49 ＝ 4×9 ＝ 36 倒轉
　 ＝ 63
(2) 63 ＝ 28 ＋ 35
陰陽互換，出 21、42
取代 28、35

中繼號碼：21，42

自行相乘變換數值

第五步：
第三組 41，48 轉換
至 B 區

(1) 41 ＋ 48 ＝ 89
(2) 89 ＝ 4 ＋ 5 ＋ 6 ＋ 11
　 ＋ 12 ＋ 13 ＋ 18 ＋ 20
陰陽變，出 19 取代 89

中繼號碼：19

第六步：
第四組 47 轉換
至 C 區

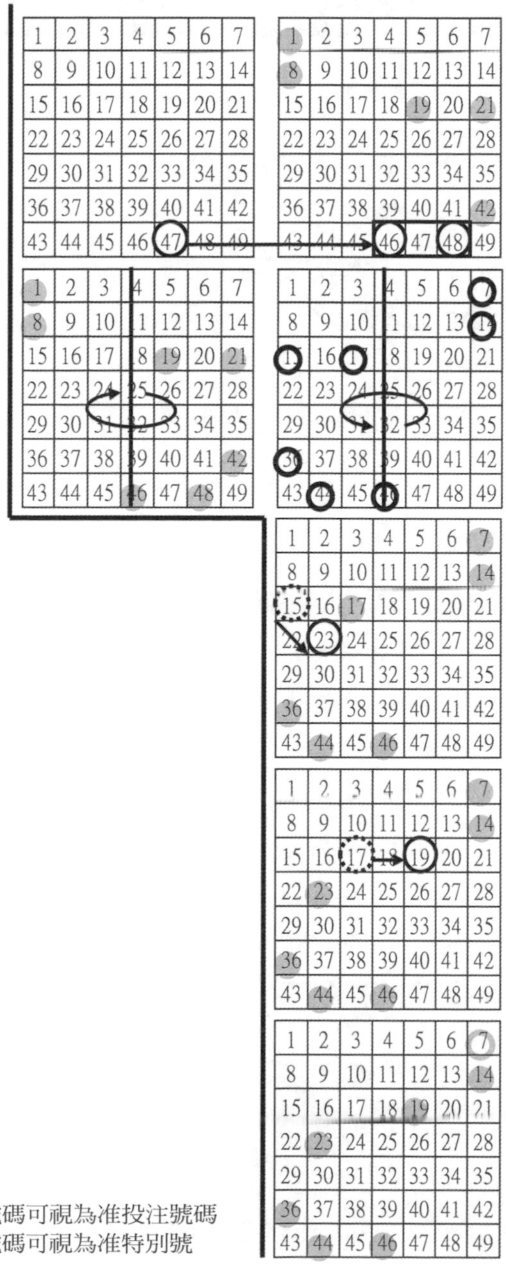

1	2	3	4	5	6	7
8	9	10	11	12	13	14
15	16	17	18	19	20	21
22	23	24	25	26	27	28
29	30	31	32	33	34	35
36	37	38	39	40	41	42
43	44	45	46	47	48	49

1	2	3	4	5	6	7
8	9	10	11	12	13	14
15	16	17	18	19	20	21
22	23	24	25	26	27	28
29	30	31	32	33	34	35
36	37	38	39	40	41	42
43	44	45	46	47	48	49

47 保持不變
陰陽互換，出 46、48 取代 47

中繼號碼：46，48

1	2	3	4	5	6	7
8	9	10	11	12	13	14
15	16	17	18	19	20	21
22	23	24	25	26	27	28
29	30	31	32	33	34	35
36	37	38	39	40	41	42
43	44	45	46	47	48	49

1	2	3	4	5	6	7
8	9	10	11	12	13	14
15	16	17	18	19	20	21
22	23	24	25	26	27	28
29	30	31	32	33	34	35
36	37	38	39	40	41	42
43	44	45	46	47	48	49

第七步：
翻轉 7 個中繼號碼
中繼號碼翻轉後變成 7 個決勝
號碼（7，14，15，17，36，
44，46）

1	2	3	4	5	6	7
8	9	10	11	12	13	14
15	16	17	18	19	20	21
22	23	24	25	26	27	28
29	30	31	32	33	34	35
36	37	38	39	40	41	42
43	44	45	46	47	48	49

第八步：
任選一個號碼移位
選 15 移至 23

1	2	3	4	5	6	7
8	9	10	11	12	13	14
15	16	17	18	19	20	21
22	23	24	25	26	27	28
29	30	31	32	33	34	35
36	37	38	39	40	41	42
43	44	45	46	47	48	49

第九步：
任選一個號碼移位
選 17 移至 19

1	2	3	4	5	6	7
8	9	10	11	12	13	14
15	16	17	18	19	20	21
22	23	24	25	26	27	28
29	30	31	32	33	34	35
36	37	38	39	40	41	42
43	44	45	46	47	48	49

右圖棋盤上：
(1) 6 個實心圈圈號碼可視為准投注號碼
(2) 1 個空心圈圈號碼可視為准特別號

1	2	3	4	5	6	7
8	9	10	11	12	13	14
15	16	17	18	19	20	21
22	23	24	25	26	27	28
29	30	31	32	33	34	35
36	37	38	39	40	41	42
43	44	45	46	47	48	49

准投注號碼＝開獎號碼

信心危機！作弊牌「3、7」大樂透熱門

運彩爆發舞弊，關鍵數字反倒成了大樂透的熱門號！前運彩襄理林昊縉作弊7次，他女朋友出面領獎3次，變成「時事牌」3跟7，不過這起舞弊案，已經強化部分彩迷的不信任感，有PTT網友舉例，台中一家台彩投注站，在5天內連開2次今彩539頭獎，懷疑可能是同一人中獎，巧的是，大樂透每逢農曆春節就會剛好「槓龜」，買氣卻因為連續好幾槓越炒越熱。

彩券行員工：「3跟7都變熱門的。」
鎖定「運彩作弊牌」，3跟7下注買大樂透，台彩彩迷包牌，把關鍵數字變明牌，林昊縉的女友吳嘉玲出面領獎3次，他自己作弊7次，就連組合起來的37也因為今年開出11次，擠進熱門號。記者「時事牌會讓你心動嗎？」彩迷：「會，之前我有用時事牌中獎過。」記者：「中多少？」彩迷：「中3，好像10幾萬。」

巧的是，時事牌搶先出現在19日的威力彩頭獎，3號是特別號，7號跟37號也中了！剛好簽到這幾號的參獎得主贏走台幣15萬。但更多人玩的台彩呢？就有PTT網友舉台中允中投注為例，在12日跟16日短短5天內，開出2次今彩539頭獎，懷疑中獎的該不會是同一人吧？巧合的還有彩迷最愛的大樂透，每逢農曆春節就會剛好「槓龜」。

台彩董座薛香川：「過年其實沒有啦，哪有槓龜，過年其實中獎還特別多。」
台彩董座低調否認，卻跟內部資料不同調，今年春節，頭獎「18.22億」卻歷經連9槓，去年春節一度連「3」槓，前年春節也是一度「3」槓，偏偏「槓龜」之後整體買氣往上衝，就算要中獎是機率問題，但運彩作弊已經讓部分彩迷的不信任往外延燒。

節錄自【TVBS新聞】

新加坡、澳洲、韓國6/45樂透彩集錦

投注 6/45 樂透彩選號規範與步驟

壹、開獎＆棋盤

一、開獎

1. 新加坡樂透：每週星期一、四開獎，每期樂透彩是先從 1～45 個號碼中選出 6 個號碼為中獎號碼，最後再追加選出 1 個號碼為特別號。

2. 韓國樂透彩：每週星期六開獎，每期樂透彩是先從 1～45 個號碼中選出 6 個號碼為中獎號碼，最後再追加選出 1 個號碼為特別號。

3. 澳洲 Saturday 樂透彩：每週星期六開獎，每期樂透彩是先從 1～45 個號碼中選出 6 個號碼為中獎號碼，最後再追加選出 2 個號碼分別為 Bonus1 及 Bonus2。

4. 上述三地的樂透彩在每期開獎時，因前後兩組選號皆從同一個號碼箱中選出，故沒有選出相同號碼的機會。

二、棋盤

投注新加坡、澳洲或韓國的 6/45 樂透彩皆可使用 45 格基本棋盤（圖 1）及向外延伸的棋盤（圖 2）基本棋盤的設計，是以循環方式來排列號碼，即棋盤的上、下、左、右延伸出去仍可視同有號碼相連，如此設計是為了使特別號縱然出現在棋盤的四邊，仍可找出上下左右相鄰的號碼，也可因不同的選用，而能有多種不同的選號座標。

45 格棋盤雖與香港六合彩 49 格棋盤都是 7×6 的排列，但經向外延伸後的運用卻不同，棋盤上面號碼 4 左右相鄰的號碼，在兩個棋盤上都是 3 & 5，但號碼 4 的上面相鄰號碼，在 45 格上是 42，在 49 格上卻是 46。而在兩個棋盤下方號碼 45 的上下相鄰號碼，在 45 格上是 38 & 7，在 49 格上卻是 38 & 3。所以 6/45 與 6/49 的樂透彩，特別號雖相同，選號座標卻會不同；先發號碼雖相同，參考的特別號卻會不同。

4 在 3 & 5 中間
4 也在 42 & 11 中間

2，8 在 41 & 14 中間
35，41 在 29 & 2 中間

1	2	3	4	5	6	7
8	9	10	11	12	13	14
15	16	17	18	19	20	21
22	23	24	25	26	27	28
29	30	31	32	33	34	35
36	37	38	39	40	41	42
43	44	45				

圖1：棋盤基本排列

延伸後 →

39			⊙**42**			**45**
1	2	3	4	5	6	7
8	9	10	11	12	13	14
15	16	17	18	19	20	21
22	23	24	25	26	27	28
29	30	31	32	33	34	35
36	37	38	39	40	41	42
43	44	45	**1**			**4**
5	⊙**7**		**9**			

45 在 44 & 1 中間
45 也在 38 & 7 中間

45	1	2	3	4	5	6	7	**8**
	8	9	10	11	12	13	14	
14	15	16	17	18	19	20	21	
	22	23	24	25	26	27	28	**29**
	29	30	31	32	33	34	35	
	36	37	38	39	40	41	42	**43**
42	43	44	45		**2**		**4**	

圖2：延伸後的棋盤

貳、數值演變&陰陽變化規範

一、數值演變

相關的規範請參考台灣威力彩篇的數值演變。

二、陰陽變化

陰陽變化有三種，分別稱為：1.陰陽互換；2.陰陽交叉；3.陰陽變。

1. 陰陽互換；即空心圈圈號碼可取代實心圈圈號碼。

(1)第一種：在棋盤上找出某區塊的所有實心圈圈號碼，而其數值和剛好等於投注密碼的數值，再以陰陽互換轉換成該區塊以外的所有空心圈圈號碼（即先發號碼）。

舉例一：投注密碼 = 905
$905 = 1 + 2 + 3 + 8 + 9 + 10 + 11 + 15 + 16 + 17 + 18 + 19 + 22 + 23 + 24 + 25 + 26 + 27 + 29 + 30 + 31 + 32 + 33 + \cdots + 43 + 44 + 45$
先發號碼 = 4，5，6，7，12，13，14，20，21，28

陰陽互換

905 = 實心圈圈號碼和

空心圈圈號碼 = 先發號碼

10 個空心圈圈為先發號碼且分成四組的組合方式較多，所以變化也很多。若按照規範也可採用直線上的四個號碼4，12，20，28 為先發號碼，但分成四組時卻僅有一種分法，使後續轉換受限，所以很少有設局者只採用此四個號碼為先發號碼。

(2)第二種：在棋盤上找出二個區塊的所有實心圈圈號碼而其數值和剛好等於投注密碼的數值，再以陰陽互換轉換成該二個區塊之間所夾區塊上的所有空心圈圈號碼。

舉例二：投注密碼 = 811
811 = 1 + 2 + 3 + 4 + 5 + 6 + 7 + 8 + 9 + 10 + … + 26 + 27 + 28 + 36 + 37 + 38 + 39 + 40 + 41 + 42 + 43 + 44 + 45
先發號碼 = 29，30，31，32，33，34，35

811 = 實心圈圈號碼和　　　　　空心圈圈號碼 = 先發號碼

(3)第三種：請參考香港六合彩篇陰陽互換的第三種。

(4)第四種：一個至三個號碼之陰陽互換，6/45 樂透彩在此項的規範與台灣威力彩相同，請參考台灣威力彩篇。

2. 陰陽交叉：6/45 樂透彩在此項的規範與台灣威力彩相同，請參考台灣威力彩篇。

3. 陰陽變：將棋盤 45 格劃分為三個區，以 A、B 及 C 區表示，且有三種分法，而陰陽變相關的規範，請參考香港六合彩篇。

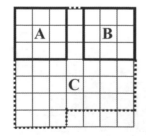
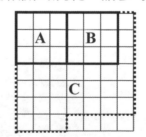
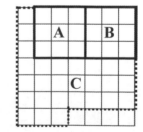

A 區和 B 區位於棋盤上最上面的三行，以 3×3 方形框表示，而「陰陽變」是指將某兩組「先發號碼數值」以「陰陽互換」觀念轉換到 A 區或 B 區變成「中繼號碼」，且中繼號碼的位置在方框內可不受限制任意選取，但若方形框採用位置不同，則同樣數值和會轉換成不同的「中繼號碼」。

參、投注號碼選取步驟簡述

一、選號座標

1. 本步驟適用於新加坡樂透彩、韓國樂透彩及澳洲 Saturday 樂透彩。

2. 參考特別號：

   ⑴投注新加坡星期一、四的樂透彩，皆只參考上星期四的特別號，即本星期一、四均是參考上星期四的特別號，而星期一的特別號與下一期獎號無關。

   ⑵投注韓國樂透彩則參考前一期（即上星期六）樂透彩的特別號。

   ⑶澳洲 Saturday 樂透彩每期都會有 2 個 Bonus Ball（Bouns1 及 Bonus2），投注時則只參考前一期樂透彩的 Bonus2（統稱特別號）並不參考 Bonus1，因 2005 年 10 月 15 日起取消星期二開獎，星期六仍然維持開獎，所以現在前後相連期數的序號是間隔 2 號（例如：3347，3349，3351，3353），而不是間隔 1 號。

3. 投注上述三個地區的樂透彩，皆須先確認相關特別號在 45 格棋盤上的位置，再選出以特別號為對稱點的上下、左右或 45 度斜對角相鄰的 2 個號碼，此 2 個號碼本書稱為選號座標。

4. 選號座標的選取步驟，請參考香港六合彩篇。

二、後續步驟請參考香港六合彩篇。

1. 後續步驟包括投注密碼、先發號碼、中繼號碼、決勝號碼、對稱翻轉及直線移位，除了使用的棋盤不同之外，相關的規範與步驟，皆與香港六合彩完全相同。

2. 相關的步驟請參考香港六合彩篇。

3. 新加坡博彩公司在過去 17 年間所發行的 45 選 6 樂透彩，已於 2014 年 10 月 7 日起改成 49 選 6 樂透彩。總選號數雖增加到 49 個，但是選號規範及先發號碼形態卻仍與 6/45 相同，原來可轉換成先發

號碼區塊的投注密碼數值，因為總選號數的增加而全部增加 46 +
47 + 48 + 49 = 190。

4. 依此類推，各種樂透彩的投注密碼，雖然會因為總選號數不同而
有差異，但是投注的選號規範及各種先發號碼區塊的形態，卻幾
乎都是一樣。

三、本篇圖解介紹方式

本書介紹台灣威力彩、日本 Loto6 及香港六合彩，皆是採用連續期數
並依序圖解的方式，而本篇對於新加坡、澳州、韓國的樂透彩，則選擇
以投注密碼及先發號碼完全相同的期數分組來介紹，希望能讓讀者能更
方便做比對與討論。

大致上樂透彩從投注密碼轉換成棋盤上先發號碼的圖形約有 40 多
種，也因先發號碼須先分成四組後再轉換成中繼號碼，所以縱然先發號
碼相同，也會因為分組不同而轉換成不同的中繼號碼。

本段集錦謹自星，澳，韓三個不同國家所採用的 6/45 樂透彩中，選
取其中三種不同的投注密碼所轉換成的先發號碼進行介紹，即 860，930，
771。雖然後續出現的中繼號碼會有不同，但呈現的圖解步驟卻極其相
似。

另外，各國採用的樂透彩總選號數雖然有所不同，選用的棋盤也不
相同，但是先發號碼的圖形卻相同，在本書前段香港六合彩的圖解中，
也看得到與本集錦相同的先發號碼，讀者可以做比較：

1. 6/45 的投注密碼 860 與 6/49 的投注密碼 1050，會轉換成相同的先
發號碼。

2. 6/45 的投注密碼 930 與 6/49 的投注密碼 1120，會轉換成相同的先
發號碼。

肆、6/45 樂透彩樂透圖解九步順序說明

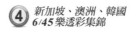
一、圖示

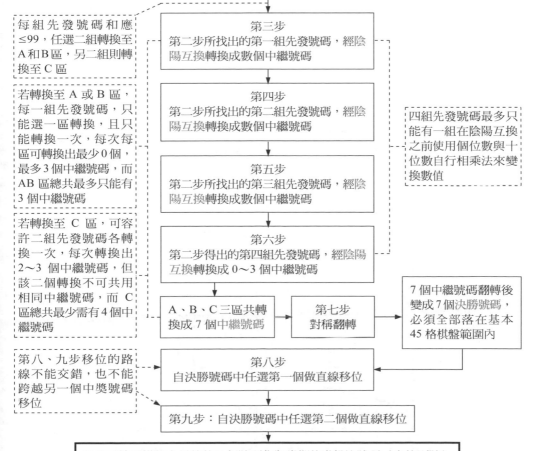

第一步：將選號座標轉換成投注密碼

投注當期 6/45 樂透彩可用 45 棋盤上，並參考上期或特定期的特別號
1. 以特別號在棋盤上的上下、左右或對角相鄰且對稱的 2 個號碼為選號座標。
2. 若特別號的上下、左右或斜線上的相鄰號碼也是中獎號碼，則可連結該相鄰 2 個或多個中獎號碼，經直線延伸後取兩端相鄰的號碼為選號座標。
3. 由上述眾多選號座標中只取其一，經轉換後再找出投注密碼。

第二步：將投注密碼轉換成先發號碼
1. 投注密碼其數值大小。
　(1)等於某一區塊的所有號碼和，而此區塊與其他剩餘號碼之間，可成一條虛擬直線。
　(2)等於某二個區塊的所有號碼和，而此二個區塊被一塊矩形或梯形號碼組清楚隔開。
2. 上述區塊號碼再經陰陽互換，轉換成下列三種先發號碼，而三者取其一。
　(1)前項(1)的第一種先發號碼，是該區塊以外的所有剩餘號碼；第二種先發號碼，是在剩餘區塊內但緊鄰該虛擬直線上的所有號碼。
　(2)前項(2)的先發號碼，是該二區塊之間所夾一個矩形或梯形區塊的所有號碼。
3. 將所有先發號碼不受等量限制但須位置相連或位置對稱方式分成四組。

每組先發號碼和應
≤99，任選二組轉換至
A 和 B 區，另二組則轉
換至 C 區

第三步
第二步所找出的第一組先發號碼，經陰
陽互換轉換成數個中繼號碼

若轉換至 A 或 B 區，
每一組先發號碼，只
能選一區轉換，且只
能轉換一次，每次每
區可轉換出最少 0 個，
最多 3 個中繼號碼，而
AB 區總共最多只能有
3 個中繼號碼

第四步
第二步所找出的第二組先發號碼，經陰
陽互換轉換成數個中繼號碼

四組先發號碼最多只
能有一組在陰陽互換
之前使用個位數與十
位數自行相乘法來變
換數值

第五步
第二步所找出的第三組先發號碼，經陰
陽互換轉換成數個中繼號碼

若轉換至 C 區，可容
許二組先發號碼各轉
換一次，每次轉換出
2～3 個中繼號碼，但
該二個轉換不可共用
相同中繼號碼，而 C
區總共最少需有 4 個中
繼號碼

第六步
第二步得出的第四組先發號碼，經陰陽
互換轉換成 0～3 個中繼號碼

A、B、C 三區共轉
換成 7 個中繼號碼

第七步
對稱翻轉

7 個中繼號碼翻轉後
變成 7 個決勝號碼，
必須全部落在基本
45 格棋盤範圍內

第八、九步移位的路
線不能交錯，也不能
跨越另一個中獎號碼
移位

第八步
自決勝號碼中任選第一個做直線移位

第九步：自決勝號碼中任選第二個做直線移位

最後可按照棋盤上最終的 7 個號碼作為當期的准投注號碼（含特別號）

二、第一步至第六步舉例圖示（澳洲的特別號是 Bonus2）

1. 舉例一：特別號＝11

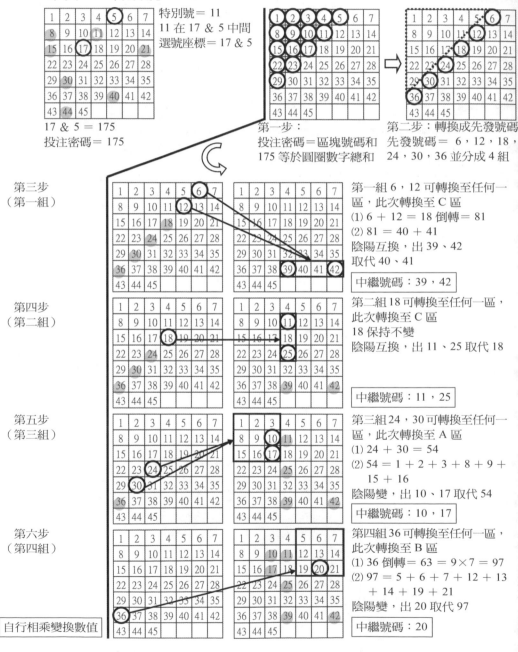

特別號＝11
11 在 17 & 5 中間
選號座標＝17 & 5

17 & 5 ＝ 175
投注密碼＝175

第一步：
投注密碼＝區塊號碼和
175 等於圓圈數字總和

第二步：轉換成先發號碼
先發號碼＝ 6，12，18，
24，30，36 並分成 4 組

第三步
（第一組）

第一組 6，12 可轉換至任何一
區，此次轉換至 C 區
(1) 6 ＋ 12 ＝ 18 倒轉＝ 81
(2) 81 ＝ 40 ＋ 41
陰陽互換，出 39、42
取代 40、41

中繼號碼：39，42

第四步
（第二組）

第二組 18 可轉換至任何一區，
此次轉換至 C 區
18 保持不變
陰陽互換，出 11、25 取代 18

中繼號碼：11，25

第五步
（第三組）

第三組 24，30 可轉換至任何一
區，此次轉換至 A 區
(1) 24 ＋ 30 ＝ 54
(2) 54 ＝ 1 ＋ 2 ＋ 3 ＋ 8 ＋ 9 ＋
15 ＋ 16
陰陽變，出 10、17 取代 54

中繼號碼：10，17

第六步
（第四組）

第四組 36 可轉換至任何一區，
此次轉換至 B 區
(1) 36 倒轉＝ 63 ＝ 9×7 ＝ 97
(2) 97 ＝ 5 ＋ 6 ＋ 7 ＋ 12 ＋ 13
＋ 14 ＋ 19 ＋ 21
陰陽變，出 20 取代 97

自行相乘變換數值

中繼號碼：20

2. 舉例二：特別號＝ 31

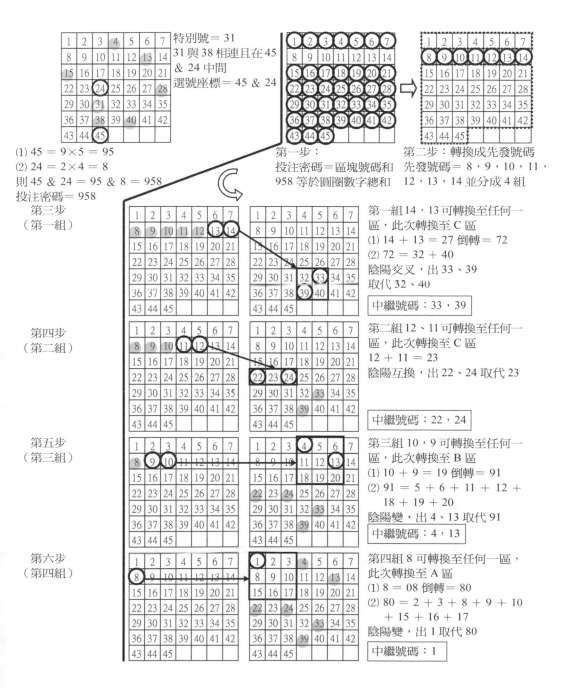

特別號＝ 31
31 與 38 相連且在 45
& 24 中間
選號座標＝ 45 & 24

(1) 45 ＝ 9×5 ＝ 95
(2) 24 ＝ 2×4 ＝ 8
則 45 & 24 ＝ 95 & 8 ＝ 958
投注密碼＝ 958

第一步：
投注密碼＝區塊號碼和
958 等於圓圈數字總和

第二步：轉換成先發號碼
先發號碼＝ 8，9，10，11，
12，13，14 並分成 4 組

第三步
（第一組）

第一組14，13 可轉換至任何一
區，此次轉換至 C 區
(1) 14 ＋ 13 ＝ 27 倒轉＝ 72
(2) 72 ＝ 32 ＋ 40
陰陽交叉，出 33、39
取代 32、40

中繼號碼：33，39

第四步
（第二組）

第二組12、11 可轉換至任何一
區，此次轉換至 C 區
12 ＋ 11 ＝ 23
陰陽互換，出 22、24 取代 23

中繼號碼：22，24

第五步
（第三組）

第三組10，9 可轉換至任何一
區，此次轉換至 B 區
(1) 10 ＋ 9 ＝ 19 倒轉＝ 91
(2) 91 ＝ 5 ＋ 6 ＋ 11 ＋ 12 ＋
18 ＋ 19 ＋ 20
陰陽變，出 4、13 取代 91

中繼號碼：4，13

第六步
（第四組）

第四組 8 可轉換至任何一區，
此次轉換至 A 區
(1) 8 ＝ 08 倒轉＝ 80
(2) 80 ＝ 2 ＋ 3 ＋ 8 ＋ 9 ＋ 10
＋ 15 ＋ 16 ＋ 17
陰陽變，出 1 取代 80

中繼號碼：1

3. 舉例三：特別號＝26

特別號＝26
26 在 25 & 27 中間
選號座標＝25 & 27
(1) 25 ＝ 2 ＋ 5 ＝ 7
(2) 27 倒轉＝ 72

則 25 & 27 ＝ 7 & 72 ＝ 772
投注密碼＝ 772

第一步：
投注密碼＝區塊號碼和
772 等於圓圈數字總和

第二步：轉換成先發號碼
先發號碼＝ 4，5，6，10，11，
12，16，17，18，22，23，
24，29，30，36 並分成 4 組

第三步
（第一組）

第一組 4，5，6，11，12，18 可轉換至
一區，此次轉換至 A 區
(1) 4 ＋ 5 ＋ 6 ＋ 11 ＋ 12 ＋ 18 ＝ 56 倒轉
65
(2) 65 ＝ 1 ＋ 2 ＋ 3 ＋ 8 ＋ 9 ＋ 10 ＋ 15 －
陰陽變，出 16 取代 65

中繼號碼：16

第四步
（第二組）

第二組 10、17 可轉換至任何一區，
此次轉換至 C 區
10 ＋ 17 ＝ 27
陰陽互換，出 26、28 取代 27

中繼號碼：26，28

第五步
（第三組）

第三組 16，23，24，30 可轉換至任
何一區，此次轉換至 C 區
(1) 16 ＋ 23 ＋ 24 ＋ 30 ＝ 93
(2) 93 ＝ 30 ＋ 31 ＋ 32
陰陽互換，出 29、33
取代 30、31、32

中繼號碼：29，33

第六步
（第四組）

第四組 22，29，36 可轉換至任何一
區，此次轉換至 B 區
(1) 22 ＋ 29 ＋ 36 ＝ 87 倒轉＝ 78
(2) 78 ＝ 5 ＋ 6 ＋ 7 ＋ 12 ＋ 13 ＋ 14
＋ 21
陰陽變，出 19、20 取代 78

中繼號碼：19，20

6/45 集錦一

星、澳、韓不同日期開出的樂透彩卻有相同先發號碼的圖解與比較

投注密碼：860

先發號碼：1，2，3，4，5，8，9，10，11，15，16，17，22，23，29

①	②	③	④	⑤	6	7
⑧	⑨	⑩	⑪	12	13	14
⑮	⑯	⑰	18	19	20	21
㉒	㉓	24	25	26	27	28
㉙	30	31	32	33	34	35
36	37	38	39	40	41	42
43	44	45				

三地摘錄 9 例

圖解 2013/9/5 新加坡樂透彩第 2881 期

獎號：8，19，20，27，41，45　特：21

(1) 17 = 1 + 7 = 8

上期特別號 = 16
15 在 17 & 15 中間
選號座標：17 & 15

(2) 15 = 1 + 5 = 6 = 06 倒轉 = 60
則 17 & 15 = 8 & 06 = 8 & 60 = 860
投注密碼：860

第一步：
在 45 棋盤上找出 860
且等於圓圈數字總和

第二步：
找出 15 個先發號碼
取代 860 並分成 4 組

第三步：
第一組 5，11，17，
23 轉換至 B 區

(1) 5 + 11 + 17 + 23 = 56
(2) 56 = 4 + 5 + 6 + 11
　　　+ 12 + 18

陰陽變，出 13、19、20
取代 56

中繼號碼：13，19，20

第四步：
第二組 29，22，16，
10，4 轉換至 A 區

(1) 29 + 22 + 16 + 10 +
　　4 = 81
(2) 81 = 1 + 2 + 3 + 8 +
　　9 + 10 + 15 + 16 + 17

陰陽變，不出任何數
取代 81

第五步：
第三組 3，9，15 轉
換至 C 區

(1) 3 + 9 + 15 = 27 = 2
　　個 7 = 77
(2) 77 = 38 + 39

陰陽互換，出 37、40
取代 38、39

中繼號碼：37，40

第六步：
第四組 8，2，1
轉換至 C 區

自行相乘
變換數值

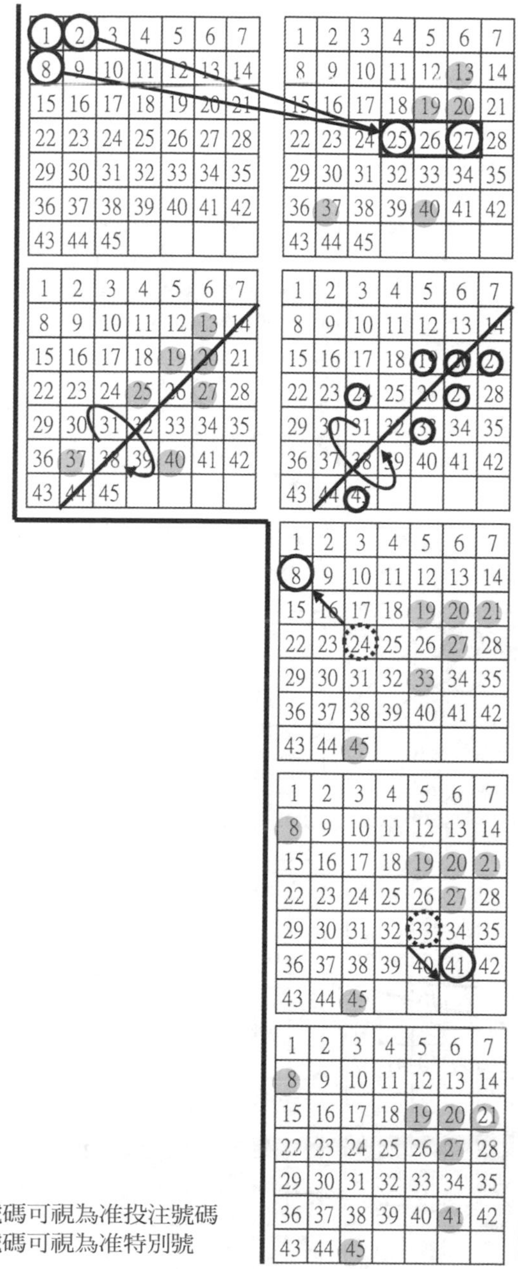

$8 + 2 + 1 = 11 = 2$ 個 $1 = 12$
$= 2×6 = 26$
陰陽互換，出 25、27 取代 26

中繼號碼：25，27

第七步：
翻轉 7 個中繼號碼
中繼號碼翻轉後變成 7 個
決勝號碼（19，20，21，
24，27，33，45）

第八步：
任選一個號碼移位
選 24 移至 8

第九步：
任選一個號碼移位
選 33 移至 41

右圖棋盤上：
(1) 6 個實心圈圈號碼可視為准投注號碼
(2) 1 個空心圈圈號碼可視為准特別號

准投注號碼＝開獎號碼

頭獎注數：0

二獎注數：4

圖解 2013/10/14 新加坡樂透彩第 2892 期

獎號：1，6，11，23，37，44　特：19

上期特別號＝ 29
因號碼循環排列，
29 在 35 & 23 中間
選號座標：35 & 23

(1) 35 = 3 + 5 = 8
(2) 23 = 2×3 = 6 = 06 倒轉 = 60
則 35 & 23 = 8 & 06 = 8 & 60 = 860
投注密碼：860

第一步：
在 45 棋盤上找出 860
且等於圓圈數字總和

第二步：
找出 15 個先發號碼
取代 860 並分成 4 組

第三步：
第一組 4，5，11 轉
換至 C 區

自行相乘變換數值

對稱分組

第四步：
第二組 22，23，29
轉換至 C 區

第五步：
第三組 1，2，3，8，
10，15，16，17 轉換
至 B 區

(1) 4 + 5 + 11 = 20 =
　　5×4 = 54
(2) 54 = 24 + 30
陰陽交叉，出 23、31
取代 24、30

中繼號碼：23，31

(1) 22 + 23 + 29 = 74
(2) 74 = 8 + 15 + 22 + 29
陰陽互換，出 1、36
取代 8、15、22、29

中繼號碼：1，36

(1) 1 + 2 + 3 + 8 + 10 +
　　15 + 16 + 17 = 72
(2) 72 = 5 + 6 + 7 + 14
　　+ 19 + 21
陰陽變，出 12、13、20
取代 72

中繼號碼：12，13，20

第六步：
第四組 9 轉換
至 A 區

(1) 9 ＝ 09 倒轉 ＝ 90
(2) 90 ＝ 2 ＋ 3 ＋ 4 ＋ 9 ＋ 10
　　＋ 11 ＋ 16 ＋ 17 ＋ 18
陰陽變，不出任何數取代 90

第七步：
翻轉 7 個中繼號碼
中繼號碼翻轉後變成 7 個
決勝號碼（1，6，11，19，
30，37，38）

第八步：
任選一個號碼移位
選 30 移至 23

第九步：
任選一個號碼移位
選 38 移至 44

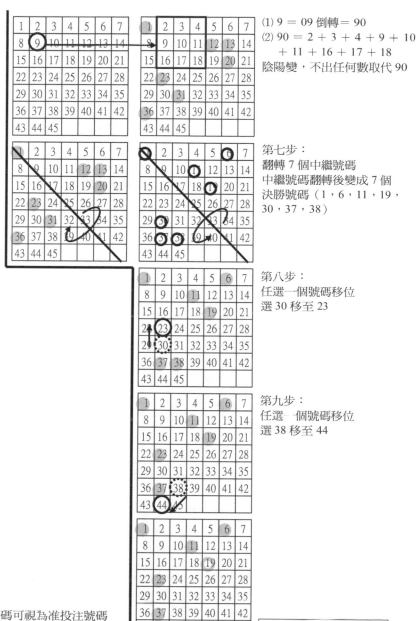

右圖棋盤上：
(1) 6 個實心圈圈號碼可視為准投注號碼
(2) 1 個空心圈圈號碼可視為准特別號

准投注號碼＝開獎號碼

頭獎注數：2

二獎注數：2

圖解 2013/11/21 新加坡樂透彩第 2903 期

獎號：8，9，12，18，22，32　特：6

上期特別號 ＝ 16
16 在 8 & 24 中間
選號座標：8 & 24

第一步：
在 45 棋盤上找出 860
且等於圓圈數字總和

(1) 8 保持不變
(2) 24 ＝ 2 ＋ 4 ＝ 6 ＝ 06 倒轉 ＝ 60
則 8 & 24 ＝ 8 & 06 ＝ 8 & 60 ＝ 860
投注密碼：860

第二步：
找出 15 個先發號碼
取代 860 並分成 4 組

第三步：
第一組 5，11，17，
23，29 轉換至 C 區

(1) 5 ＋ 11 ＋ 17 ＋ 23 ＋
29 ＝ 85 倒轉 ＝ 58
(2) 58 ＝ 26 ＋ 32
陰陽交叉，出 25、33
取代 26、32

中繼號碼：25，33

第四步：
第二組 4，10，16，
22 轉換至 C 區

(1) 4 ＋ 10 ＋ 16 ＋ 22 ＝ 52
(2) 52 ＝ 22 ＋ 30
陰陽交叉，出 23、29
取代 22、30

中繼號碼：23，29

第五步：
第三組 3，9，15 轉
換至 B 區

(1) 3 ＋ 9 ＋ 15 ＝ 27 ＝ 2
個 7 ＝ 77
(2) 77 ＝ 4 ＋ 5 ＋ 6 ＋ 12
＋ 13 ＋ 18 ＋ 19
陰陽變，出 11、20
取代 77

中繼號碼：11，20

第六步：
第四組1，2，8
轉換至 A 區

雙胞胎法
變換數值

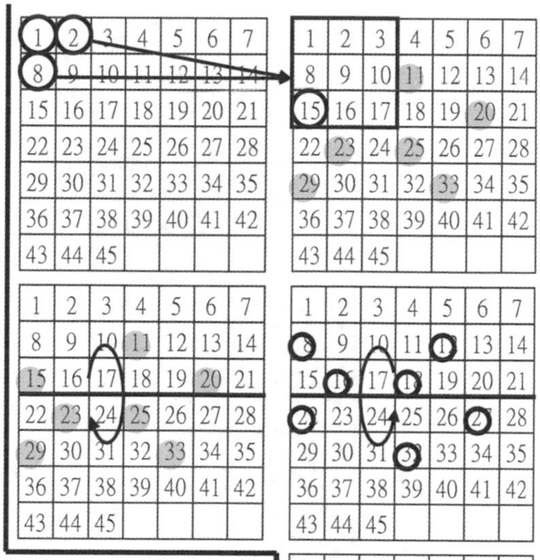

(1) 1 ＋ 2 ＋ 8 ＝ 11 ＝ 2 個 1 ＝
12 ＝ 6 ＋ 6 ＝ 66
(2) 66 ＝ 1 ＋ 2 ＋ 3 ＋ 8 ＋ 9 ＋
10 ＋ 16 ＋ 17
陰陽變，出 15 取代 66

中繼號碼：15

第七步：
翻轉 7 個中繼號碼
中繼號碼翻轉後變成 7 個決勝
號碼（8，12，16，18，22，
27，32）

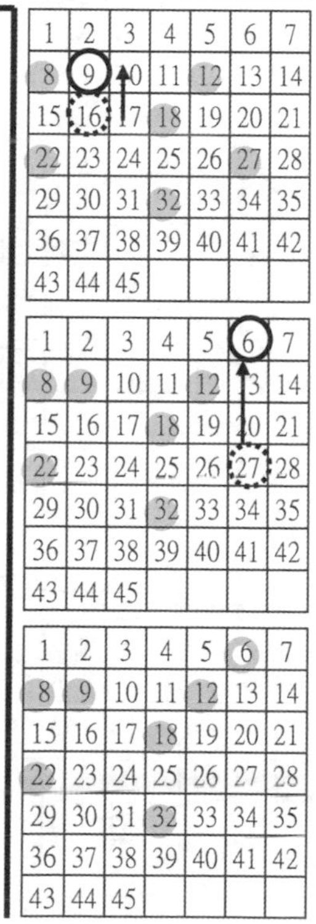

第八步：
任選一個號碼移位
選 16 移至 9

第九步：
任選一個號碼移位
選 27 移至 6

右圖棋盤上：
(1) 6 個實心圈圈號碼可視為准投注號碼
(2) 1 個空心圈圈號碼可視為准特別號

准投注號碼＝開獎號碼

頭獎注數：1

二獎注數：7

圖解 2012/11/24 澳洲樂透彩第 3271 期

獎號：17，26，30，32，42，43　特：12，6

上期 Bonus2 ＝ 38
38 在 44 & 32 中間
選號座標：44 & 32

(1) 44 ＝ 4 ＋ 4 ＝ 8
(2) 32 ＝ 3×2 ＝ 6 ＝ 06 倒轉 ＝ 60
則 44 & 32 ＝ 8 & 06 ＝ 8 & 60 ＝ 860
投注密碼：860

第一步：
在 45 棋盤上找出 860
且等於圓圈數字總和

第二步：
找出 15 個先發號碼
取代 860 並分成 4 組

第三步：
第一組 5，11，17，
23，29 轉換至 B 區

(1) 5 ＋ 11 ＋ 17 ＋ 23 ＋
　 29 ＝ 85
(2) 85 ＝ 5 ＋ 6 ＋ 7 ＋ 12
　 ＋ 14 ＋ 20 ＋ 21
陰陽變，出 13、19
取代 85

中繼號碼：13，19

第四步：
第二組 4，10，16，
22 轉換至 C 區

(1) 4 ＋ 10 ＋ 16 ＋ 22 ＝ 52
(2) 52 ＝ 22 ＋ 30
陰陽交叉，出 23、29
取代 22、30

中繼號碼：23，29

第五步：
第三組 3，9，15 轉
換至 A 區

(1) 3 ＋ 9 ＋ 15 ＝ 27 倒轉
　 ＝ 72
(2) 72 ＝ 2 ＋ 3 ＋ 4 ＋ 9 ＋
　 10 ＋ 11 ＋ 16 ＋ 17
陰陽變，出 18 取代 72

中繼號碼：18

第六步：
第四組 1，2，8
轉換至 C 區

自行相乘
變換數值

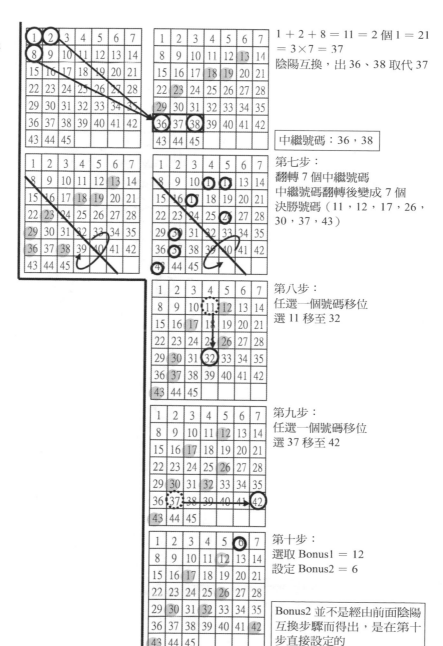

1 ＋ 2 ＋ 8 ＝ 11 ＝ 2 個 1 ＝ 21
＝ 3×7 ＝ 37
陰陽互換，出 36、38 取代 37

中繼號碼：36，38

第七步：
翻轉 7 個中繼號碼
中繼號碼翻轉後變成 7 個
決勝號碼（11，12，17，26，
30，37，43）

第八步：
任選一個號碼移位
選 11 移至 32

第九步：
任選一個號碼移位
選 37 移至 42

第十步：
選取 Bonus1 ＝ 12
設定 Bonus2 ＝ 6

Bonus2 並不是經由前面陰陽
互換步驟而得出，是在第十
步直接設定的

頭獎注數：4

二獎注數：44

圖解 2012/12/29 澳洲樂透彩第 3281 期

獎號：7，14，15，25，35，37　特：20，3

上期 Bonus2 ＝ 38
38 在 44 & 32 中間
選號座標：44 & 32

第一步：
在 45 棋盤上找出 860
且等於圓圈數字總和

(1) 44 ＝ 4 ＋ 4 ＝ 8
(2) 32 ＝ 3×2 ＝ 6 ＝ 06 倒轉 ＝ 60
則 44 & 32 ＝ 8 & 06 ＝ 8 & 60 ＝ 860
投注密碼：860

第二步：
找出 15 個先發號碼
取代 860 並分成 4 組

第三步：
第一組 4，5，11
轉換至 C 區

自行相乘變換數值

對稱分組

(1) 4 ＋ 5 ＋ 11 ＝ 20 ＝
　　4×5 ＝ 45
(2) 45 ＝ 8 ＋ 15 ＋ 22
　　陰陽互換，出 1、29
　　取代 8、15、22

中繼號碼：1，29

第四步：
第二組 10，16，17
轉換至 C 區

10 ＋ 16 ＋ 17 ＝ 43 倒轉
＝ 34
陰陽互換，出 27、41
取代 34

中繼號碼：27，41

第五步：
第三組 22，23，29
轉換至 A 區

(1) 22 ＋ 23 ＋ 29 ＝ 74
(2) 74 ＝ 2 ＋ 3 ＋ 4 ＋ 9 ＋
　　10 ＋ 11 ＋ 17 ＋ 18
　　陰陽變，出 16 取代 74

中繼號碼：16

第六步：
第四組 1，2，
3，8，9，15
轉換至 B 區

(1) 1 ＋ 2 ＋ 3 ＋ 8 ＋ 9 ＋ 15 ＝
38 倒轉＝ 83

(2) 83 ＝ 5 ＋ 6 ＋ 7 ＋ 12 ＋ 14
＋ 19 ＋ 20
陰陽互換，出 13、21 取代 83

中繼號碼：13，21

第七步：
翻轉 7 個中繼號碼
中繼號碼翻轉後變成 7 個
決勝號碼（7，9，15，20，
23，35，37）

第八步：
任選一個號碼移位
選 9 移至 14

第九步：
任選一個號碼移位
選 23 移至 25

第十步：
選取 Bonus1 ＝ 20
設定 Bonus2 ＝ 3

Bonus2 並不是經由前面陰陽
互換步驟而得出，是在第十
步直接設定的

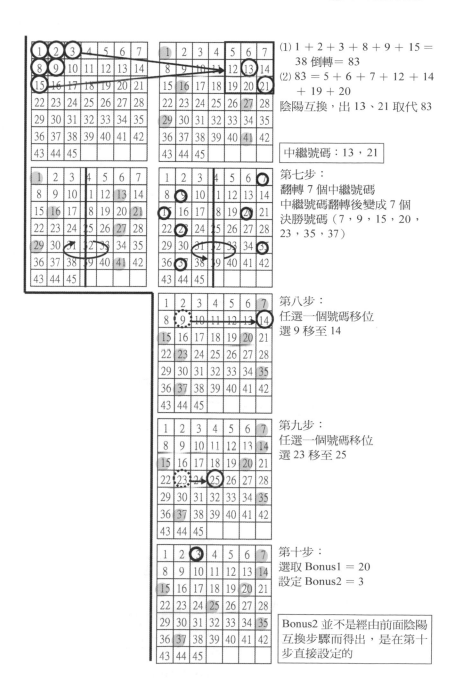

頭獎注數：21

二獎注數：267

圖解 2013/10/12 澳洲樂透彩第 3363 期

獎號：3，9，33，34，39，41　特：8，38

上期 Bonus2 ＝ 30
30 在 24 & 36 中間
選號座標：24 & 36

(1) 24 ＝ 2×4 ＝ 8
(2) 36 ＝ 3 ＋ 6 ＝ 9 ＝ 09 倒看 ＝ 60
則 24 & 36 ＝ 8 & 09 ＝ 8 & 60 ＝ 860
投注密碼：860

第一步：
在 45 棋盤上找出 860
且等於圓圈數字總和

第二步：
找出 15 個先發號碼
取代 860 並分成 4 組

第三步：
第一組 29，23，
17，11，5，4，
10 轉換至 B 區

(1) 29 ＋ 23 ＋ 17 ＋ 11 ＋
　　5 ＋ 4 ＋ 10 ＝ 99
(2) 99 ＝ 6 ＋ 7 ＋ 12 ＋ 14
　　＋ 19 ＋ 20 ＋ 21
　　陰陽變，出 5、13 取代 99

中繼號碼：5，13

第四步：
第二組 16，22 轉換
至 C 區

16 ＋ 22 ＝ 38
陰陽互換，出 37、39
取代 38

中繼號碼：37，39

第五步：
第三組 15，9，3，2
轉換至 A 區

(1) 15 ＋ 9 ＋ 3 ＋ 2 ＝ 29
　　＝ 2×9 ＝ 18 倒轉 ＝ 81
(2) 81 ＝ 1 ＋ 2 ＋ 3 ＋ 8 ＋
　　9 ＋ 10 ＋ 15 ＋ 16 ＋ 17
　　陰陽變，不出任何數
　　取代 81

自行相乘變換數值

第六步：
第四組 8，1
轉換至 C 區

(1) 8 ＋ 1 ＝ 9 ＝ 09 倒轉 ＝ 90
(2) 90 ＝ 25 ＋ 32 ＋ 33
陰陽互換，出 24、26、31
取代 25、32、33

中繼號碼：24，26，31

第七步：
翻轉 7 個中繼號碼
中繼號碼翻轉後變成 7 個
決勝號碼（3，9，24，26，
33，39，41）

第八步：
任選一個號碼移位
選 24 移至 8

第九步：
任選一個號碼移位
選 26 移至 34

第十步：
選取 Bonus1 ＝ 8
設定 Bonus2 ＝ 38

Bonus2 並不是經由前面陰陽
互換步驟而得出，是在第十
步直接設定的

頭獎注數：5

二獎注數：37

圖解 2012/12/15 韓國樂透彩第 524 期

獎號：10，11，29，38，41，45　特：21

上期特別號 = 7
因號碼循環排列，
7 在 8 & 6 中間
選號座標：8 & 6

第一步：
在 45 棋盤上找出 860
且等於圓圈數字總和

(1) 8 保持不變
(2) 6 = 06 倒轉 = 60
則 8 & 6 = 8 & 60 = 860
投注密碼：860

第二步：
找出 15 個先發號碼
取代 860 並分成 4 組

第三步：
第一組 1，2，3，
4，5，11 轉換至
A 區

(1) 1 + 2 + 3 + 4 + 5 +
11 = 26 = 2 個 6 = 66
(2) 66 = 1 + 2 + 3 + 8 +
9 + 10 + 16 + 17
陰陽變，出 15 取代 66

中繼號碼：15

第四步：
第二組 10，9，8
轉換至 C 區

(1) 10 + 9 + 8 = 27 = 2
個 7 = 77
(2) 77 = 38 + 39
陰陽互換，出 37、40
取代 38、39

中繼號碼：37，40

第五步：
第三組 17，16，
15，22，23 轉換
至 B 區

(1) 17 + 16 + 15 + 22 +
23 = 93
(2) 93 = 5 + 6 + 12 + 13
+ 18 + 19 + 20
陰陽變，出 4、11 取代 93

中繼號碼：4，11

第六步：
第四組 29
轉換至 C 區

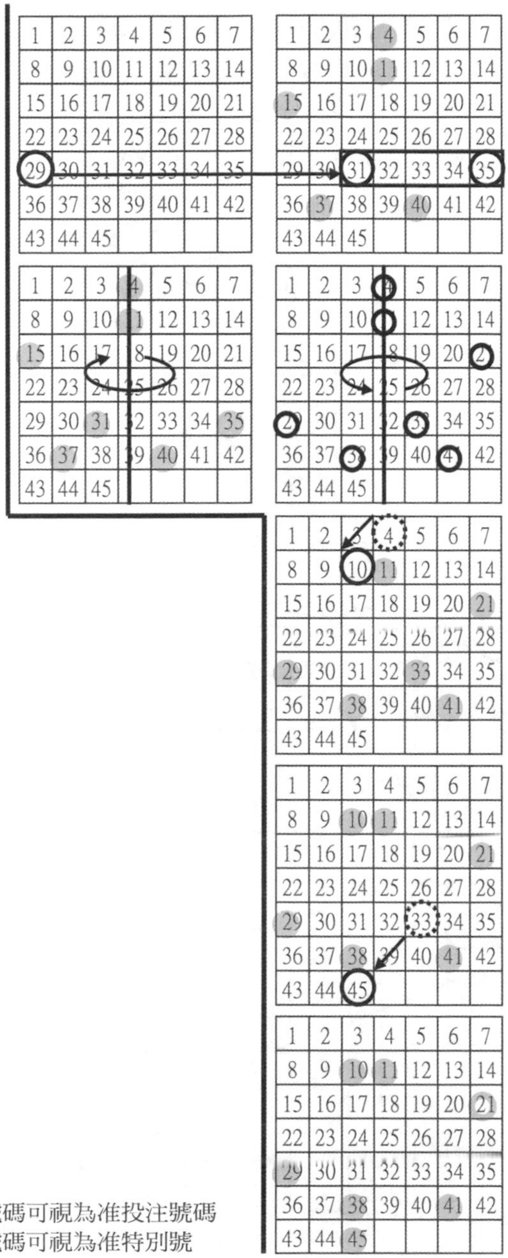

(1) 29 ＝ 2 個 9 ＝ 99
(2) 99 ＝ 32 ＋ 33 ＋ 34
陰陽互換，出 31、35
取代 32、33、34

中繼號碼：31，35

第七步：
翻轉 7 個中繼號碼
中繼號碼翻轉後變成 7 個決勝
號碼（4，11，21，29，33，
38，41）

第八步：
任選一個號碼移位
選 4 移至 10

第九步：
任選一個號碼移位
選 33 移至 45

右圖棋盤上：
(1) 6 個實心圈圈號碼可視為准投注號碼
(2) 1 個空心圈圈號碼可視為准特別號

准投注號碼＝開獎號碼

圖解 2013/4/27 韓國樂透彩第 543 期

獎號：13，18，26，31，34，44　特：12

上期特別號＝ 34
34 在 35 & 33 中間
選號座標：35 & 33

第一步：
在 45 棋盤上找出 860
且等於圓圈數字總和

(1) 35 ＝ 3 ＋ 5 ＝ 8
(2) 33 ＝ 3 ＋ 3 ＝ 6 ＝ 06 倒轉 ＝ 60
則 35 & 33 ＝ 8 & 6 ＝ 8 & 60 ＝ 860
投注密碼：860

第二步：
找出 15 個先發號碼
取代 860 並分成 4 組

第三步：
第一組 29，22，
15，8，1，2，3
轉換至 A 區

(1) 29 ＋ 22 ＋ 15 ＋ 8 ＋ 1
　＋ 2 ＋ 3 ＝ 80
(2) 80 ＝ 2 ＋ 3 ＋ 4 ＋ 9 ＋
　11 ＋ 16 ＋ 17 ＋ 18
陰陽變，出 10 取代 80

中繼號碼：10

第四步：
第二組 4，5，11，
17 轉換至 C 區

4 ＋ 5 ＋ 11 ＋ 17 ＝ 37
陰陽互換，出 36、38
取代 37

中繼號碼：36，38

第五步：
第三組 23，16，9
轉換至 B 區

(1) 23 ＋ 16 ＋ 9 ＝ 48 倒
　轉 ＝ 84
(2) 84 ＝ 5 ＋ 6 ＋ 7 ＋ 12
　＋ 14 ＋ 19 ＋ 21
陰陽變，出 13、20
取代 84

中繼號碼：13，20

第六步：
第四組 10 轉換至 C 區

自行相乘
變換數值

10 ＝ 2×5 ＝ 25
陰陽互換，出 24、26 取代 25

中繼號碼：24，26

第七步：
翻轉 7 個中繼號碼
中繼號碼翻轉後變成 7 個
決勝號碼（12，13，18，
30，32，34，44）

第八步：
任選一個號碼移位
選 30 移至 31

第九步：
任選一個號碼移位
選 32 移至 26

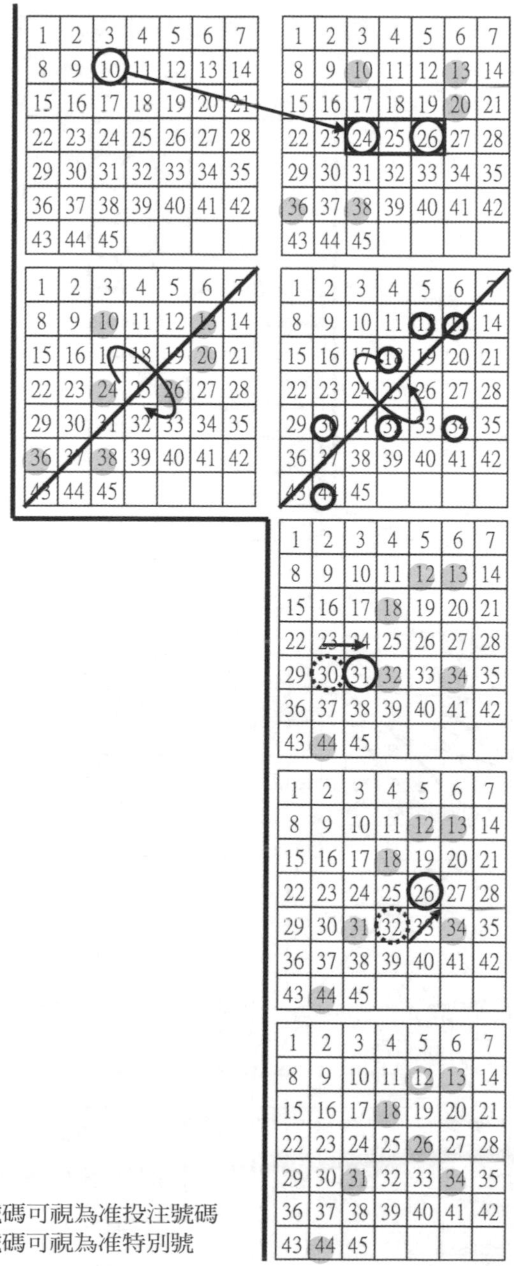

右圖棋盤上：
(1) 6 個實心圈圈號碼可視為准投注號碼
(2) 1 個空心圈圈號碼可視為准特別號

准投注號碼＝開獎號碼

頭獎注數：1

二獎注數：6

三獎注數：122

圖解 2013/12/28 韓國樂透彩第 578 期

獎號：5，12，14，32，34，42　特：16

上期特別號＝ 33
33 與 34 相連且在
35 & 32 中間
選號座標：35 & 32

第一步：
在 45 棋盤上找出 860
且等於圓圈數字總和

(1) 35 = 3 + 5 = 8
(2) 32 = 3×2 = 6 = 06 倒轉 = 60
則 35 & 32 = 8 & 06 = 8 & 60 = 860
投注密碼：860

第二步：
找出 15 個先發號碼
取代 860 並分成 4 組

第三步：
第一組 29，23，17
轉換至 B 區

(1) 29 + 23 + 17 = 69 倒
轉 = 96
(2) 96 = 5 + 6 + 7 + 12
+ 13 + 14 + 19 + 20
陰陽變，出 21 取代 96

中繼號碼：21

第四步：
第二組 11，5，4，
10，16，22 轉換至
C 區

(1) 11 + 5 + 4 + 10 + 16
+ 22 = 68
(2) 68 = 30 + 38
陰陽交叉，出 31、37
取代 30、38

中繼號碼：31，37

第五步：
第三組 15，9，3
轉換至 A 區

(1) 15 + 9 + 3 = 27 = 2
個 7 = 77
(2) 77 = 2 + 3 + 10 + 11
+ 16 + 17 + 18
陰陽變，出 4、9 取代 77

中繼號碼：4，9

第六步：
第四組 2，8，1
轉換至 C 區

自行相乘
變換數值

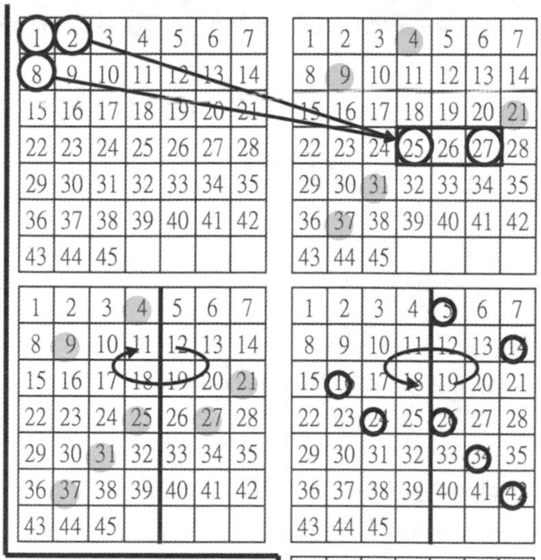

$2 + 8 + 1 = 11 = 2$ 個 $1 = 12$
$= 2 \times 6 = 26$

陰陽互換，出 25、27 取代 26

中繼號碼：25，27

第七步：
翻轉 7 個中繼號碼
中繼號碼翻轉後變成 7 個決勝
號碼（5，14，16，24，26，
34，42）

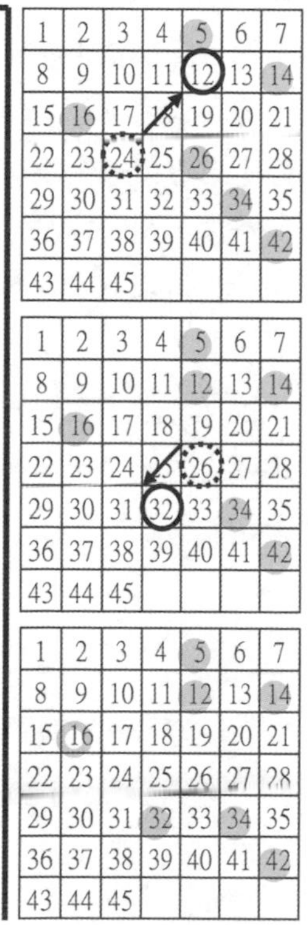

第八步：
任選一個號碼移位
選 24 移至 12

第九步：
任選一個號碼移位
選 26 移至 32

右圖棋盤上：
(1) 6 個實心圈圈號碼可視為准投注號碼
(2) 1 個空心圈圈號碼可視為准特別號

准投注號碼＝開獎號碼

不要電腦選號！樂透達人中獎有撇步

許多民眾購買樂透彩希望發大財，美國一名曾經七度中大獎的樂透達人，最近出書就提供樂透彩的中獎秘訣，他說千萬不要電腦選號，自己選號之後要養牌多次簽注，而買刮刮樂也有撇步，最好買多張連號的刮刮樂這樣中獎機率比較高。

想要擁有豪宅、大游泳池、重機和房車嗎？樂透彩通通都給你，美國樂透達人拉斯提格就是靠著買樂透成了大富翁，拉斯提格25年來每年持續買樂透，大獎中了7次，小獎無數次，讓他賺到好幾百萬美元，獨樂樂不如眾樂樂，拉斯提格撰寫學習如何提高贏得樂透的機會，將中樂透的撇步和大家分享，包括不要電腦選號，電腦選號中獎機率低，自已選定樂透號碼，要確定自選號過去沒有中獎過，這樣以後中獎機率比較高，而且要養牌，選定了號碼多次簽注，還有買刮刮樂也有秘訣，最好買整串中的連張刮刮樂，比較可能中獎，重點是你要用閒錢去買樂透，這樣沒中獎也不會太難過。

拉斯提格靠著出版這本書，版稅又賺進了數百萬美元，似乎生來註定就是要靠樂透發大財，不過拉斯提格也提醒中獎人，獎金要有計畫使用量入為出，部分置產、部分家用、部分繼續買樂透，才能享受幸福的樂透人生。

節錄自【東森新聞】

6/45 集錦二

星、澳、韓不同日期開出的樂透彩卻有相同先發號碼的圖解與比較

投注密碼：930

先發號碼：1，2，3，4，5，6，7，8，9，10，11，12，13，14

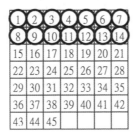

四地摘錄 9 例

圖解 2013/5/30 新加坡樂透彩第 2853 期

獎號：4，9，26，27，37，44　特：12

上期特別號＝5
因號碼循環排列，
5、13 在 42 & 21
中間選號座標：
42 & 21

(1) 42 ＝ 4 ＋ 2 ＝ 6 倒看 ＝ 9
(2) 21 ＝ 2 ＋ 1 ＝ 3 ＝ 03 倒轉 ＝ 30
則 42 & 21 ＝ 6 & 03 ＝ 9 & 30 ＝ 930
投注密碼：930

第一步：
在 45 棋盤上找出 930
且等於圓圈數字總和

第二步：
找出 14 個先發號碼
取代 930 並分成 4 組

第三步：
第一組 5，6，7
轉換至 A 區

(1) 5 ＋ 6 ＋ 7 ＝ 18 倒轉
　＝ 81
(2) 81 ＝ 2 ＋ 3 ＋ 4 ＋ 10
　＋ 11 ＋ 16 ＋ 17 ＋ 18
陰陽變，出 9 取代 81

中繼號碼：9

第四步：
第二組 14 轉換至
C 區

(1) 14 ＝ 7×2 ＝ 72
(2) 72 ＝ 32 ＋ 40
陰陽交叉，出 33、39
取代 32、40

自行相乘變換數值

中繼號碼：33，39

第五步：
第三組 13，12 轉換
至 C 區

(1) 13 ＋ 12 ＝ 25 倒轉 ＝ 52
(2) 52 ＝ 23 ＋ 29
陰陽交叉，出 22、30
取代 23、29

中繼號碼：22，30

第六步：
第四組 11，10，
9，8，1，2，3，
4 轉換至 B 區

(1) 11 ＋ 10 ＋ 9 ＋ 8 ＋ 1 ＋ 2
＋ 3 ＋ 4 ＝ 48 倒轉＝ 84
(2) 84 ＝ 5 ＋ 6 ＋ 7 ＋ 12 ＋ 14
＋ 19 ＋ 21
陰陽變，出 13、20 取代 84

中繼號碼：13，20

第七步：
翻轉 7 個中繼號碼
中繼號碼翻轉後變成 7 個
決勝號碼（4，9，12，27，
33，37，38）

第八步：
任選一個號碼移位
選 33 移至 26

第九步：
任選一個號碼移位
選 38 移至 44

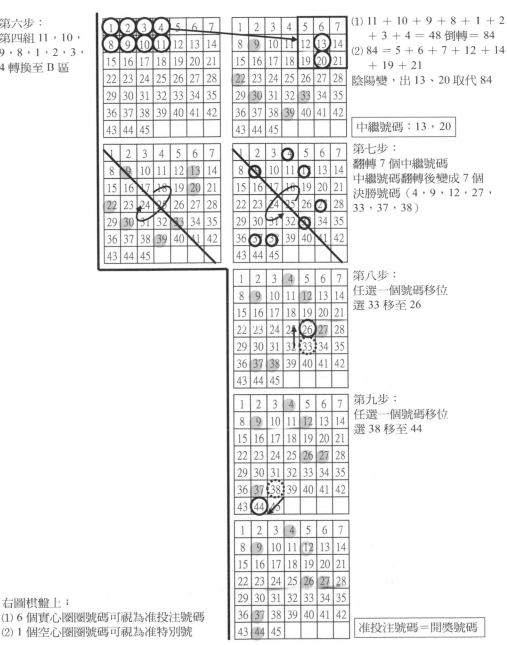

右圖棋盤上：
(1) 6 個實心圈圈號碼可視為准投注號碼
(2) 1 個空心圈圈號碼可視為准特別號

准投注號碼＝開獎號碼

頭獎注數：0

二獎注數：1

圖解 2013/9/16 新加坡樂透彩第 2884 期

獎號：1，11，13，15，21，22　特：33

上期特別號＝4
4 與 5 相連且在
6 & 3 中間
選號座標：6 & 3

第一步：
在 45 棋盤上找出 930
且等於圓圈數字總和

(1) 6 倒看＝9
(2) 3 ＝ 03 倒轉＝ 30
則 6 & 3 ＝ 9 & 03 ＝ 9 & 30 ＝ 930
投注密碼：930

第二步：
找出 14 個先發號碼
取代 930 並分成 4 組

第三步：
第一組 1，2，3，
4，5，6，7 轉換
至 C 區

(1) 1 ＋ 2 ＋ 3 ＋ 4 ＋ 5 ＋
6 ＋ 7 ＝ 28 倒轉＝ 82
(2) 82 ＝ 23 ＋ 29 ＋ 30
陰陽互換，出 22、24、
31 取代 23、29、30

中繼號碼：22，24，31

第四步：
第二組 14 轉換至
C 區

14 保持不變
陰陽互換，出 7、21
取代 14

中繼號碼：7，21

第五步：
第三組 13，12，11
轉換至 B 區

(1) 13 ＋ 12 ＋ 11 ＝ 36 倒
轉＝ 63 ＝ 9×7 ＝ 97
(2) 97 ＝ 4 ＋ 5 ＋ 6 ＋ 12
＋ 13 ＋ 18 ＋ 19 ＋ 20
陰陽變，出 11 取代 97

自行相乘變換數值

中繼號碼：11

第六步：
第四組 10，9，
8 轉換至 A 區

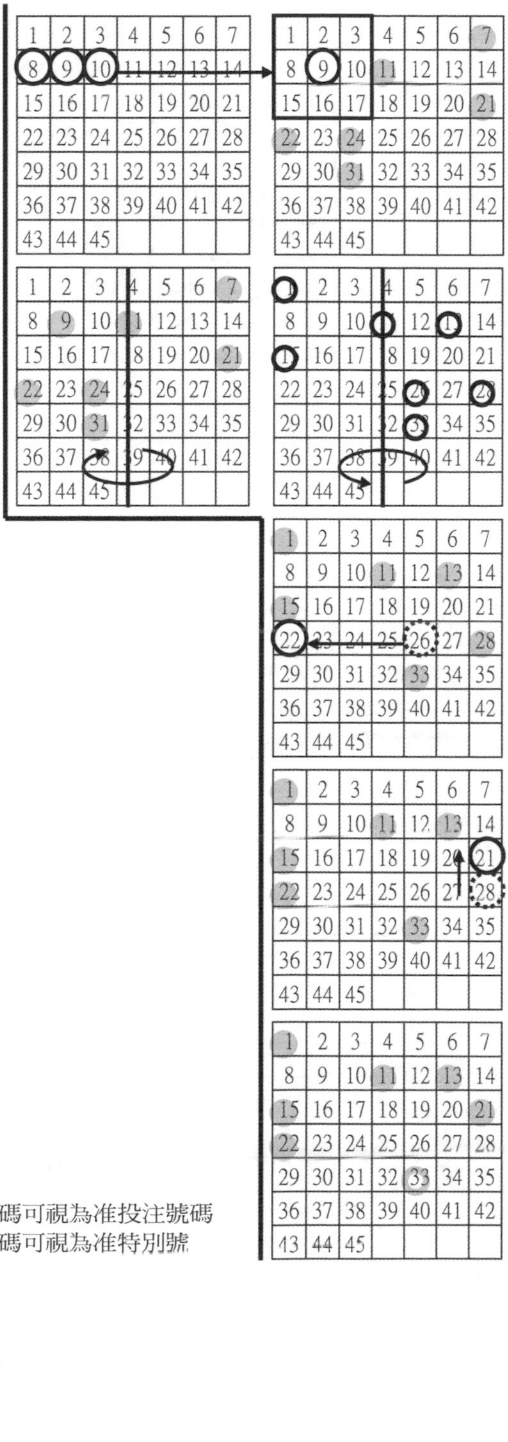

(1) 10 ＋ 9 ＋ 8 ＝ 27 倒轉 ＝ 72

(2) 72 ＝ 1 ＋ 2 ＋ 3 ＋ 8 ＋ 10
＋ 15 ＋ 16 ＋ 17

陰陽變，出 9 取代 72

中繼號碼：9

第七步：
翻轉 7 個中繼號碼
中繼號碼翻轉後變成 7 個決勝
號碼（1，11，13，15，26，
28，33）

第八步：
任選一個號碼移位
選 26 移至 22

第九步：
任選一個號碼移位
選 28 移至 21

右圖棋盤上：
(1) 6 個實心圈圈號碼可視為准投注號碼
(2) 1 個空心圈圈號碼可視為准特別號

准投注號碼＝開獎號碼

頭獎注數：0

二獎注數：16

圖解 2013/12/23 新加坡樂透彩第 2912 期

獎號：3，5，9，23，25，31　特：14

上期特別號＝ 6
因號碼循環排列，
6 在 45 ＆ 12 中間
選號座標：45 ＆ 12

(1) 45 ＝ 4 ＋ 5 ＝ 9
(2) 12 ＝ 1 ＋ 2 ＝ 3 ＝ 03 倒轉＝ 30
則 45 ＆ 12 ＝ 9 ＆ 03 ＝ 9 ＆ 30 ＝ 930
投注密碼：930

第一步：
在 45 棋盤上找出 930
且等於圓圈數字總和

第二步：
找出 14 個先發號碼
取代 930 並分成 4 組

第三步：
第一組 1，2，3，
4，5，6，7 轉換
至 B 區

(1) 1 ＋ 2 ＋ 3 ＋ 4 ＋ 5 ＋
6 ＋ 7 ＝ 28 倒轉＝ 82
(2) 82 ＝ 4 ＋ 5 ＋ 11 ＋ 12
＋ 13 ＋ 18 ＋ 19
陰陽變，出 6、20 取代 82

中繼號碼：6，20

第四步：
第二組 14，13 轉換
至 C 區

14 ＋ 13 ＝ 27
陰陽互換，出 26、28
取代 27

中繼號碼：26，28

第五步：
第三組 12，11 轉換
至 C 區

12 ＋ 11 ＝ 23 ＝ 2 個 3 ＝
33
陰陽互換，出 32、34 取
代 33

中繼號碼：32，34

第六步：
第四組10，9，
8 轉換至 A 區

(1) 10 ＋ 9 ＋ 8 ＝ 27 倒轉 ＝ 72
(2) 72 ＝ 1 ＋ 2 ＋ 3 ＋ 8 ＋ 10
　　＋ 15 ＋ 16 ＋ 17
陰陽變，出 9 取代 72

中繼號碼：9

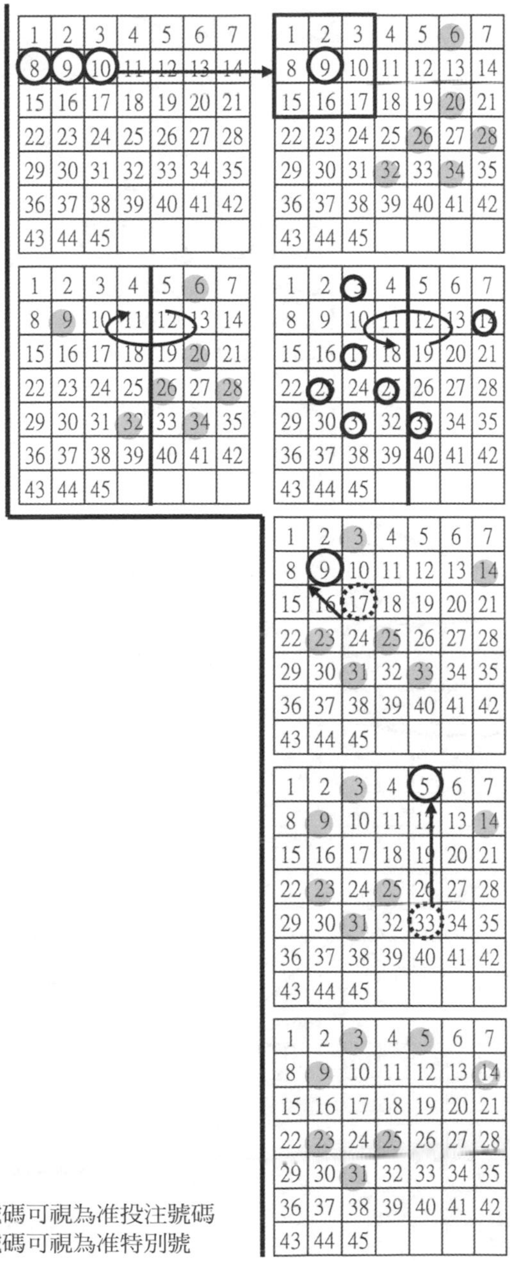

第七步：
翻轉 7 個中繼號碼
中繼號碼翻轉後變成 7 個決勝
號碼（3，14，17，23，25，
31，33）

第八步：
任選一個號碼移位
選 17 移至 9

第九步：
任選一個號碼移位
選 33 移至 5

右圖棋盤上：
(1) 6 個實心圈圈號碼可視為准投注號碼
(2) 1 個空心圈圈號碼可視為准特別號

准投注號碼＝開獎號碼

頭獎注數：4

二獎注數：15

圖解 2013/6/1 澳洲樂透彩第 3325 期

獎號：12，15，30，37，40，44　特：16，45

上期 Bonus2 = 38
因號碼循環排列，
38 與 1 相連且在
9 & 30 中間
選號座標：9 & 30

9 & 30 = 930
投注密碼：930

第一步：
在 45 棋盤上找出 930
且等於圓圈數字總和

第二步：
找出 14 個先發號碼
取代 930 並分成 4 組

第三步：
第一組 5，6，7
轉換至 B 區

(1) $5 + 6 + 7 = 18 = 9 \times 2$
$= 92$
(2) $92 = 5 + 7 + 12 + 13$
$+ 14 + 20 + 21$
陰陽變，出 6、19 取代 92

中繼號碼：6，19

自行相乘變換數值

第四步：
第二組 14，13
轉換至 C 區

(1) $14 + 13 = 27 = 2$ 個 7
$= 77$
(2) $77 = 38 + 39$
陰陽互換，出 37、40
取代 38、39

中繼號碼：37，40

第五步：
第三組 12，11，10
轉換至 C 區

$12 + 11 + 10 = 33 = 2$
個 3 $= 32$
陰陽互換，出 31、33
取代 32

中繼號碼：31，33

第六步：
第四組 9，8，
1，2，3，4 轉
換至 A 區

1	2	3	4	5	6	7
8	9	10	11	12	13	14
15	16	17	18	19	20	21
22	23	24	25	26	27	28
29	30	31	32	33	34	35
36	37	38	39	40	41	42
43	44	45				

1	2	3	4	5	6	7
8	9	10	11	12	13	14
15	16	17	18	19	20	21
22	23	24	25	26	27	28
29	30	31	32	33	34	35
36	37	38	39	40	41	42
43	44	45				

(1) $9＋8＋1＋2＋3＋4＝$
     27 倒轉＝72
(2) $72＝1＋2＋3＋8＋10$
     $＋15＋16＋17$
陰陽變，出9取代72

中繼號碼：9

1	2	3	4	5	6	7
8	9	10	11	12	13	14
15	16	17	18	19	20	21
22	23	24	25	26	27	28
29	30	31	32	33	34	35
36	37	38	39	40	41	42
43	44	45				

1	2	3	4	5	6	7
8	9	10	11	12	13	14
15	16	17	18	19	20	21
22	23	24	25	26	27	28
29	30	31	32	33	34	35
36	37	38	39	40	41	42
43	44	45				

第七步：
翻轉 7 個中繼號碼
中繼號碼翻轉後變成 7 個決勝
號碼（1，12，16，30，32，
37，40）

1	2	3	4	5	6	7
8	9	10	11	12	13	14
15	16	17	18	19	20	21
22	23	24	25	26	27	28
29	30	31	32	33	34	35
36	37	38	39	40	41	42
43	44	45				

第八步：
任選一個號碼移位
選 1 移至 15

1	2	3	4	5	6	7
8	9	10	11	12	13	14
15	16	17	18	19	20	21
22	23	24	25	26	27	28
29	30	31	32	33	34	35
36	37	38	39	40	41	42
43	44	45				

第九步：
任選一個號碼移位
選 32 移至 44

1	2	3	4	5	6	7
8	9	10	11	12	13	14
15	16	17	18	19	20	21
22	23	24	25	26	27	28
29	30	31	32	33	34	35
36	37	38	39	40	41	42
43	44	45				

第十步：
選取 Bonus1 ＝ 16
設定 Bonus2 ＝ 45

Bonus2 並不是經由前面陰陽
互換步驟而得出，是在第十
步直接設定的

頭獎注數：1

二獎注數：43

圖解 2013/1/26 澳洲樂透彩第 3289 期

獎號：6，12，25，36，39，43　特：18，8

上期 Bonus2 = 18
18 在 24 & 12 中間
選號座標：24 & 12

第一步：
在 45 棋盤上找出 930
且等於圓圈數字總和

(1) 24 = 2 + 4 = 6 倒看 = 9
(2) 12 = 1 + 2 = 3 = 03 倒轉 = 30
則 24 & 12 = 6 & 03 = 9 & 30 = 930
投注密碼：930

第二步：
找出 14 個先發號碼
取代 930 並分成 4 組

第三步：
第一組 5，6，7，
14，13 轉換至 C 區

(1) 5 + 6 + 7 + 14 + 13
　 = 45 倒轉 = 54
(2) 54 = 23 + 31
陰陽交叉，出 24、30
取代 23、31

中繼號碼：24，30

第四步：
第二組 12，11 轉換
至 C 區

12 + 11 = 23 倒轉 = 32
陰陽互換，出 25、39
取代 32

中繼號碼：25，39

第五步：
第三組 10，9 轉換
至 B 區

(1) 10 + 9 = 19 倒轉 = 91
(2) 91 = 5 + 12 + 14 +
　 19 + 20 + 21
陰陽變，出 6、7、13
取代 91

中繼號碼：6，7，13

第六步：
第四組 8，1，2，3，4轉換至A區

(1) 8 ＋ 1 ＋ 2 ＋ 3 ＋ 4 ＝ 18 倒轉＝ 81

(2) 81 ＝ 1 ＋ 2 ＋ 3 ＋ 8 ＋ 9 ＋ 10 ＋ 15 ＋ 16 ＋ 17

陰陽變，不出任何數取代 81

第七步：
翻轉 7 個中繼號碼
中繼號碼翻轉後變成 7 個決勝號碼（12，18，25，27，36，37，43）

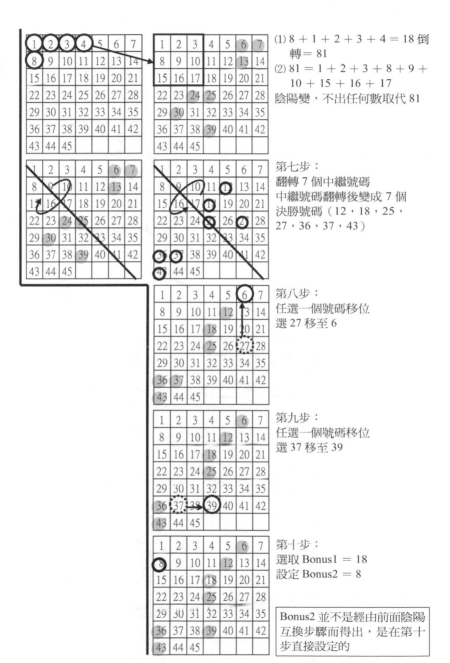

第八步：
任選一個號碼移位
選 27 移至 6

第九步：
任選一個號碼移位
選 37 移至 39

第十步：
選取 Bonus1 ＝ 18
設定 Bonus2 ＝ 8

Bonus2 並不是經由前面陰陽互換步驟而得出，是在第十步直接設定的

頭獎注數：1

二獎注數：52

圖解 2014/1/11 澳洲樂透彩第 3389 期

獎號：7，14，23，27，38，40　特：4，8

上期 Bonus2 ＝ 29
因號碼循環排列，
29 與 28 相連且在
27 & 30 中間
選號座標：27 & 30

第一步：
在 45 棋盤上找出 930
且等於圓圈數字總和

(1) 27 ＝ 2 ＋ 7 ＝ 9
(2) 30 保持不變
則 27 & 30 ＝ 9 & 30 ＝ 930
投注密碼：930

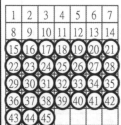

第二步：
找出 14 個先發號碼
取代 930 並分成 4 組

第三步：
第一組 1，2，3，
4，5，6，7 轉換
至 B 區

(1) $1 + 2 + 3 + 4 + 5 + 6$
　　$+ 7 = 28 = 2$ 個 $8 = 88$
(2) $88 = 4 + 5 + 6 + 11 +$
　　$12 + 13 + 18 + 19$
陰陽變，出 20 取代 88

中繼號碼：20

第四步：
第二組 14，13，12
轉換至 C 區

$14 + 13 + 12 = 39$
陰陽互換，出 38、40
取代 39

中繼號碼：38，40

第五步：
第三組 11 轉換至
C 區

$11 = 2$ 個 $1 = 12 = 2×6 =$
26
陰陽互換，出 25、27
取代 26

自行相乘變換數值

中繼號碼：25，27

第六步：
第四組 10，9，
8 轉換至 A 區

(1) 10 ＋ 9 ＋ 8 ＝ 27 倒轉 ＝ 72

(2) 72 ＝ 2 ＋ 3 ＋ 9 ＋ 10 ＋ 15
＋ 16 ＋ 17

陰陽變，出 1、8 取代 72

中繼號碼：1，8

第七步：
翻轉 7 個中繼號碼
中繼號碼翻轉後變成 7 個決勝
號碼（7，14，16，23，25，
38，40）

第八步：
任選一個號碼移位
選 16 移至 4

第九步：
任選一個號碼移位
選 25 移至 27

第十步：
選取 Bonus1 ＝ 4
設定 Bonus2 ＝ 8

Bonus2 並不是經由前面陰陽
互換步驟而得出，是在第十
步直接設定的

頭獎注數：8

二獎注數：64

圖解 2013/11/9 韓國樂透彩第 571 期

獎號：11，18，21，26，38，43　特：29

上期特別號＝42
因號碼循環排列，
42 在 36 & 3 中間
選號座標：36 & 3

(1) 36 = 3 + 6 = 9
(2) 3 = 03 倒轉 = 30
則 36 & 3 = 9 & 03 = 9 & 30 = 930
投注密碼：930

第一步：
在 45 棋盤上找出 930
且等於圓圈數字總和

第二步：
找出 14 個先發號碼
取代 930 並分成 4 組

第三步：
第一組 5，6，7
轉換至 A 區

(1) 5 + 6 + 7 = 18 倒轉 = 81
(2) 81 = 1 + 2 + 3 + 8 + 9 + 10 + 15 + 16 + 17
陰陽變，不出任何數
取代 81

第四步：
第二組 14，13
轉換至 B 區

(1) 14 + 13 = 27 = 2 個 7 = 77
(2) 77 = 4 + 5 + 6 + 11 + 12 + 19 + 20
陰陽變，出 13、18
取代 77

中繼號碼：13，18

第五步：
第三組 12，11，10，9 轉換至 C 區

12 + 11 + 10 + 9 = 42 = 2 個 4 = 44
陰陽互換，出 43、45
取代 44

中繼號碼：43，45

第六步：
第四組 8，1，
2，3，4轉換至
C 區

自行相乘
變換數值

(1) 8 ＋ 1 ＋ 2 ＋ 3 ＋ 4 ＝ 18 ＝
9×2 ＝ 92

(2) 92 ＝ 25 ＋ 33 ＋ 34
陰陽交叉，出 26、27、32
取代 25、33、34

中繼號碼：26，27，32

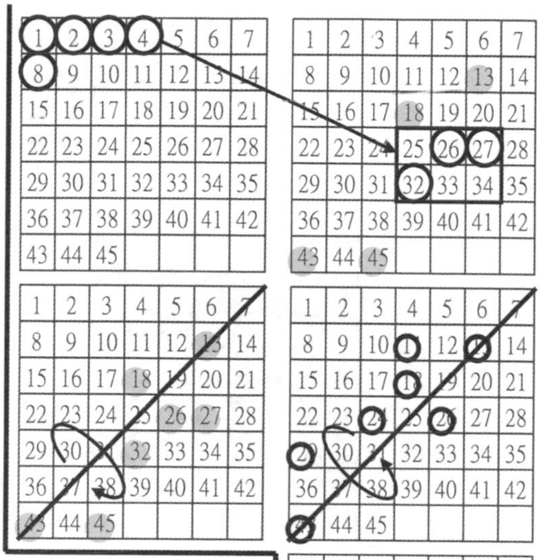

第七步：
翻轉 7 個中繼號碼
中繼號碼翻轉後變成 7 個
決勝號碼（11，13，18，24，
26，29，43）

第八步：
任選一個號碼移位
選 13 移至 21

第九步：
任選一個號碼移位
選 24 移至 38

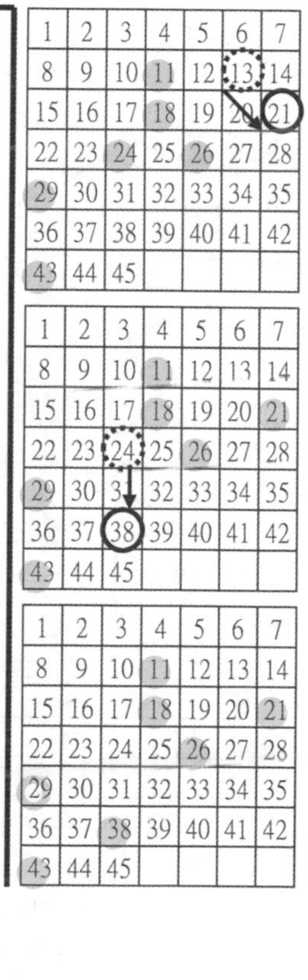

右圖棋盤上：
(1) 6 個實心圈圈號碼可視為准投注號碼
(2) 1 個空心圈圈號碼可視為准特別號

准投注號碼＝開獎號碼

圖解 2013/12/14 韓國樂透彩第 576 期

獎號：10，11，15，25，35，41　特：13

上期特別號 = 6
因號碼循環排列，
6 在 45 & 12 中間
選號座標：45 & 12

(1) 45 = 4 + 5 = 9
(2) 12 = 1 + 2 = 3 = 03 倒轉 = 30
則 45 & 12 = 9 & 03 = 9 & 30 = 930
投注密碼：930

第一步：
在 45 棋盤上找出 930
且等於圓圈數字總和

第二步：
找出 14 個先發號碼
取代 930 並分成 4 組

第三步：
第一組 5，6，7
轉換至 C 區

5 + 6 + 7 = 18
陰陽互換，出 11、25
取代 18

中繼號碼：11，25

第四步：
第二組 14，13
轉換至 A 區

(1) 14 + 13 = 27 倒轉 = 72
(2) 72 = 1 + 2 + 3 + 8 +
　　10 + 15 + 16 + 17
陰陽變，出 9 取代 72

中繼號碼：9

第五步：
第三組 12 轉換至
C 區

12 倒轉 = 21 = 3×7 = 37
陰陽互換，出 36、38
取代 37

自行相乘變換數值

中繼號碼：36，38

第六步：
第四組 11，10，
9，8，1，2，3，
4 轉換至 B 區

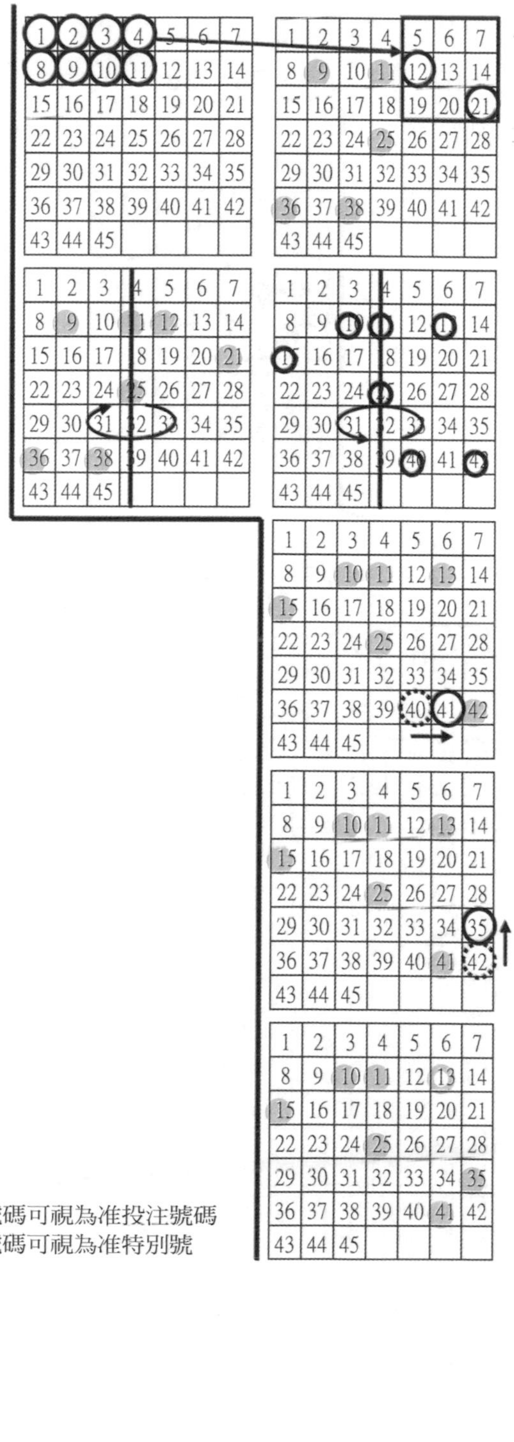

(1) 11 ＋ 10 ＋ 9 ＋ 8 ＋ 1 ＋ 2
　＋ 3 ＋ 4 ＝ 48 倒轉＝ 84
(2) 84 ＝ 5 ＋ 6 ＋ 7 ＋ 13 ＋ 14
　＋ 19 ＋ 20
陰陽變，出 12、21 取代 84

中繼號碼：12，21

第七步：
翻轉 7 個中繼號碼
中繼號碼翻轉後變成 7 個
決勝號碼（10，11，13，15，
25，40，42）

第八步：
任選一個號碼移位
選 40 移至 41

第九步：
任選一個號碼移位
選 42 移至 35

右圖棋盤上：
(1) 6 個實心圈圈號碼可視為准投注號碼
(2) 1 個空心圈圈號碼可視為准特別號

准投注號碼＝開獎號碼

圖解 2014/4/12 韓國樂透彩第 593 期

獎號：9，10，13，24，33，38　特：28

上期特別號＝ 43
因號碼循環排列，
43 與 5 相連且在
36 & 12 中間
選號座標：36 & 12

第一步：
在 45 棋盤上找出 930
且等於圓圈數字總和

(1) 36 ＝ 3 ＋ 6 ＝ 9
(2) 12 ＝ 1 ＋ 2 ＝ 3 ＝ 03 倒轉＝ 30
則 36 & 12 ＝ 9 & 03 ＝ 9 & 30 ＝ 930
投注密碼：930

第二步：
找出 14 個先發號碼
取代 930 並分成 4 組

第三步：
第一組 1，2，3，4，
5，6，7，14，13，
12 轉換至 C 區

(1) 1 ＋ 2 ＋ 3 ＋ 4 ＋ 5 ＋
　 6 ＋ 7 ＋ 14 ＋ 13 ＋ 12
　 ＝ 67
(2) 67 ＝ 33 ＋ 34
　 陰陽互換，出 32、35
　 取代 33、34

中繼號碼：32，35

第四步：
第二組 11，10 轉換
至 C 區

11 ＋ 10 ＝ 21 倒轉＝ 12
＝ 2×6 ＝ 26
陰陽互換，出 25、27
取代 26

中繼號碼：25，27

自行相乘變換數值

第五步：
第三組 9 轉換至 B 區

(1) 9 ＝ 09 倒轉＝ 90
(2) 90 ＝ 5 ＋ 6 ＋ 7 ＋ 12
　 ＋ 19 ＋ 20 ＋ 21
　 陰陽變，出 13、14
　 取代 90

中繼號碼：13，14

第六步：
第四組 8
轉換至 A 區

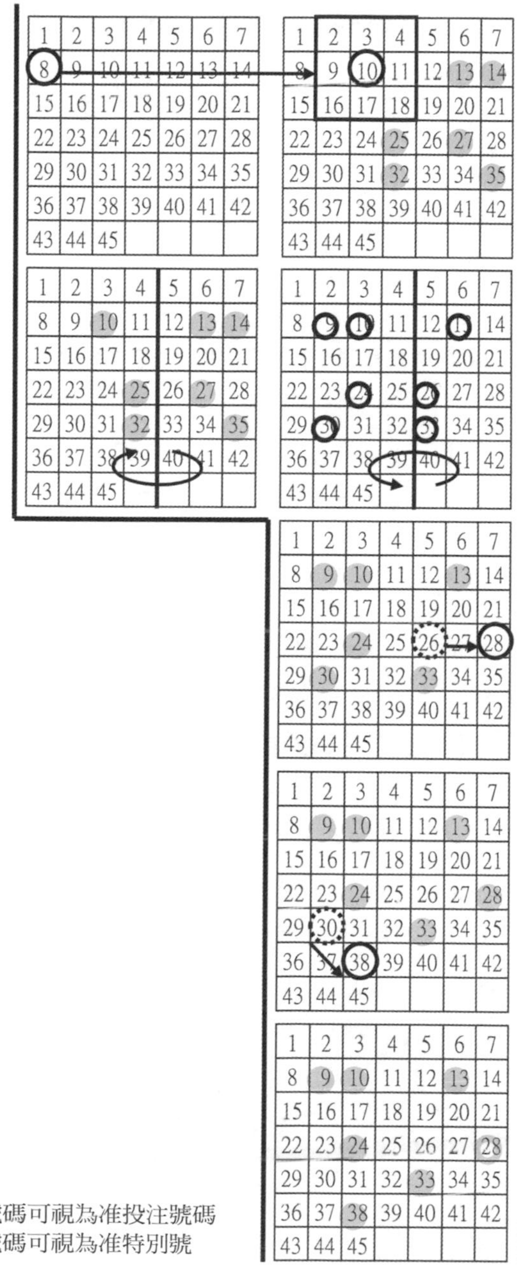

1	2	3	4	5	6	7
8	9	10	11	12	13	14
15	16	17	18	19	20	21
22	23	24	25	26	27	28
29	30	31	32	33	34	35
36	37	38	39	40	41	42
43	44	45				

1	2	3	4	5	6	7
8	9	10	11	12	13	14
15	16	17	18	19	20	21
22	23	24	25	26	27	28
29	30	31	32	33	34	35
36	37	38	39	40	41	42
43	44	45				

(1) 8 = 08 倒轉 = 80
(2) 80 = 2 + 3 + 4 + 9 + 11 + 16 + 17 + 18
陰陽變，出 10 取代 80

中繼號碼：10

1	2	3	4	5	6	7
8	9	10	11	12	13	14
15	16	17	18	19	20	21
22	23	24	25	26	27	28
29	30	31	32	33	34	35
36	37	38	39	40	41	42
43	44	45				

1	2	3	4	5	6	7
8	9	10	11	12	13	14
15	16	17	18	19	20	21
22	23	24	25	26	27	28
29	30	31	32	33	34	35
36	37	38	39	40	41	42
43	44	45				

第七步：
翻轉 7 個中繼號碼
中繼號碼翻轉後變成 7 個決勝
號碼（9，10，13，24，26，30，33）

1	2	3	4	5	6	7
8	9	10	11	12	13	14
15	16	17	18	19	20	21
22	23	24	25	26	27	28
29	30	31	32	33	34	35
36	37	38	39	40	41	42
43	44	45				

第八步：
任選一個號碼移位
選 26 移至 28

1	2	3	4	5	6	7
8	9	10	11	12	13	14
15	16	17	18	19	20	21
22	23	24	25	26	27	28
29	30	31	32	33	34	35
36	37	38	39	40	41	42
43	44	45				

第九步：
任選一個號碼移位
選 30 移至 38

1	2	3	4	5	6	7
8	9	10	11	12	13	14
15	16	17	18	19	20	21
22	23	24	25	26	27	28
29	30	31	32	33	34	35
36	37	38	39	40	41	42
43	44	45				

右圖棋盤上：
(1) 6 個實心圈圈號碼可視為准投注號碼
(2) 1 個空心圈圈號碼可視為准特別號

准投注號碼＝開獎號碼

運彩6大疏失 難卸責
開賣 停賣 派彩集一人 兌獎沒確認

全程直播難作假

黃志宜表示，開獎過程有電視直播，民眾向電視台報名觀看開獎過程後，由電視台通知參加，再由現場公正人士抽出一觀眾參與開獎；該觀眾從兩組開獎機器中抽出一組，接著依序決定落球順序由大至小或小至大、從多組開獎球組中抽出一組，抽出球組每顆球都要秤重，低於標準值就要更換，最後再由該觀眾按鈕催球跑出獎號，全程幾乎不可能作弊。

他說，投注系統只要封存就不能再購買，晚間8時1秒就是隔天帳務，機房內有會計師確認，當期總投注金額約當晚8時30分前在電視直播現場公告，開出獎號後，就會輸入派彩系統跑出結果，開獎全程有會計師比對派彩結果是否與投注系統資料一致。

彩醜聞6大疏失表

1.系統軟體設計在截止投注之後，為何還能重新開機開賣？系統軟體顯然有問題。

2.林昊縉在偷開系統重新開賣時，運彩公司內部竟沒有發現，顯示監控出問題。

3.為何林昊縉一個人就有主管開賣、停賣跟派彩這麼大的權限。

4.運彩在確認賽果後應立即派彩，不應讓林昊縉有空檔去偷開系統下注。

5.林昊縉的同夥去買彩券時，彩券行為何沒注意到購買時該期彩券已截止投注。

6.林昊縉經作弊所中的頭獎彩券在兌獎時，富邦銀行為何沒有確認彩券上的購買時間有問題。

節錄自【蘋果日報】

6/45 集錦三

星、澳、韓不同日期開出的樂透彩卻有相同先發號碼的圖解與比較

投注密碼：771

先發號碼：4，5，11，12，18，19，25，26，32，33，39，40

1	2	3	4	5	6	7
8	9	10	11	12	13	14
15	16	17	18	19	20	21
22	23	24	25	26	27	28
29	30	31	32	33	34	35
36	37	38	39	40	41	42
43	44	45				

三地摘錄 9 例

圖解 2013/9/9 新加坡樂透彩第 2882 期

獎號：6，8，23，28，41，44　特：24

上期特別號 = 21
21 在 14 & 28 中間
選號座標：14 & 28

第一步：
在 45 棋盤上找出 771
且等於圓圈數字總和

(1) 14 = 7 + 7 = 77
(2) 28 = 2 + 8 = 10 倒轉 = 01 = 1
則 14 & 28 = 77 & 10 = 77 & 1 = 771
投注密碼：771

第二步：
找出 12 個先發號碼
取代 771 並分成 4 組

第三步：
第一組 11，4，5，
12，19，26 轉換至
A 區

(1) 11 + 4 + 5 + 12 + 19
+ 26 = 77 = 2 個 7 =
72
(2) 72 = 1 + 2 + 3 + 8 +
10 + 15 + 16 + 17
陰陽變，出 9 取代 72

中繼號碼：9

第四步：
第二組 33 轉換至
C 區

33 保持不變
陰陽互換，出 32、34
取代 33

中繼號碼：32，34

第五步：
第三組 40，39
轉換至 B 區

(1) 40 + 39 = 79 倒轉 = 97
(2) 97 = 5 + 7 + 12 + 13
+ 19 + 20 + 21
陰陽變，出 6、14 取代 97

中繼號碼：6，14

第六步：
第四組32，25，
18轉換至C區

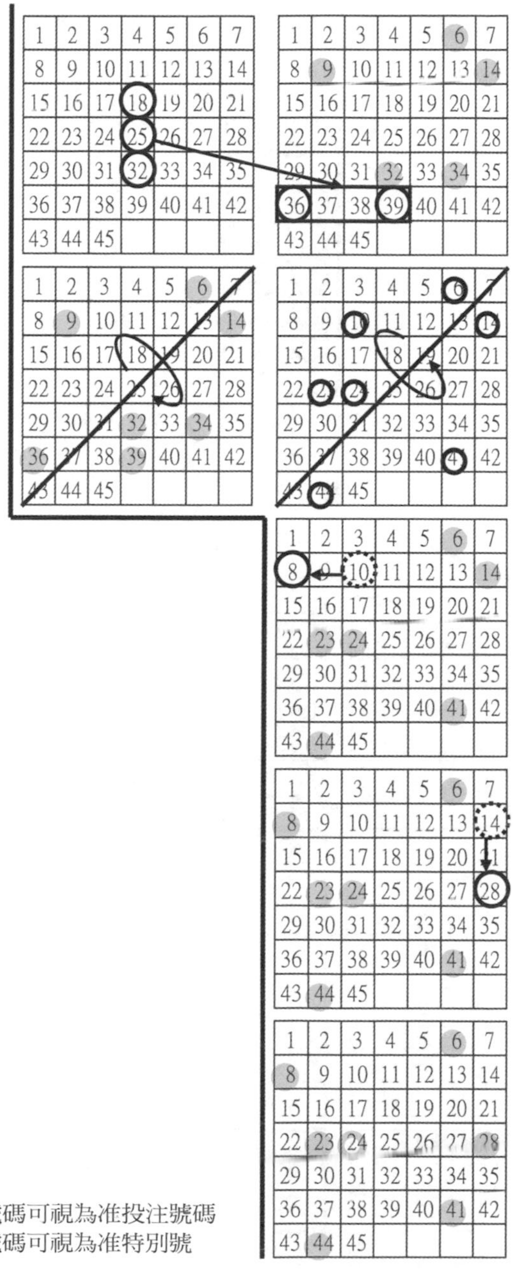

(1) 32 ＋ 25 ＋ 18 ＝ 75
(2) 75 ＝ 37 ＋ 38
陰陽互換，出36、39
取代37、38

中繼號碼：36，39

第七步：
翻轉7個中繼號碼
中繼號碼翻轉後變成7個決勝
號碼（6，10，14，23，24，
41，44）

第八步：
任選一個號碼移位
選10移至8

第九步：
任選一個號碼移位
選14移至28

右圖棋盤上：
(1) 6個實心圈圈號碼可視為准投注號碼
(2) 1個空心圈圈號碼可視為准特別號

准投注號碼＝開獎號碼

頭獎注數：2

二獎注數：12

圖解 2013/9/12 新加坡樂透彩第 2883 期

獎號：2，5，9，17，31，44　特：4

上期特別號 ＝ 21
21 在 14 & 28 中間
選號座標：14 & 28

第一步：
在 45 棋盤上找出 771
且等於圓圈數字總和

(1) 14 ＝ 7 ＋ 7 ＝ 77
(2) 28 ＝ 2 ＋ 8 ＝ 10 倒轉 ＝ 01 ＝ 1
則 14 & 28 ＝ 77 & 10 ＝ 77 & 1 ＝ 771
投注密碼：771

第二步：
找出 12 個先發號碼
取代 771 並分成 4 組

第三步：
第一組 40，33
轉換至 C 區

40 ＋ 33 ＝ 73 倒轉 ＝ 37
陰陽互換，出 36、38
取代 37

中繼號碼：36，38

第四步：
第二組 26，19，
12，5，4，11 轉
換至 B 區

(1) 26 ＋ 19 ＋ 12 ＋ 5 ＋ 4
＋ 11 ＝ 77
(2) 77 ＝ 5 ＋ 6 ＋ 7 ＋ 12
＋ 13 ＋ 14 ＋ 20
陰陽變，出 19、21
取代 77

中繼號碼：19，21

第五步：
第三組 18 轉換至
A 區

(1) 18 倒轉 ＝ 81
(2) 81 ＝ 1 ＋ 2 ＋ 3 ＋ 8 ＋
9 ＋ 10 ＋ 15 ＋ 16 ＋ 17
陰陽變，不出任何數
取代 81

第六步：
第四組 25，32，
39 轉換至 C 區

(1) 25 + 32 + 39 = 96
(2) 96 = 27 + 34 + 35
陰陽互換，出 28、41、42
取代 27、34、35

中繼號碼：28，41，42

第七步：
翻轉 7 個中繼號碼
中繼號碼翻轉後變成 7 個
決勝號碼（2，4，5，9，
19，30，44）

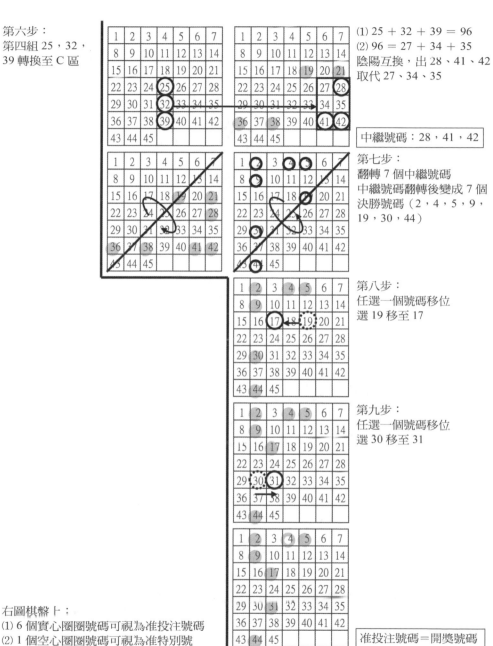

第八步：
任選一個號碼移位
選 19 移至 17

第九步：
任選一個號碼移位
選 30 移至 31

右圖棋盤卜：
(1) 6 個實心圈圈號碼可視為准投注號碼
(2) 1 個空心圈圈號碼可視為准特別號

准投注號碼＝開獎號碼

頭獎注數：0

二獎注數：6

圖解 2014/3/31 新加坡樂透彩第 2940 期

獎號：5，10，11，23，41，43　特：24

上期特別號 = 26
26 在 27 & 25 中間
選號座標：27 & 25

第一步：
在 45 棋盤上找出 771
且等於圓圈數字總和

(1) 27 = 2 個 7 = 77
(2) 25 = 2×5 = 10 倒轉 = 01 = 1
則 27 & 25 = 77 & 10 = 77 & 1 = 771
投注密碼：771

第二步：
找出 12 個先發號碼
取代 771 並分成 4 組

第三步：
第一組 5，12，19
轉換至 B 區

(1) 5 + 12 + 19 = 36 倒
轉 = 63 = 9×7 = 97
(2) 97 = 4 + 5 + 6 + 12
+ 13 + 18 + 19 + 20
陰陽變，出 11 取代 97

自行相乘變換數值

中繼號碼：11

第四步：
第二組 26，33，40
轉換至 C 區

26 + 33 + 40 = 99 = 2
個 9 = 29
陰陽互換，出 22、36
取代 29

中繼號碼：22，36

第五步：
第三組 39，32，25
轉換至 A 區

(1) 39 + 32 + 25 = 96 倒
轉 = 69
(2) 69 = 1 + 3 + 8 + 9 +
15 + 16 + 17
陰陽變，出 2、10 取代 69

中繼號碼：2，10

第六步：
第四組18，11，
4轉換至C區

18 ＋ 11 ＋ 4 ＝ 33
陰陽互換，出 26、40 取代 33

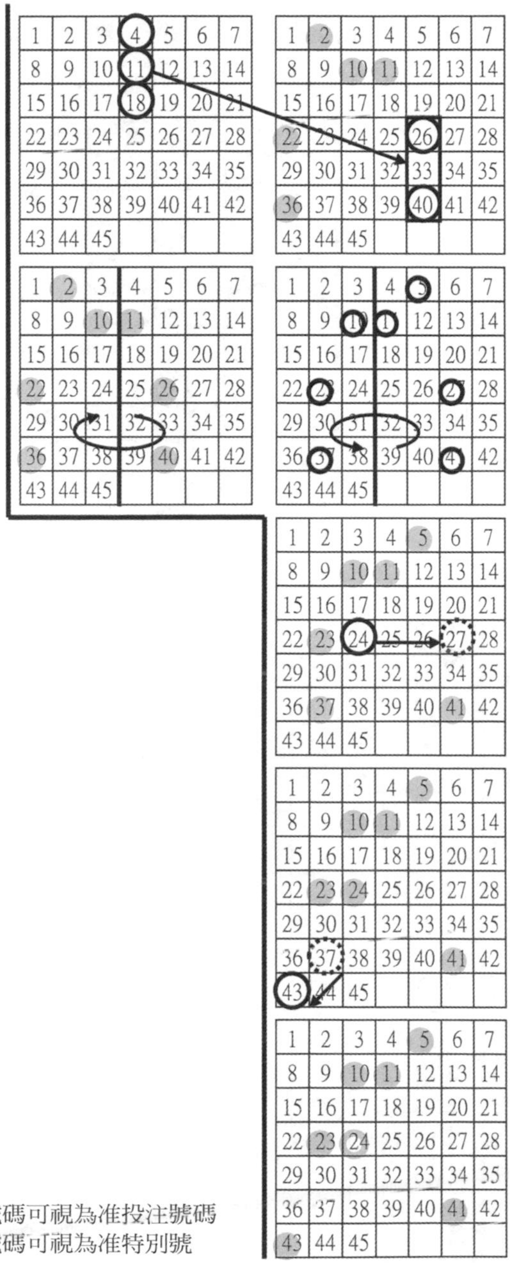

中繼號碼：26，40

第七步：
翻轉 7 個中繼號碼
中繼號碼翻轉後變成 7 個決勝
號碼（5，10，11，23，27，
37，41）

第八步：
任選一個號碼移位
選 24 移至 27

第九步：
任選一個號碼移位
選 37 移至 43

右圖棋盤上：
(1) 6 個實心圈圈號碼可視為准投注號碼
(2) 1 個空心圈圈號碼可視為准特別號

准投注號碼＝開獎號碼

頭獎注數：1

二獎注數：5

圖解 2013/3/23 澳洲樂透彩第 3305 期

獎號：2，3，12，13，16，30　特：5，17

上期 Bonus2 = 38
38 在 39 & 37 中間
選號座標：39 & 37

第一步：
在 45 棋盤上找出 771
且等於圓圈數字總和

(1) 39 = 3×9 = 27 = 2 個 7 = 77
(2) 37 = 3 + 7 = 10 倒轉 = 01 = 1
則 39 & 37 = 27 & 10 = 77 & 1 = 771
投注密碼：771

第二步：
找出 12 個先發號碼
取代 771 並分成 4 組

第三步：
第一組 11，4，5，
12，19 轉換至 C 區

(1) 11 + 4 + 5 + 12 + 19
= 51
(2) 51 = 25 + 26
陰陽互換，出 24、27
取代 25、26

中繼號碼：24，27

第四步：
第二組 26，33，40
轉換至 B 區

(1) 26 + 33 + 40 = 99
(2) 99 = 6 + 7 + 12 + 14
+ 19 + 20 + 21
陰陽變，出 5、13 取代 99

中繼號碼：5，13

第五步：
第三組 39，32，25
轉換至 C 區

(1) 39 + 32 + 25 = 96
(2) 96 = 31 + 32 + 33
陰陽互換，出 30、34
取代 31、32、33

中繼號碼：30，34

第六步：
第四組 18 轉換
至 A 區

(1) 18 倒轉＝ 81
(2) 81 ＝ 2 ＋ 3 ＋ 4 ＋ 10 ＋ 11
　 ＋ 16 ＋ 17 ＋ 18
陰陽變，出 9 取代 81

中繼號碼：9

第七步：
翻轉 7 個中繼號碼
中繼號碼翻轉後變成 7 個
決勝號碼（2，3，5，13，
24，30，33）

第八步：
任選一個號碼移位
選 24 移至 16

第九步：
任選一個號碼移位
選 33 移至 12

第十步：
選取 Bonus1 ＝ 5
設定 Bonus2 ＝ 17

Bonus2 並不是經由前面陰陽
互換步驟而得出，是在第十
步直接設定的

頭獎注數：17

二獎注數：208

圖解 2013/4/6 澳洲樂透彩第 3309 期

獎號：19，20，21，23，25，43　特：8，2

上期 Bonus2 ＝ 2
因號碼循環排列，
2 在 39 & 10 中間
選號座標：39 & 10

(1) 39 ＝ 3×9 ＝ 27 ＝ 2 個 7 ＝ 77
(2) 10 倒轉＝ 01 ＝ 1
則 39 & 10 ＝ 27 & 01 ＝ 77 & 1 ＝ 771
投注密碼：771

第一步：
在 45 棋盤上找出 771
且等於圓圈數字總和

第二步：
找出 12 個先發號碼
取代 771 並分成 4 組

第三步：
第一組 4，5，11，
12 轉換至 B 區

自行相乘變換數值

(1) 4 ＋ 5 ＋ 11 ＋ 12 ＝ 32
　　＝ 8×4 ＝ 84
(2) 84 ＝ 4 ＋ 5 ＋ 6 ＋ 12
　　＋ 18 ＋ 19 ＋ 20
陰陽變，出 11、13
取代 84

中繼號碼：11，13

第四步：
第二組 18，19，25，
26 轉換至 C 區

(1) 18 ＋ 19 ＋ 25 ＋ 26 ＝
　　88 ＝ 2 個 8 ＝ 82
(2) 82 ＝ 37 ＋ 45
陰陽交叉，出 38、44
取代 37、45

中繼號碼：38，44

第五步：
第三組 32，33 轉換
至 C 區

(1) 32 ＋ 33 ＝ 65 倒轉＝ 56
(2) 56 ＝ 24 ＋ 32
陰陽交叉，出 25、31
取代 24、32

中繼號碼：25，31

第六步：
第四組 39，40
轉換至 A 區

(1) 39 ＋ 40 ＝ 79
(2) 79 ＝ 1 ＋ 3 ＋ 8 ＋ 9 ＋ 10
　　＋ 15 ＋ 16 ＋ 17
陰陽變，出 2 取代 79

中繼號碼：2

第七步：
翻轉 7 個中繼號碼
中繼號碼翻轉後變成 7 個決勝
號碼（ 8，14，19，20，23，
25，37）

第八步：
任選一個號碼移位
選 14 移至 21

第九步：
任選一個號碼移位
選 37 移至 43

第十步：
選取 Bonus1 ＝ 8
設定 Bonus2 ＝ 2

Bonus2 並不是經由前面陰陽
互換步驟而得出，是在第十
步直接設定的

頭獎注數：2

二獎注數：44

圖解 2013/4/13 澳洲樂透彩第 3311 期

獎號：2，4，6，9，37，44　特：23，18

上期 Bonus2 = 2
因號碼循環排列，
2 在 39 & 10 中間
選號座標：39 & 10

(1) 39 = 3×9 = 27 = 2 個 7 = 77
(2) 10 倒轉 = 01 = 1
則 39 & 10 = 27 & 01 = 77 & 1 = 771
投注密碼：771

第一步：
在 45 棋盤上找出 771
且等於圓圈數字總和

第二步：
找出 12 個先發號碼
取代 771 並分成 4 組

第三步：
第一組 18，11，
4，5，12，19
轉換至 C 區

(1) 18 + 11 + 4 + 5 + 12
　+ 19 = 69 倒轉 = 96
(2) 96 = 27 + 34 + 35
　陰陽互換，出 28、41、
42 取代 27，34，35

中繼號碼：28，41，42

第四步：
第二組 26，33
轉換至 B 區

(1) 26 + 33 = 59 倒轉 = 95
(2) 95 = 4 + 5 + 6 + 11
　+ 12 + 18 + 19 + 20
陰陽變，出 13 取代 95

中繼號碼：13

第五步：
第三組 40，39
轉換至 A 區

(1) 40 + 39 = 79
(2) 79 = 1 + 3 + 8 + 9 +
　10 + 15 + 16 + 17
陰陽變，出 2 取代 79

中繼號碼：2

第六步：
第四組 32，25
轉換至 C 區

(1) 32 ＋ 25 ＝ 57 倒轉＝ 75
(2) 75 ＝ 37 ＋ 38
陰陽互換，出 36、39
取代 37、38

中繼號碼：36，39

第七步：
翻轉 7 個中繼號碼
中繼號碼翻轉後變成 7 個
決勝號碼（2，4，9，13，
23，42，44）

第八步：
任選一個號碼移位
選 13 移至 6

第九步：
任選一個號碼移位
選 42 移至 37

第十步：
選取 Bonus1 ＝ 23
設定 Bonus2 ＝ 18

Bonus2 並不是經由前面陰陽
互換步驟而得出，是在第十
步直接設定的

頭獎注數：2

二獎注數：52

圖解 2013/9/28 韓國樂透彩第 565 期

獎號：4，10，18，27，40，45　特：38

上期特別號＝ 2
因號碼循環排列，
2 在 39 & 10 中間
選號座標：39 & 10

第一步：
在 45 棋盤上找出 771
且等於圓圈數字總和

(1) 39 ＝ 3×9 ＝ 27 ＝ 2 個 7 ＝ 77
(2) 10 倒轉＝ 01 ＝ 1
則 39 & 10 ＝ 27 & 01 ＝ 77 & 1 ＝ 771
投注密碼：771

第二步：
找出 12 個先發號碼
取代 771 並分成 4 組

第三步：
第一組 4，5，
11，12，18，19
轉換至 A 區

(1) 4 ＋ 5 ＋ 11 ＋ 12 ＋ 18
＋ 19 ＝ 69
(2) 69 ＝ 2 ＋ 4 ＋ 9 ＋ 10
＋ 11 ＋ 16 ＋ 17
陰陽變，出 3、18 取代 69

中繼號碼：3，18

第四步：
第二組 25，26
轉換至 C 區

25 ＋ 26 ＝ 51 倒轉＝ 15
陰陽互換，出 8、22
取代 15

中繼號碼：8，22

第五步：
第三組 32，33
轉換至 C 區

32 ＋ 33 ＝ 65 ＝ 6×5 ＝
30
陰陽互換，出 23、37
取代 30

自行相乘變換數值

中繼號碼：23，37

第六步：
第四組 39，40
轉換至 B 區

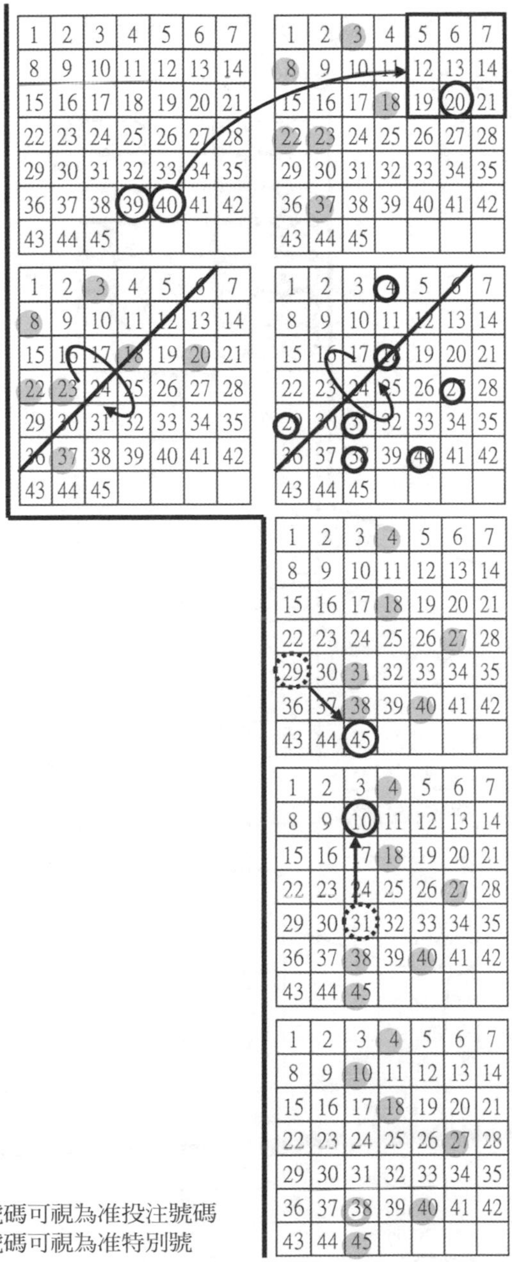

(1) 39 ＋ 40 ＝ 79 倒轉＝ 97
(2) 97 ＝ 5 ＋ 6 ＋ 7 ＋ 12 ＋ 13
　　＋ 14 ＋ 19 ＋ 21
陰陽變，出 20 取代 97

中繼號碼：20

第七步：
翻轉 7 個中繼號碼
中繼號碼翻轉後變成 7 個決勝
號碼（4，18，27，29，31，
38，40）

第八步：
任選一個號碼移位
選 29 移至 45

第九步：
任選一個號碼移位
選 31 移至 10

右圖棋盤上：
(1) 6 個實心圈圈號碼可視為准投注號碼
(2) 1 個空心圈圈號碼可視為准特別號

准投注號碼＝開獎號碼

圖解 2013/12/7 韓國樂透彩第 575 期

獎號：2，8，20，30，33，34　特：6

上期特別號＝ 2
因號碼循環排列，
2 在 39 & 10 中間
選號座標：39 & 10

第一步：
在 45 棋盤上找出 771
且等於圓圈數字總和

(1) 39 ＝ 3×9 ＝ 27 ＝ 2 個 7 ＝ 77
(2) 10 倒轉＝ 01 ＝ 1
則 39 & 10 ＝ 27 & 01 ＝ 77 & 1 ＝ 771
投注密碼：771

第二步：
找出 12 個先發號碼
取代 771 並分成 4 組

第三步：
第一組 4，5，11，
12 轉換至 C 區

4 ＋ 5 ＋ 11 ＋ 12 ＝ 32 倒
轉 23

陰陽互換，出 22、24
取代 23

中繼號碼：22，24

第四步：
第二組 18，19，25，
26 轉換至 A 區

(1) 18 ＋ 19 ＋ 25 ＋ 26 ＝
88
(2) 88 ＝ 3 ＋ 4 ＋ 9 ＋ 10
＋ 11 ＋ 16 ＋ 17 ＋ 18
陰陽變，出 2 取代 88

中繼號碼：2

第五步：
第三組 32，33 轉換
至 C 區

(1) 32 ＋ 33 ＝ 65
(2) 65 ＝ 31 ＋ 34
陰陽互換，出 31、34
取代 32、33

中繼號碼：31，34

第六步：
第四組 39，40
轉換至 B 區

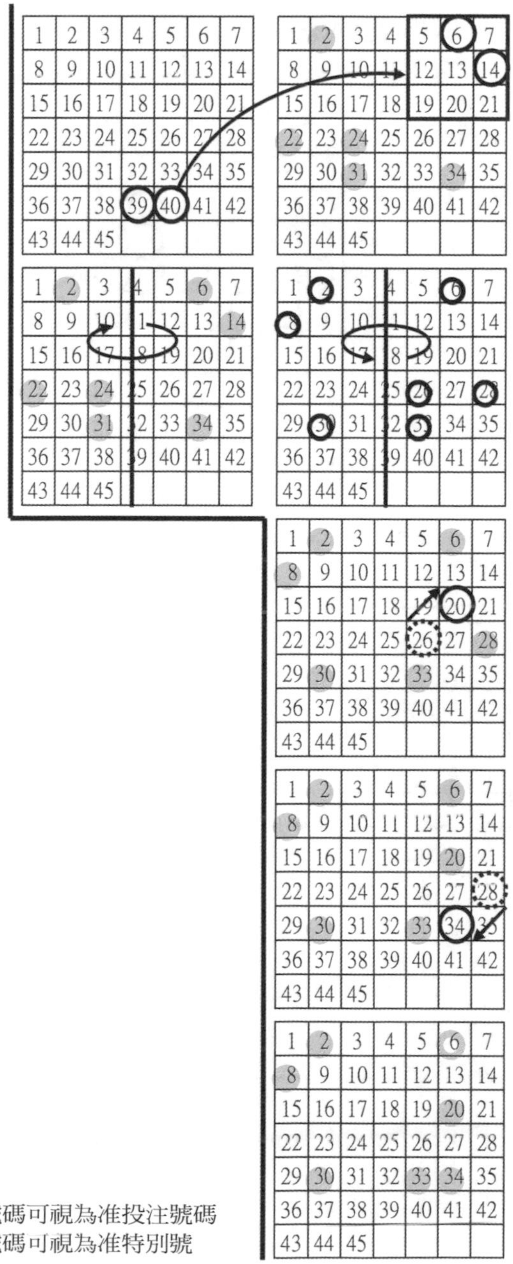

(1) 39 ＋ 40 ＝ 79 倒轉＝ 97

(2) 97 ＝ 5 ＋ 7 ＋ 12 ＋ 13 ＋
19 ＋ 20 ＋ 21

陰陽變，出 6、14 取代 97

中繼號碼：6，14

第七步：
翻轉 7 個中繼號碼
中繼號碼翻轉後變成 7 個
決勝號碼（2，6，8，26，
28，30，33）

第八步：
任選一個號碼移位
選 26 移至 20

第九步：
任選　個號碼移位
選 28 移至 34

右圖棋盤上：
(1) 6 個實心圈圈號碼可視為准投注號碼
(2) 1 個空心圈圈號碼可視為准特別號

准投注號碼＝開獎號碼

圖解 2014/1/25 韓國樂透彩第 582 期

獎號：2，12，14，33，40，41　特：25

上期特別號＝33
33 在 41 & 25 中間
選號座標：41 & 25

第一步：
在 45 棋盤上找出 771
且等於圓圈數字總和

(1) 41 倒轉＝ 14 ＝ 7 ＋ 7 ＝ 77
(2) 25 ＝ 2×5 ＝ 10 倒轉＝ 01 ＝ 1
則 41 & 25 ＝ 14 & 10 ＝ 77 & 1 ＝ 771
投注密碼：771

第二步：
找出 12 個先發號碼
取代 771 並分成 4 組

第三步：
第一組 40，33 轉換
至 B 區

(1) 40 ＋ 33 ＝ 73
(2) 73 ＝ 5 ＋ 6 ＋ 7 ＋ 14
＋ 20 ＋ 21
陰陽變，出 12、13、19
取代 73

中繼號碼：12，13，19

第四步：
第二組 26，19，12，
5，4，11 轉換至 C 區

26 ＋ 19 ＋ 12 ＋ 5 ＋ 4 ＋
11 ＝ 77 ＝ 7 ＋ 7 ＝ 14 倒
轉＝ 41
陰陽互換，出 40、42
取代 41

雙胞胎法變換數值

中繼號碼：40，42

第五步：
第三組 18 轉換至 A
區

(1) 18 倒轉＝ 81
(2) 81 ＝ 1 ＋ 2 ＋ 3 ＋ 8 ＋
9 ＋ 10 ＋ 15 ＋ 16 ＋ 17
陰陽變，不出任何數
取代 81

第六步：
第四組25，32，39轉換至C區

(1) 25 ＋ 32 ＋ 39 ＝ 96 倒轉＝ 69
(2) 69 ＝ 31 ＋ 38
陰陽互換，出 24、45
取代 31、38

中繼號碼：24，45

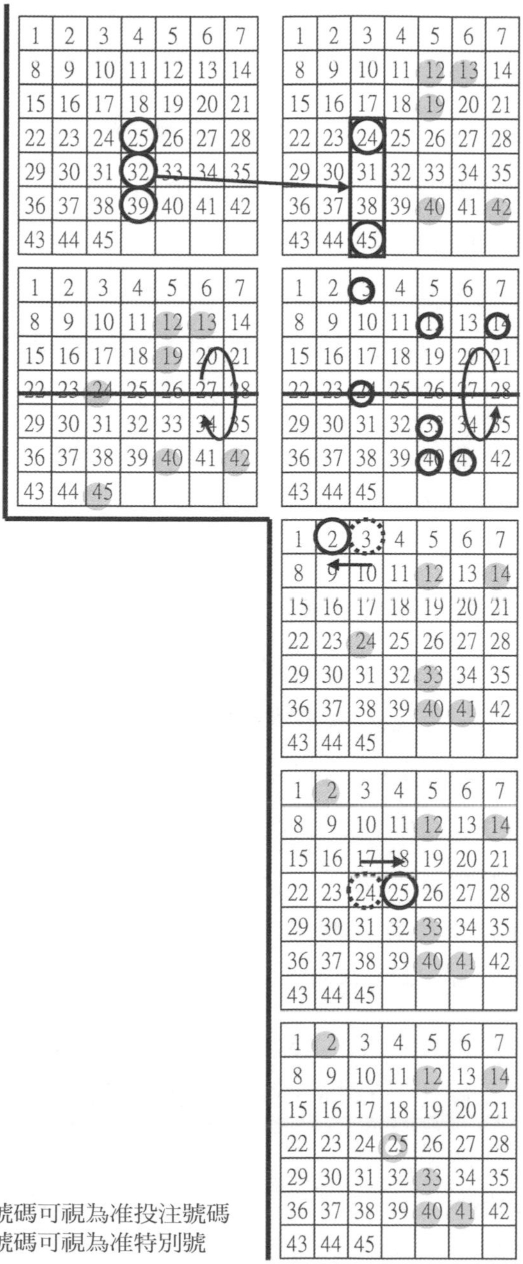

第七步：
翻轉 7 個中繼號碼
中繼號碼翻轉後變成 7 個決勝號碼（3，12，14，24，33，40，41）

第八步：
任選一個號碼移位
選 3 移至 ?

第九步：
任選一個號碼移位
選 24 移至 25

右圖棋盤上：
(1) 6 個實心圈圈號碼可視為准投注號碼
(2) 1 個空心圈圈號碼可視為准特別號

准投注號碼＝開獎號碼

感謝樂透彩

我在當預官的那個年代，軍中會配發四包長壽菸，為了不受學長「特別照顧」，會先拿三包和學長「分享」，留一包給自己做為交際應酬之用，也因此在軍中學會了抽菸，而且一抽就是二十七年，老爸訓誡責問「抽菸證照」很好考嗎？婚事也差點因此「灰飛煙滅」。

抽菸其實只是一個能「幫助思考」的藉口。開會前要抽，中間休息也要抽，會後菸咖更聚在一起吞雲吐霧。在家中若要「幫助思考」得下樓抽，抽完後回屋內若「腦袋空空」又得下樓。那時候每天抽一包以上不成問題，牙齒越來越黃，體力也逐漸下降，在此奉勸各位朋友，趁早戒菸吧！抽菸傷錢又傷身，有害無益啊！

因職場環境約束及自我的修養習慣，我不會在室內抽菸。2003 年 3 月台灣出現第一個 SARS 病歷後，民心惶恐，人人自危，導致假日出門的機會驟減，當時網友在網路上討論樂透彩的風氣興起，為了能夠加速對樂透彩券研究的進度，我便藉此機會多參考他人的經驗，吸收日月精華，也因此坐在電腦前的時間也與日俱增。

分析樂透彩先要收集彩券的資料，除了資料的完整度之外，正確性也不在話下。起初只利用中獎號碼及派彩來進行，後來因為樂透彩引發的社會疑慮日漸增加，我便開始收集報章或網路的頭獎商店、投注手法、購買日期、頭彩得主及捐款，甚至一些頭彩得主不幸的消息，最費時費神的是將每一期獎號派彩圖解及存檔，而進行圖解時，最重要的就是心思必須「專注」。

「專注」能夠避免錯誤，更能減少時間及精力的浪費，比方說，曾經有很多次無法完成圖解，各種可能性都試過，甚至過了數日都沒有任何進展，經過檢查後才發現有個獎號抄錯了，這樣當然解不出來，立刻豁然開朗並更正完成。較舊的獎號是否有錯誤，需要調閱官方資料，你

們可能不知道，台彩承接彩券業務後，曾有一段時間無法從網站查到台北富邦公益彩券時期的過期獎號及派彩，後來台灣彩券才重新加上，所以為了要讓心思專注，哪有時間下樓抽菸。喝口熱茶，專注在圖解中，周而復始，想抽菸的念頭自然就會擱在腦後。

自 2002 年開始探索樂透彩，隔年年初獲得一些進展，信心直線攀升，雖然需要投入更多的時間及精力才能解開謎團，但雜念往往會在無形中一閃而逝，菸也漸漸少抽了。2003 年 4 月 21 日下定決心戒菸，時至今日，除了一次長輩因喜事遞煙，基於禮貌，我只點而不抽，不然是真的再沒碰過一枝菸，家人都很替我高興，真心感謝樂透彩。

理論上彩球是被隨機選出，但每一期居然都可透過棋盤圖解出來，這說明了什麼意義，相信各位可以一目了然，套用一句網路用語「李組長眉頭一皺，發現案情並不單純」，究竟這種現象還會維持多久，讓我們繼續看下去。樂透彩券買不買全在各位的一念之間，電腦選號或自行選號也都自由心證，能否中獎就一切看天、看命、看運氣，甚至看背後的祕密。

N世代人文精神的文藝復興

一條新的絲路已然成形，
流通模式不再是商品經濟，
而是知識經濟，
新絲路網路書店與華文網網路書店
為新世代的知識流通寫下新頁。

早上，在台北訂購了一本書送給遠在紐約的朋友
晚餐後，你們已經一同分享書裡的美話

極致的尊崇、無上的便利、滿載的豐收
——線上愛書人最佳的藝文據點及您的網路桃花源

新絲路
華文網 網路書店為您提供四大服務：
1. 便利商店出貨滿額免運費、團購優惠
2. 讀書樂留言、好書隨意貼、推薦給好友
3. 紅利積點回饋、VIP會員入會贈書
4. 免費訂閱電子報

新絲路網路書店 www.silkbook.com　　　華文網網路書店 www.book4u.com.tw

知識・服務・新思路　Your Personal Knowledge Service

● 客服專線：02-8245-8318
● 客戶服務傳真：02-8245-3918
● (235)新北市中和區中山路二段366巷10號10樓

● E-mail：service@mail.book4u.com.tw
● 客服時間：09:00-12:00、13:30-18:30
（週一至週五）

國家圖書館出版品預行編目資料

樂透的真相：驚爆大公開！原來樂透真的有公式／

水牆 著. --

--新北市：集夢坊, 民104.02　　　面；　公分

ISBN　978-986-91398-0-9（平裝）

1. 彩券

563.69　　　　　　　　　　　103025917

～理想的推手～

理想需要推廣，才能讓更多人共享。采舍國際有限
公司，為您的書籍鋪設最佳網絡，橫跨兩岸同步發
行華文書刊，志在普及知識，散布您的理念，讓
「好書」都成為「暢銷書」與「長銷書」。
歡迎有理想的出版社加入我們的行列！

采舍國際有限公司行銷總代理
angel@mail.book4u.com.tw

全國最專業圖書總經銷
台灣射向全球華文市場之箭

樂透的真相：驚爆大公開！原來樂透真的有公式

出版者●集夢坊・華文自資出版平台
作者●水牆
印行者●華文聯合出版平台
出版總監●Elsa
副總編輯●Sharon
責任編輯●Nash
美編設計●Jimmy
內文排版●王鴻立

台灣出版中心●新北市中和區中山路2段366巷10號10樓
電話●(02)2248-7896　　　　傳真●(02)2248-7758
ISBN●978-986-91398-0-9
出版日期●2015年11月二刷
郵撥帳號●50017206采舍國際有限公司（郵撥購買，請另付一成郵資）
全球華文國際市場總代理●采舍國際 www.silkbook.com
地址●新北市中和區中山路2段366巷10號3樓
電話●(02)8245-8786　　　　傳真●(02)8245-8718

全系列書系永久陳列展示中心
新絲路書店●新北市中和區中山路2段366巷10號10樓　　　電話●(02)8245-9896
新絲路網路書店●www.silkbook.com
華文網網路書店●www.book4u.com.tw

跨視界・雲閱讀 新絲路電子書城 全文免費下載

版權所有　翻印必究

本書由著作人自資出版，透過全球華文聯合出版平台（www.book4u.com.tw）印行，並委由采舍國際有限公司（www.silkbook.com）總經銷。採減碳印製流程並使用優質中性紙（Acid & Alkali Free）與環保油墨印刷，通過碳足跡認證。

華文自資出版平台
www.book4u.com.tw
mybook@mail.book4u.com.tw

全球最大的華文自費出書集團
專業客製化自助出版・發行通路全國最強！